Karl Friedrich Leberecht Graul

Reise nach Ostindien über Palästina und Ägypten

2. Teil - Reise durch Ägypten und nach dem Sinai

Karl Friedrich Leberecht Graul

Reise nach Ostindien über Palästina und Ägypten

2. Teil - Reise durch Ägypten und nach dem Sinai

ISBN/EAN: 9783959136860

Auflage: 1

Erscheinungsjahr: 2017

Erscheinungsort: Treuchtlingen, Deutschland

Literaricon Verlag UG (haftungsgeschränkt), Uhlbergstr. 18, 91757 Treuchtlingen. Geschäftsführer: Günther Reiter-Werdin, www.literaricon.de. Dieser Titel ist ein Nachdruck eines historischen Buches. Es musste auf alte Vorlagen zurückgegriffen werden; hieraus zwangsläufig resultierende Qualitätsverluste bitten wir zu entschuldigen.

Printed in Germany

Cover: Jean-Léon Gérôme, Ansicht von Kairo, Abb. gemeinfrei

Reise durch Egypten

und

nach dem Sinai,

von

Karl Graul,
Director der evangelisch-lutherischen Mission zu Leipzig.

Mit einer Ansicht der Insel Philä und zwei Landkarten.

Leipzig, 1854.
Dörffling und Franke.

Vorwort.

Wie ich in dem ersten Bande meiner ostindischen Reise meinen Aufenthalt in Palästina geschildert habe, so gebe ich nun in diesem zweiten meinen Aufenthalt in Egypten. Die beiden ersten Bände bilden daher gewissermaßen das Portal, durch welches die Reise nach Ostindien hindurchgeht. In diesem Sinne wolle man sie hinnehmen und beurtheilen.

Wer eine Reise gemacht hat, der mag sich immerhin entschuldigen, wenn er es über sich nimmt, sie auch zu beschreiben; wegen der Reise selbst werden sich wenige Reisebeschreiber rechtfertigen zu müssen glauben. Ich befinde mich in Bezug auf meine egyptische Reise halb in der Nothwendigkeit, das eine wie das andere zu bevorworten.

Wer den Zweck meiner Reise in's Auge faßt, dem kommt vielleicht die Frage auf die Zunge: Was hattest du doch in Egypten zu schaffen? Von christlichen Missionen ist ja dort kaum die Rede. Antwort: Die indische Sonne hatte während eines dreijährigen Aufenthaltes und Umherwanderns in den Tropen alle Kräfte Leibes und der Seelen so mitgenommen, daß mir die egyptische Winterluft — mit ihrem sanften Uebergange in das europäische Klima — ein schwer abzuweisendes Bedürfniß ward. Mein fünfmonatlicher Aufenthalt im Lande der Pharaonen war eine Art Badekur, — eine Luft-Badekur.

Niemand wird es mir verdenken, daß ich die Eindrücke, die das Wunderland Egypten auf mich machte, zur Vervollständigung und zur Verdauerhaftigung meines eignen Genusses niederschrieb, und zwar dem Wesentlichen nach gleich an Ort und Stelle. Daß ich das Niedergeschriebene nun auch veröffentliche, bedarf allerdings der Rechtfertigung. Diese aber kommt durch eine bloße Bitte um Verzeihung doch nicht zu Stande. Das Buch selbst hat seine eigne Rechtfertigung zu führen.

Mein Beruf hat mich nie auf das Studium der egyptischen Hieroglyphen geleitet. So kann es mir auch nicht einfallen, durch meine Arbeit über Egypten die egyptische Alterthumskunde bereichern zu wollen. Mein Zweck ist: möglichst plastische Darstellung dessen, was ich gesehen und gehört habe.

Wo zum allgemeinen Verständniß der vorhandenen Alterthümer archäologische Notizen durchaus nöthig waren, da hab' ich mich von unserm Lepsius und von dem Engländer Wilkinson belehren lassen, und was ich von diesen Herren empfangen habe, das gebe ich wieder.

Es ist mittlerweile ein deutsches Reisewerk über Egypten erschienen, das sich zum Zweck gemacht zu haben scheint, die Schattenseiten Egyptens möglichst stark hervorzuheben. Ich denke, in meiner Schilderung sind Licht und Schatten richtiger gemischt. Sollte ich aber gegen Wissen und Willen hie und da zu hell geschildert haben, so würde mir eben etwas Menschliches begegnet sein. In Egypten fühlte ich mich nach mehr als drei Jahren zum ersten Male wieder so recht wohl.

Es giebt nur wenig deutsche Reisewerke über Oberegypten für einen allgemeinen Leserkreis, und die wenigen, die es giebt, lassen sich über die dortigen Alterthümer mit zu Wenigem aus. Ich habe mich bemüht, ein möglichst vollständiges Gesammtbild zu liefern. „Gesammt-Bild", sage ich. Darin liegt schon die Beschränkung. Ein Bild, das durch mehrere Figuren einen Gesammteindruck hervorbringen soll, bedarf nothwendig der Gruppirung und der Perspective. Ich habe nicht, wie die Chinesen, alle Figuren in gleicher Größe neben einander stellen wollen.

Den Reisen in Egypten habe ich meinen Ausflug nach dem Sinai beigegeben. Daß ich den Weg selbst mit einer gewissen Ausführlichkeit gezeichnet habe, wird mir hoffentlich Niemand verargen. Hat doch selbst Göthe in jener Zeit, wo er sich von den plastischen Studien des Alterthums zu den mystischen des Morgenlandes wandte, jenes Terrain des Studiums werth gehalten. Vor trocknen topographischen Angaben habe ich mich gleichwohl gehütet. Der Charakter jenes für jeden Christen hochbedeutsamen Weges, wie er sich eben unmittelbar darstellt — das war mir die Hauptsache.

In den folgenden Bänden nun führe ich meine Leser, will's Gott, nach jenem Lande, das schon den Alten das Wunder aller Wunder war, nach Ostindien. Wir besehen uns dann Bombay mit seiner reichen Natur, seiner bunten Menschenwelt, seinen geheimnißvollen Alterthümern; wir ziehen an der Palmen-umsäumten Westküste hinab zu dem schönen Lande, „wo der Pfeffer wächst"; wir ersteigen durch tropische Urwälder mit riesigen Waldbäumen, Farrenkräutern und Schlingpflanzen das sieben bis acht tausend Fuß hohe Felsenei-land der blauen Berge mit seinen interessanten Resten indischer Ur-bevölkerung; wir fahren hinab in das glühende Tiefland der Tamu-len mit seinen himmelstrebenden Pagoden; wir setzen nach Ceylon hinüber, der Burg des Buddhaismus, der Krone indischer Tropen-natur, dem blitzenden Juwel in dem englischen Diademe.

Bis dahin gehab Dich wohl, mein Leser! Das heilige Oster-fest ist vor der Thür; da laß Dich von meinem Büchlein aus Egyp-ten auf die Straße nach dem gelobten Lande führen und sprich mit mir im Angedenken nicht bloß an die „vorigen Wunder", sondern „an alle Wunder, die Gott an den Menschenkindern thut":

„Der Herr ist meine Stärke und Lobgesang und ist mein Heil. Das ist mein Gott, ich will ihn preisen; er ist meines Vaters Gott, ich will ihn erheben."!

Inhalt.

I. Aufenthalt in Mittelegypten.

II. Reise nach Oberegypten.

Erklärung der Ansicht von der Insel Philä.

Die Insel Philä (arabisch Anas el Wegud), nicht fern von dem Südende der ersten Stromschnelle, etwa drei Stunden von Assuan, ist hier von der Westseite aufgenommen. Das Stück Landes im Vordergrund gehört zur Insel Biggeh. (S. 113.)

Das, was dir unter den Ruinen der Nil-umfloßnen Insel am meisten in die Augen fällt, sind die thurmumragten Thore zu dem Tempel der Isis. (S. 113). Wenn du genau hinsiehst, so kannst du an den äußern Wänden des Thores, das dir zugekehrt ist, Einiges von den Sculpturen wahrnehmen, womit die Wände aller ähnlichen Bauten verziert zu sein pflegen.

Das andere Gebäude mit den vielen Säulen auf der Ostseite der Insel ist die S. 114 erwähnte dachlose Halle, unterhalb welcher ein Kai ist, der sonst fast die ganze Insel umsäumte.

Die Berge im Hintergrunde umgürten das Ostgelände des nubischen Nilthales.

Berichtigung.

S. 225, Zeile 2 von unten, ist das Wort „griechisch" zu streichen.

I.

Aufenthalt in Mittel-Egypten.

Von Suez nach Kairo.

(Kairo, den 5. Novbr. 1853.)

Schon seit drei Tagen umbraust uns die volkreiche, aber ruhelose Hauptstadt Egyptens, wo das Morgen- und das Abendland sich schwesterlich die Hand bieten. Neue Eindrücke aller Art bestürmen Sinn und Gemüth und reißen die Gedanken hin und her, und dazu setzt der urplötzliche Klimawechsel mein Blut, das unter der indischen Sonne allzu erregbar geworden, in solche Wallung, daß der Boden Kairo's unter meinen Füßen ärger zu schwanken scheint, als der Boden des Schiffs, das uns von Madras nach Suez brachte.

Mit welchen Gefühlen wir unsern Fuß am zweiten dieses Monats auf die Landenge setzten, wo die Grenzen von Afrika und Asien sich im Sande der Wüste in einander verlieren!

Als wir dich, o Suez, vor drei Jahren zum ersten Male sahen, da wir von Gaza her durch die lange Wüste kamen, und dir gegenüber am Rande des Rothen Meeres krank und matt unser Zelt aufschlugen, da schon war unsre Seele voll Jubel. Aber zu jener Zeit lag die ostindische Reise noch so schwarz vor uns, wie die Wolke, die sich allabendlich um deine finstern Berge lagerte. „Werden wir Beide auf die eigne Spur hieher zurückkommen oder wird der Eine von uns seine Hülle in dem fernen Osten zur Ruhe legen?" so frug es damals in dem ungewissen Herzen. Jetzt nachdem wir unser Beider Leben aus dem Lande, das für so viele Europäer einen Hauch des Todes im Munde hat, nach Gottes gnädigem Willen mühsam, aber sicher gerettet hatten, — jetzt sahen wir mit ungetheiltem Entzücken die Stelle wieder auftauchen, wo wir vor drei Jahren, in Erwartung des Dämpfers, der uns nach Bombay führen sollte, unser Lager aufgeschlagen hatten, und auf das graue Suez fiel der vollste Sonnenschein unsrer glücklichen Herzen.

Wir hatten erst beabsichtigt, in Suez ein paar Tage auszuruhen und dann, das Kameel des Meeres, das Schiff, mit dem Schiff der Wüste, dem Kameel, vertauschend, unsern Weg nach Kairo langsam fortzusetzen. Allein der Schaffner an Bord hatte uns durch die Bemerkung, daß der bloße Gebrauch der Stationshäuser auf der Poststraße durch die Wüste für jede Person ein Pfund koste, an unsrem ursprünglichen Plan ein wenig irre gemacht, und da ich ohnehin nicht wußte, wie ein Ritt auf dem Kameel meiner armen Frau, die erst auf dem Schiff von einer sehr schweren indischen Krankheit genesen war, auf die Länge bekommen möchte, so hatten wir uns noch an Bord des Schiffes für den Transit*) einschreiben lassen. Dieser versprach uns denn gegen den Erlag von 120 preußischen Thalern und von andern 5 Thalern für das Uebergewicht des Gepäcks in 14 bis 16 Stunden durch die ungefähr 30 Stunden lange Wüste zwischen Suez und Kairo zu schaffen. Hier sollte uns also jede Reisestunde etwa 8 Thaler kosten, während jeder Reisetag auf dem Schiffe unsern Beutel um 50 Thaler ärmer gemacht hatte. So theuer ist die Fahrt durch die große Wasserwüste zwischen Madras und Suez und durch das kleine Sandmeer zwischen Suez und Kairo.

Ich hatte gewaltige Mühe, unser Gepäck aus dem großen Haufen von Kisten und Kasten, den das Schiff im Nu an den Strand hingespieen hatte, herauszufinden und an den rechten

*) Die vom Pascha zur Beförderung der ostind. Reisenden eingerichtete Post.

Mann, d. i. auf das Kameel zu bringen. Sobald nämlich der Dämpfer ankommt, treten einige hundert Kameele heran, lassen sich, unter Tönen des Mißmuths hinknieend, die Passagier-, Post- und Frachtgüter, die das Dampfschiff mitgebracht hat, auf den Rücken packen, und eilen dann stracks der Wüste zu, um so einen kleinen Vorsprung vor den Passagieren zu gewinnen, die in den mit 4 Pferden und 2 Mauleseln bespannten zweirädrigen Wagen nur so hinfliegen, besonders da die Thiere 15 Mal, also nach jeder deutschen Meile ein Mal, gewechselt werden. Ich machte auch hier wieder die schon oft gemachte Erfahrung, daß es im Allgemeinen kein unfreundlicheres Volk als englische „Agenten" giebt; konnte ich doch für das schwere Geld, das ich zu zahlen hatte, nur mit knapper Noth erfahren, was denn nun eigentlich mit dem Gepäck zu thun sei, damit es sicher an den Ort seiner Bestimmung gelange, und wo ich es dereinst in Empfang zu nehmen habe.

Das Frühstück, das wir zu Suez in aller Eile einnahmen, hatte mit dem kostbaren Frühstücke am Bord des Dämpfers nichts weiter gemein, als daß es dem Beutel sehr nachtheilig war. Der Kaffee schmeckte wie Salzwasser, und mochte sich die Phantasie auch noch so tief in den Gedanken versenken, daß das Wasser, worin er gekocht war, aller Wahrscheinlichkeit zufolge aus einem der Brunnen kam, daraus die Israeliten nach dem Durchgange durchs Rothe Meer zum ersten Male ihre Schläuche gefüllt hatten, — der Gaumen wollte sich dabei nicht zufrieden geben.

Die Wüstenpassagiere waren schon am Bord mittelst des Looses in zwei Züge abgetheilt worden, jeder zu sechs Wagen. Der erste Zug setzte sich alsbald nach Ankunft des Dämpfers in Bewegung; wir, die wir zum zweiten gehörten, durften bis Mittag ruhen. Es war uns aber nicht gar wohl zu Muthe, als man uns den engen Kasten zeigte, der außer uns noch Vier aufnehmen sollte, und doch nur für Zwei ganz bequem und für Vier allenfalls leidlich war. Ein wunderlich Fuhrwerk! Kaum hatten wir Sechs uns gehörig ineinander gefügt, so knallte unser arabischer Fuhrmann mit der Peitsche drein, und der Wagen flog dem Thore von Suez zu, indem die Pferde, losgelassenen Furien gleich, bald zur Rechten bald zur Linken abseits sprangen. Ein Jeder nahm seinen Kopf sorgfältig in Acht, und als wir in die Nähe des Thores kamen, hielt der Fuhrmann inne und schloß erst die außen aufgeklappten Fenster oder vielmehr Läden, damit sie nicht, bei einem Seitensprunge der Pferde, an den Mauern des übrigens hinlänglich räumigen Thores zerschellen möchten. Als wir da erst glücklich hindurch waren, so stand den wilden Rennern kein Hinderniß weiter im Wege; die weite Wüste, die, wie das Meer, nichts als Weg ist, breitete sich vor uns aus, und wie nun auch die fünf andern Wagen herankamen, und so bald neben-, bald hinter- und bald gegeneinander hin- und anstoben, so konnte man sich mit Leichtigkeit einbilden, die wilde Jagd der Volksfabel leibhaftig vor sich zu sehen. Unsere Wagen verwickelten sich oft ernstlich miteinander; aber die Fuhrleute, statt herunterzuspringen und den Knäuel zu entwirren, hieben nur eben doppelt ungestüm auf die ungestümen Renner los, bis diese von selbst wieder in die rechte Ordnung kamen, — völlig unbekümmert, ob das Pferd im nächsten Augenblick zu stürzen oder der Wagen zu zerschellen drohte. Kein Wunder, daß oft alle zehn Minuten irgend etwas in Unordnung gerieth und gehalten werden mußte.

Sonst war es eine rechte Lust, durch die freie Wüste mit ihrem freien Luftstrom so geflügelt hinzueilen, und nur die Staubwirbel, derentwegen man von Zeit zu Zeit die Augen schließen mußte, verdarben den Genuß der Frische, die für uns, an indische Hitze gewöhnte Reisende bald so empfindlich wurde, daß ich mich so dicht als möglich in meinen Tuchmantel hüllte.

Die Wüste, — wenn man das Wüste nennen kann, wo man nach je einer deutschen Meile auf einen Pferdestall und einen Telegraphen, und nach je vier Meilen auf ein Rasthaus mit reichbesetzter Tafel und weichen Divans trifft, — die Wüste zeigte natürlich auch hier nichts weiter als Sand und Stein, selten einiges Gestrüpp und nur ein einziges Mal einen ordentlichen Baum, wohl aber weißgebleichte Skelette gefallener Kameele u. s. w. in Menge. Das Auge schweifte daher gern zu dem dunkeln Gebirge hinüber, das uns zur Linken begleitete, sobald es das in bläulichen Dunst verschwebende Meer bei Suez nicht mehr erreichen konnte. Aber auch dort fand es keine Ruhe, — denn wie ein finstrer melancholischer Gedanke zog sich jenes Gebirge in grauser Eintönigkeit längs der Wüste hin, und nur erst als die Nacht hereinbrach, und heraufziehende schwarze Wetterwolken in die öden Berge hineinbrüllten und weiße Blitze in langen Schlangenlinien hineinspieen, kehrte das Auge gern dahin zurück. Die angenehmste Unterbrechung gewährte uns von Zeit zu Zeit der Anblick eines auf seinem erdfahlen Dromedare vorbeieilenden Arabers oder der in drei bis vier Abtheilungen von je etwa hundert Stück die Wüste durchziehenden Kameele mit unserm Gepäck, die, wie wohlgeschulte Soldaten, in Reihe und Glied dahinmarschirten.

In den Ruhehäusern, wo wir zu dreien Malen einkehrten, war nichts weniger als Ruhe zu finden. Der vorgesetzte Inbiß war kaum hinuntergeschluckt, als die ruhelosen Geister der Indienfahrer schon wieder zur Weiterreise drängten. — Dort gedachte ich auch dein, mein lieber Gastfreund zu Madura, wie du vor etwa zehn Jahren bei einem dieser Ruhehäuser in deiner raschen Weise hin und her liefest, um die Kälte der Wüstennacht für deine an die ambrosischen Nächte Südindiens gewöhnte Haut unschädlich zu machen, wie du darüber urplötzlich in eine zehn Fuß tiefe Cisterne stürztest, den hineinleuchtenden Araber, der dir nicht eher heraushelfen wollte, als bis du ihn vorweg dafür belohnt, unwillig hinwegschicktest, und endlich an der Hand des edleren Mannes, der, von deinem Hülferuf herbeigezogen, sich dir zu Liebe flach auf den Boden legte, aus deiner Josephslage noch zu rechter Zeit glücklich emporstiegst.

Bald nachdem wir die Hälfte des Wegs zurückgelegt hatten, fanden wir uns auf einer förmlichen Kunststraße, und wenn es schon vorher fast nie anders als im Galopp ging, so ging es jetzt fast im Fluge. Hätten die arabischen Fuhrleute mit den arabischen Pferden gleichen Schritt gehalten, d. h. hätten sie beim Umspannen nicht so viel Zeit vertrödelt und verplaudert, so hätten wir trotz dreimaligen Speisens unterwegs Kairo wahrscheinlich bald nach Mitternacht, vielleicht schon um 2 Uhr, erreicht. So aber sprengten wir erst gegen 4 Uhr des Morgens durch einen langen Baumgang zu Kairo hinein, um auf den weichen Polstern des englischen Gasthauses vergebens den Schlaf zu suchen, den die kühle Wüste jeden Augenblick geben, der wohlgerüttelte und geschüttelte Wagenkasten aber nie zulassen wollte.

Erste Eindrücke von Kairo.

(Kairo, den 6. Novbr.)

Die kalte Nachtluft der Wüste, an der ich mich wie an reinem Nektar satt getrunken hatte, war meiner armen Frau keineswegs wohl bekommen. So mischte sich denn auch ein Tropfen Wermuth in den Becher der Freude, als uns nach einem kurzen Schlummer der erste Morgen in Kairo begrüßte, und wir uns nun voll bewußt wurden, daß wir jetzt den letzten Wendepunkt unsrer Heimreise mit Gottes Hülfe sicher erreicht hatten. Es schien nämlich, als wollte das Uebel schier wiederkehren, das die letzten zwei Monate in Ostindien stets wie ein an dünnem Faden aufgehängtes Schwert über dem Haupte meiner lieben Reisegefährtin geschwebt und auf meinem Herzen wie ein Mühlstein gelastet hatte. Gleichwohl hatte ich keine Zeit, besorglichen Gedanken nachzuhängen; ich mußte den Staub der Wüste rasch von meinen Kleidern schütteln und mich nach meinem Gepäck umsehen, damit es nicht etwa mit den übrigen Passagiergütern nach England und von dort vielleicht abermals nach Ostindien wandern möchte. Ich eilte daher in aller Frühe zu einem Landsmanne, der ganz in der Nähe unsrer damaligen Herberge in dem Koptenviertel seine Wohnung aufgeschlagen hat, um mich mit dem Allernöthigsten und Allertheuersten in fremden Landen, — mit gutem Rath versehen zu lassen, und trabte dann auf einem muntern Eselein, Bulak, dem nordwestlichen Hafen von Kairo, zu, wo, wie es hieß, die Kameele das sämmtliche Schiffsgepäck bereits niedergelegt hatten. Ich fand leider noch keine Spur von unsern höckrigen Freunden, deren sämmtliche vier Abtheilungen wir schon um Mitternacht überholt und hinten gelassen. So hatte ich volle Muße, mich ganz in die Betrachtung des geheimnißvollen Nils zu versenken, der dicht zu meinen Füßen seine gelblichen Fluthen zwischen palmenbekränzten und von lautem Leben wiederhallenden Ufern wälzte. Man vertröstete mich von einer Stunde auf die andere. Endlich nach drei Stunden vergeblichen Wartens entschloß ich mich, vor der Hand nach der Stadt zurückzureiten, uns dort eine angemeßnere Herberge aufzusuchen und dann das unterdeß ankommende Gepäck sogleich dahin zu schaffen. Eben auf der Rückkehr nach Bulak begriffen, hörte ich zu meinem Schrecken, daß die Kameele angekommen seien. Voll Besorgniß, daß die Sachen bereits auf das Nilschiff, welches die englischen Reisenden von hier nach Alexandrien trägt, verpackt sein möchten, galoppirte ich daher durch enge Straßen, sonnige Plätze und schattige Gänge in solcher Eile nach Bulak zu, daß ich, hauptsächlich in Folge ritterlicher Ungeübtheit, mehr als ein Mal in bedenkliche Berührung, hier mit einem breitgeladenen Kameel und dort mit einem unbeholfenen Ochsenkarren gerieth. Glücklicherweise fand ich das Gepäck noch unverladen. Es dauerte jedoch eine gute Stunde, ehe ich meiner sieben Sachen (es waren aber eigentlich siebzehn) habhaft werden konnte. In Form einer kleinen, wüsten Pyramide thürmte sich das Gepäck der englischen Passagiere vor meinen Augen auf, und fast gewann es den Anschein, als hätte man recht absichtlich das Zusammengehörige möglichst weit von einander getrennt und dazu das Allerschwerste auf das Allerleichteste gesetzt, um so ja recht viel mit Einem Male zu Grunde zu richten, und überhaupt eine möglichst „reizende Unordnung" ins Werk zu setzen. Diesen liebenswürdigen Hang der

Egypter hatte ich schon in Suez beim Aufladen mit Schrecken wahrgenommen, und dabei im Voraus auf viel Trümmer und Scherben, besonders im Bereiche des Küchenkorbes, gerechnet. Ich hatte mich leider nicht verrechnet; — dennoch war ich herzlich froh, als ich Alles, das Ganze und das Zerbrochene, beisammen hatte, und einen englischen Transitbeamten durch die Vorstellung, daß ich eine kranke Frau allein im Gasthause zurückgelassen, und obschon es bereits 3 Uhr Nachmittags sei noch nichts gegessen habe, zu bewegen im Stande war, mein Gepäck sogleich verwiegen zu lassen und mich somit abzufertigen. Wie ich's zur Stadt hineinbringen wollte, darüber brauchte ich mir weiter keine Sorge zu machen. Ehe ich mich's versah, war ich von einem Trupp Eseltreiber umringt; jeder lud ein Stücklein auf und darunter Manches, das ich selbst mit Einer Hand ohne Schwierigkeit getragen hätte. Es schien, als hätten sie im Sinne, eine förmliche Karavane zu bilden, und es kostete unsägliche Mühe, mein Gepäck erst nur wieder zusammen zu bringen. Ich gab gemessnen Befehl, es anstatt auf zehn, auf zwei Esel zu laden; nun aber erreichte das Getümmel die Spitze, denn es galt die große Frage: Welche unter den zwanzig Eseln, die das Gepäck wie in einem Zauberkreis umschlossen hielten, sollten die beiden Glücklichen sein? Ich machte dem Spuk mittels eines gewissen Zauberstabes nur mit Mühe ein Ende, und ritt zwischen den beiden Packeseln mit dem süßen Gefühl, daß des Tages Last und Hitze nun bald überstanden sein werde, dem Hotel du Nil d. i. der neuen Herberge zu, die ich inzwischen ausgemacht hatte. Dort galt es noch einen Kampf mit den Eseltreibern, namentlich aber mit einem Neger, der sich ohne meinen Willen angeschlossen hatte und für sein überfreundschaftliches Geleit ein ansehnliches Geschenk beanspruchte. Er verfolgte mich sogar eine gute Weile auf dem Wege nach unserm ersten Hotel, wo wir noch die Nacht zubringen wollten, indem er ganz dicht neben mir hinritt und, mit Fingern auf mich weisend, in ziemlich geläufigem Italienisch mich laut und überlaut als seinen Schuldner zu bezeichnen nicht aufhörte. Ich war froh, als ich anlangte, nicht sowohl weil ich nun meinen schwarzen Begleiter los wurde, — denn auf seine geräuschvolle Bekanntmachung merkte doch Niemand der Vorübergehenden, — sondern weil ich mich nun einer schrecklichen Ungewißheit entledigen durfte, die den ganzen Tag wie Blei auf meiner Seele gelegen und mir die Hülflosigkeit der freundelosen Fremde noch einmal recht zu kosten gegeben, — der Ungewißheit nämlich, in welchem Zustande ich meine arme Frau finden würde. Gott Lob, die Arznei, die ich ihr vor dem Ausgehen bestellt, hatte so gut gewirkt, daß wir uns gegen Abend in den gemeinschaftlichen Saal hinunter begeben durften, um unsre englischen Mitreisenden, die noch ein gut Stück Wegs bis England vor sich hatten, in mehren Abtheilungen scheiden zu sehen. Da unsre Herzen nicht allzufest mit irgend Einem derselben verwachsen waren, so hatte der Abschied von ihnen auch keine Wunden, und dabei war es ein ungemein angenehmer Gedanke, daß wir die nächste Nacht, statt auf dem engen Nildampfschiff schlaflos zu sitzen oder zu stehen, von den Beschwerden des Meeres und der Wüste einmal ordentlich ausruhen sollten.

Gleich den andern Morgen in aller Frühe berichtigten wir nicht ohne einen kleinen Verdruß unsre 25 Stunden Aufenthalt und ein Mittagessen, was zusammen sich auf nicht minder als zehn preußische Thaler belief, und verließen dann mit großer Genugthuung das aussichtslose Hinterzimmer, wo wir, fast ohne alle Aufwartung, in echt arabischem Schmutz gesteckt hatten. Der Name des Engländers, der dieses Hotel hält, und den mehr als alle andern hiesigen Europäer der Gedanke zu beseelen scheint, recht leicht und recht schnell ein reicher Mann zu werden, ist Shepherd. Ich will hiermit einen Jeden, der mit einer deutschen Börse in der Tasche nach Kairo kömmt, vor der zwar fetten, aber allzu „gesalznen“ Weide dieses „Shepherd“ gewarnt haben.

Wir sind nun schon mehrere Tage in dem französischen Hotel du Nil, das auf den Ruhm, die älteste aller europäischen Herbergen hier in Kairo zu sein, Anspruch macht. Eine enge, tief gelegne Straße führt von dem breiten europäischen Bazar in der Nähe des schönsten öffentlichen Platzes, der Esbekieh, seitwärts dahin. Bange Gedanken darüber, wie denn wohl die Herberge, die einen so unansehnlichen Zugang hat, am Ende ausfallen werde, erfüllen zuerst die Seele, wenn man sich in diese Enge hinabbegiebt; gerade da aber, wo es am bedenklichsten aussieht, nimmt es mit einem Male eine gute Wendung, und ein üppiger Garten, dessen vollsaftiges Grün gegen das Aschgrau der rings aufgethürmten Häusermassen gar angenehm absticht, lacht dir unerwartet in's Herz und in's Auge. Daneben erhebt sich ein zweistöckiges Gebäude mit einem offenen Hofraume in der Mitte. Das ist das Hotel du Nil, das, wenn auch im Geschmacke der Araber etwas winklicht gebaut und von arabischem Schmutze nicht ganz frei, doch den Anstrich der Behaglichkeit hat, und mit seinen um den innern Hofraum zellenartig hinlaufenden Zimmern und seinem stillen versteckten Garten fast das Ansehn eines Klosters gewinnt, — eine Täuschung, die hier um so wohlthuender wirkt, als die benachbarten Straßen der großen Stadt fort und fort wie ein unruhiges Meer erbrausen und einen in jedem Sinne „schreienden“ Gegensatz zur klösterlichen Stille bieten. Leider wird die angenehme Täuschung allzu oft unterbrochen. Die vier bis fünf arabischen Diener im Hause, an denen eben die Stimme das Beste ist, lassen uns alle Augenblicke hören, was eine solche rauhe und rohe arabische Kehle in der elastischen Atmosphäre Egyptens, zumal bei einiger Anstrengung, vermag.

Nimm nun noch das periodische Brüllen einiger Esel, die unten in der Nähe des Hauses ihr Standquartier haben, und das gelegentliche Gerassel einer benachbarten Drehmühle, begleitet von dem kreischenden Gesang einiger Frauen hinzu, so hast du die ganze musikalische Unterhaltung. Doch nein, — so eben bringt sich ein Heer hausloser Katzen, die hier im Hotel umsonst speisen, als zum Chor der Hausmusici gehörig von den benachbarten Dächern her in Erinnerung, und zwar in einer Weise, daß man sie mit dem besten Willen nicht vergessen kann. Die einzige melodische Unterbrechung unsrer klösterlichen Stille bereiten uns die Mueddin oder Gebetsausrufer, die von den umgebenden Minarets herab ihre weit hinschallende, meist harmonische Stimme alle vierundzwanzig Stunden mindestens fünfmal zu erheben pflegen: das erste Mal bald nach Sonnenuntergang; das zweite Mal beim völligen Einbruche der Nacht, die hier dem Sonnenuntergange fast auf dem Fuße folgt; das dritte Mal beim Anbruche des Tages; das vierte Mal kurz nachdem die Sonne den Scheitelpunkt erreicht hat, und das fünfte Mal ungefähr mitten inne zwischen Mittag und Abend. „Gott ist sehr groß! Gott ist sehr groß! Gott ist sehr groß! Gott ist sehr groß! — Ich bezeuge, daß außer Allah kein andrer Gott ist! Ich bezeuge, daß außer Allah kein andrer Gott ist! Ich bezeuge, daß Muhamed Gottes Prophet ist! Ich bezeuge, daß Muhamed Gottes Prophet ist! Kommt zum Gebet! Kommt zum Gebet! Kommt zum Heile! Kommt zum Heile! Gott ist sehr groß! Gott ist sehr groß!“ So schallt es dann wie ein Triumpfgesang von allen Minarets her über die ganze Stadt hin. Von den größern Moscheen aber lassen die Gebetsausrufer auch während der Nacht zu zweien Malen ihre gewaltige Stimme ertönen, das eine Mal bald nach Mitternacht, das andre Mal etwa eine Stunde vor Tagesanbruch, für diejenigen Muselmänner nämlich, denen das fünfmalige Gebet nicht genug ist und die den Eingangsworten zum Morgengebetsrufe zufolge „das Gebet für besser als den Schlaf" achten. Diese nächtlichen Gebetsrufe, bei weitem länger und mehr in Form eines Gebetes selbst, machen in der lautlosen Nacht keinen unangenehmen Eindruck. Sie erinnern mich stets an die liebe Heimath, wenn da zur Weihnachtszeit der feierliche Weihnachtsruf von dem Kirchthurme herab die Stille der heiligen Nacht durchbricht.

In europäischen Privathäusern sowohl als in europäischen Gasthäusern herrscht hier die unangenehme Einrichtung, daß man erst um 11 Uhr frühstückt und des Abends 7 Uhr zu Mittag ißt. Mit Mühe haben wir dazu eine Tasse Kaffee gegen 8 Uhr des Morgens erlangt. Deutsche, Franzosen, Italiener und Griechen sammeln sich in buntem Gemisch um die Wirthstafel, die in französischer Weise mit einer großen Anzahl von Schüsseln besetzt und mehr auf einen beständigen Reiz des Gaumens als auf eine gesunde Befriedigung des Magens berechnet ist. Nach dem Frühstück begiebt man sich gewöhnlich in den laub- und laubenreichen Garten, in dessen Mitte ein von hochstämmigen Akazien sonnendicht überwölbtes und von drei bis vier Divans umgebenes Wasserbecken sich befindet. Ein paar niedliche Aeffchen aus Sennar mit ich möchte sagen kaukasischem Profil und negerhafter Gesichtsfarbe treiben dort ihr neckisches Spiel, und von der hintern Gartenwand schauen fünf bis sechs wohlerhaltne Mumien aus Theben gar ernst darein.

Wir selbst haben unsre Wohnung im obern Stock, die so frisch und kühl ist, daß wir erst gegen 9 Uhr Thür und Fenster zu öffnen wagen, obschon draußen die Sonne nach grade dermaßen kräftig wird, daß Wasser, in einer Glasflasche an's Fenster gestellt, bald so erwärmt, als ob es über dem Feuer gestanden hätte. Wenn wir von diesem stets angenehm luftigen Revier den Blick über die umgebenden Gärten und Baumanlagen mit den sammetgrünen Beeten im klaren Sonnenscheine hinausschweifen lassen, so wird es uns immer pfingstlich zu Muthe, und das Herz schwärmt von deutschem Frühling und von deutscher Frühlingssonne und von deutschen Frühlingslüften.

Doch ich muß die lieben Freunde einmal auf das platte Dach führen. Steil hinab fällt das Auge auf den großen, schönen Garten eines türkischen Mufti, dem unser europäisches Hotel ebenso sehr wie ein Dorn in's Auge sticht, als uns sein Garten wie eine Rose in's Auge lacht. Ein wahres Meer von Häusern umgiebt uns von allen Seiten, und zwar von Häusern, die durch die Verschiedenheit ihrer Höhe und die Unregelmäßigkeit ihrer Bauart, sowie durch ihre mannichfaltigen Terrassen, Erker und Schnörkel aller Art das Auge angenehm beschäftigen, während dem tiefsten Innern der Gedanke: „Gott Lob, daß ich nicht darin zu wohnen brauche!“ von selbst entquillt. Hier und da erhebt ein weißes Minaret oder eine dunkelgrüne Dattelpalme das schlanke Haupt aus dem grauen starren Häusermeere.

Da zur Linken zieht sich das nackte Mokattamgebirge hin, das die immer tiefer sinkende Sonne in wahrhaft ätherische Farben kleidet, und die Alabastermoschee Mehmed Alis auf der gegenüberliegenden Burg brüstet sich mit ihren zwei luftigen Minarets vor ihren bescheidnen Schwestern in der tiefer gelegnen Stadt.

Weiter zur Rechten dort, gerade zwischen den zwei Dattelbäumen, erheben die drei altersgrauen Pyramiden von Giseh ihre königlichen Häupter, und noch ein wenig weiter fällt die Sonne hinter die Sandhügel hinab, welche die lybische Wüste säumen. Ein bläulicher Duft lagert sich um alle Höhen und Spitzen; noch ein paar Minuten, und der ganze Abendhimmel glüht von einem dunklen Feuer. Bald verlischt auch dieses, und das Auge sucht in den düstern Häusermassen der nächsten Umgebung nach der freundlichen

Hauslampe. Fast vergebens. Nur zwei Stellen des wunderlichen Chaos zeigen eine matte Beleuchtung, und an der einen hat offenbar eine europäische Familie ihre Behausung aufgeschlagen. Mit nichts weniger als neidischen Gedanken über das häusliche Behagen derer, die in jenen anscheinend lichtlosen Räumen wohnen, steigen wir wieder hinab und schließen vor allen Dingen Thür und Fenster unsrer wohl erleuchteten Zelle gegen die kühle Thauluft, die bald nach Sonnenuntergang ihre zweideutigen Gaben ausschüttet, — der Pflanzenwelt, die hier auf keinen Regen bestimmt rechnen kann, ein Labetrank, der Menschenwelt aber, namentlich dem rheumatisch-gestimmten Theile derselben, ein wahrer Mehlthau.

So eben klingt das Glöcklein zum Mittag-, oder vielmehr zum Abendessen.

Nach den Pyramiden von Giseh.

Es läßt den europäischen Reisenden in Kairo schwerlich Ruhe, bis er den königlichen Greisen am Rand der lybischen Wüste, — den Pyramiden, schuldigen Besuch abgestattet hat, besonders wenn sie sich, wie das bei mir der Fall war, im Schein der sinkenden Sonne von der Terrasse des Hauses aus allabendlich in Erinnerung bringen und das ganze egyptische Alterthum im Zwielicht der Sage und der Geschichte mit heraufbeschwören.

Mich wenigstens hatte das Leben der Gegenwart, das sich voll und bunt durch die labyrinthischen Straßen, Gassen und Gäßchen von Kairo wälzt, sehr bald gesättigt, und die Oede der Wüste mit ihren räthselhaften Riesendenkmalen der Urzeit war mir eine Art Bedürfniß. Ich beorderte daher meinen Dragoman, der, als Kopte den Ueberresten der alten Egypter zugehörig, zu einem Ausflug nach den Denkmalen des alten Egyptens so recht paßte, für den Morgen des 10. Nov. zwei gute Traber aus dem Geschlecht der Esel bereit zu halten; den Wirth aber bat ich, mich aus den Fleischtöpfen Egyptens für eine Reise von zwei Tagen zu versorgen.

Wir brachen nach egyptischen Zeitbegriffen in aller Frühe, d. i. gegen 8 Uhr auf, und zwar ohne ein Zelt mitzunehmen, indem ich mich bei irgend einem der alten Egypter für die Nacht zu Gaste zu bitten, mit andern Worten in einem der geöffneten alten Gräber zu schlafen gedachte, — wohl aber nicht ohne eine

Matte, ein Kopfkissen und einen Mantel, da die erwähnte Art von Gasthäusern keine Gastbetten hat.

In den Straßen Kairo's war noch alles ziemlich still; hie und da nur öffnete sich ein Laden oder eine Werkstatt, und ein behäbiger Araber verrichtete seine Lieblingsarbeit, d. h. er saß mit untergeschlagenen Beinen auf dem steinernen Sitz vor der Thür, in der einen Hand die winzige Kaffeetasse und in der andern die lange Schibuck (eine Art Pfeife). Wir hatten daher, in keinen der lebendigen Knäuel und Knoten, die sich zu späterer Tageszeit in den Straßen Kairo's fortwährend bilden und lösen, mit hineingewickelt, in kurzer Zeit Bab el Seydeh Zeineb, das südwestliche Thor der großen Stadt, erreicht und trabten bald darauf zwischen den frisch übergrünten Gartenmauern des Vorwerks hin, das dicht neben den Schutthaufen des alten Kairo sich hinzieht.

Grade an der südlichen Spitze der schmucken Nilinsel Rhoda vertrauten wir uns in einem elenden Boot dem heiligen Strom. Eine kleine Viertelstunde, und wir stiegen bei dem grauen, von hochstaudigen Maisfeldern umwucherten Giseh an das Land. Bei vorgerückterer Jahreszeit hätten wir nun auf unser nächstes Ziel, die Pyramiden von Giseh, grade los reiten können; noch aber standen die Felder, an deren äußerstem Westsaum die Pyramiden Wache halten, alle unter Wasser, und wir waren daher genöthigt, einen großen Umweg zu machen. Erst ging es stracks durch bereits abgetrocknete Felder hin, über einen kleinen Kanal, dann aber schlug sich der Weg im Zickzack umher, und endlich nahm uns der sehr hohe Querdamm auf, der sich in ungeheuern Schlangenlinien nach den elenden Araberhütten ganz in der Nähe der Pyramiden windet.

Hier einzelne schneeweiße Wasservögel, im Schlamm umherpickend; dort ein graues Heer wilder Enten, auf dem trüben Wasserspiegel sich sammelnd: hier ein einsamer Pflüger auf weichem, tiefschwarzem Boden; dort eine Gruppe Säender auf zum Theil noch wässrigen Feldern! Hier hackte Einer; dort schöpfte Einer; hier öffnete und dort schloß man die Schleusen. Kurz, alles war Lust und Leben weit und breit umher, unsre beiden Esel nicht ausgenommen, die auf dem wohlgebauten, freien, luftigen Hochweg Stundenlang nur so hinflogen.

Meine eigne Lust trübte sich jedoch auf ein gutes halbes Stündchen, als wir, nur noch 20 bis 30 Schritte von der Grenze der Ueberschwemmung und ein Viertelstündchen von dem Fuße der Pyramiden selbst entfernt, die lange Erdbrücke unerwarteter Weise durchbrochen fanden; — wahrscheinlich ein Kniff der arabischen Bootsleute! Die wissen recht wohl, daß wenn der europäische Reisende den Pyramiden einmal so nahe gekommen ist, die magnetische Kraft derselben die Umkehr fast unmöglich macht, und daß sich dann eben ein recht vortheilhafter Handel mit ihm schließen läßt. Wirklich war die Forderung des Schiffers, der in der Ferne auf der Lauer lag und mit seinem Boote langsam herbeikam, ungemessen, und erst als ich ernstlich Miene zur Umkehr nach Kairo machte, ging er bis auf das Viertel herab, und obschon auch dieses den wahren Werth der Dienstleistung noch viermal überstieg, so konnte ich doch unter den gegebnen Umständen sehr wohl zufrieden sein, daß ich so wohlfeil über die Verlegenheit hinwegkam.

Kaum hatte ich meinen Fuß an's Land gesetzt, so fühlte ich an der Gluth, die der unter der Mittagssonne erhitzte Sand mir entgegenhauchte, daß ich in der That der lybischen Wüste nahe gekommen, und so groß war der klimatische Gegensatz zwischen dem just verlassnen Nilthale und diesen Sanddünen, daß es mir mehr als je begreiflich wurde, wie einige der Alten auf den Gedanken kamen, Egypten und Lybien als zwei verschiedene Erdtheile zu betrachten.

Ich fand mich alsbald umringt von einer kleinen Schaar Araber, die alle ihr Absehn auf meinen Beutel gerichtet hatten, und vor allen Dingen die wichtige Frage in's Klare zu bringen suchten: ob ich Engländer oder Nicht-Engländer d. i. nach ihrem Begriff ein reicher Thor oder ein armer Schlucker sei. Ein Beduinenknabe, der eine ganz hübsche Uebung in den allernöthigsten englischen Redensarten hatte, versuchte zuerst den englischen Goldschlüssel an mir; da ich aber jeder englischen An- und Zusprache fort und fort ein taubes Ohr zukehrte, so trat ein gewandter Beduinenjüngling an mich heran und versuchte es mit dem gemeinen französisch-italienischen Schlüssel. Hier ließ ich es klappen, und unmittelbar nachher hörte ich das Wort von Mund zu Mund gehen: Ein Franzose, ein Franzose, ein Franzose! Da sah ich denn den Einen der Araber, der zwar nicht englisch sprach, wohl aber mit einem englischen Zeugniß in der Hand neben meinem Esel herrennend, mich am meisten belästigte, mit einem sehr langen Gesicht bei Seite gehen. „Die Herren Engländer", bemerkte mein gutmüthiger Dragoman, „die oft sogar mehr geben, als die Leute verlangen, verderben Alles." Ich konnte leider nicht anders als mit einem Seufzer dazu Ja sagen.

Wir waren unterdeß an den Nordfuß der Pyramide des Cheops gekommen, — ich muß gestehen, ohne auch nur einen Anflug von jenen überschwänglichen Gefühlen, davon die meisten Reisenden Meldung thun. Mir wurde der Genuß solcher Denkmale des Alterthums durch das Gesindel der Gegenwart, das in der Nähe derselben dem Reisenden auflauert, nur allzuoft gründlich verbittert. Ein Glück, daß mir die englische Guineenglorie noch zeitig genug vom Haupte gefallen war und ich nun den Leuten als ein gewöhnlicher Sterblicher erschien, der, wie sie selbst, nach „Piastern" rechnet und nur darin bevorzugt ist, daß ihm eine größere Menge derselben, als ihnen selbst, zu Gebote steht. Denn so ließ man mich verhältnißmäßig in Ruhe, als ich meine buntgeflochtene indische Matte auf einem kühlbeschatteten Absatze der Pyramide ausbreitete und mich selbst behaglich darauf ausstreckte. Vor mir kauerten drei Knaben mit kleinen Fläschchen voll Nilwasser, das sie, auf einen heftigen europäischen Durst rechnend, erst so im Preise hielten, als wenn es der köstlichste Champagner gewesen wäre, obschon es in einer Entfernung von zehn Minuten tonnenweis umsonst zu schöpfen war. Neben mir auf einem andern Absatze der Pyramide saßen jene Araber mit untergeschlagenen Beinen, die mich auf die Spitze der Pyramide zu ziehen, zu schieben und gelegentlich zu schleppen gedachten, dazu auch ein freiwilliger Wächter, ein zerlumpter Bursche mit Etwas auf der bloßen Schulter, was in bessern Zeiten den Rang einer Flinte behauptet zu haben schien.

Ich labte mich nun an einem kalten Frühstück und an einer Tasse Kaffee, die mein Drogoman des heftigen Windes wegen, der hier auf der hohen Sand- und Schuttanhäufung am Nordfuß der Pyramide von Nord-Westen her heftig darein blies, mit großer Mühe bereitet hatte. Ich hatte noch nicht den letzten Bissen hinunter, als mich meine ungeduldigen Araber schon in's Schlepptau nahmen und mit mir die Pyramide hinan stürmen wollten. Ich entledigte mich daher schnell aller überflüssigen Kleidung und ließ auf einen bedeutungsvollen Wink des Dragomans meine Börse heimlich in dessen Hand gleiten. Nun aber war kein Aufhalten mehr. Zwei der Kerle faßten mit kernigem Griff meine Hände und zogen mich aufwärts, und zwei andere, hinter mir zu beiden Seiten hergehend, schoben eben so kräftig nach. Die Stufen haben bekanntlich eine solche Höhe, daß der Ungeübte beim Hinaufklettern die Hände zu Hülfe zu nehmen gezwungen ist. Ich sank schon nach den ersten acht bis zehn Stufen erschöpft nieder, und später mußte ich, mehr geschleppt als gezogen und geschoben, gar nach jeden vier bis fünf Stufen einmal ruhen. Nun begriff ich wohl, wie Dr. Wilson, der nach einem längern Aufenthalt in Indien von Bombay aus die „Länder der Bibel“ besuchte, und auf seinen Wanderungen auch hierher kam, auf der Hälfte des Weges von einem weitern Aufsteigen abstehen mußte, und ich wurde mit Schrecken gewahr, einen wie hohen Zoll an Kraft das indische Klima mir abgenommen hatte. Den geldgierigen Arabern blitzte die Herzenslust an meinem hülflosen Zustande aus beiden Augen, und so oft ich auf einen Absatz hinsank, stellten sie sich im Kreise umher und forderten, über den sauern Schweiß des schwachen Abendländers spottend, das Doppelte der ausgemachten Summe. Später besahen sie sich meinen Fingerring sehr genau und betasteten ihn von allen Seiten, und endlich suchten sie, wie theilnahmsvoll umherstreichelnd und reibend, nach demjenigen, was sie an jedem Reisenden am meisten interessirt, — nach der Börse, die ich glücklicherweise unten gelassen. Ein Herr, der mit uns von Suez nach Bombay reiste, war durch ähnliche Liebkosungen um eine bedeutende Banknote gekommen, und hatte mich daher schon vor drei Jahren vor der Pyramide des Cheops gewarnt.

Nach einer Viertelstunde etwa, — denn der kalte Nordwesthauch ließ mich bei meinem erhitzten Zustande stets nur einen Augenblick ruhen, — hatte mich dieser Wirbelwind von Beduinen auf die Spitze der Pyramide hinangerissen; ich stolperte über den letzten Absatz — der Länge nach auf die Plattform hin, und mit Hülfe meiner Getreuen wieder aufgestanden, warf ich einen schnellen Blick auf das üppig wuchernde Nilthal auf der einen und die nackte lybische Wüste auf der andern Seite, die allerdings nichts von „buschigen Eilanden“ zeigte, und sank abermals neben einer Steinmasse, hinter der ich auch hingekauert für den Kopf keinen Schatten fand, wie ohnmächtig hin.

Meine Araber, die wie Gazellen auf den Riesentreppen der Pyramide hinauf- und hinabhüpfen, erboten sich mir einige Erfrischungen von unten heraufzuholen; ich aber konnte die stechende Sonne nicht länger ertragen, und nachdem ich noch einen Blick in die lybische Wüste, einen andern in das Nilthal und einen dritten in die schwindelnde Tiefe geworfen hatte, faßte ich die sonnenverbrannte Hände meiner arabischen Freunde und begann wieder hinabzuklettern, oder vielmehr hinabzurutschen, — denn die Beine hingen mir so schlaff am Leibe hinab, daß sie mir zum Auftreten geradezu den Dienst versagten.

Da wo der dunkle Schacht in das Innere der Pyramide hineinführt und Lepsius mit seiner Reisegesellschaft das Andenken an den hier gefeierten Geburtstag seines Königs in Hieroglyphenschrift verewigt hat, machte ich eine längere Pause, konnte aber Erschöpfung halber der dringenden Einladung meiner Araber, an ihrer dienstfertigen Hand auch da hinabzugleiten, keine Folge leisten. Ich rutschte die paar Stufen, die noch übrig waren, in aller Eile hinab, und konnte mich selbst auf ebener Erde nur, indem ich mich mit jedem Arme auf die Schultern eines meiner Helden hing, fortbewegen.

Zum großen Leidwesen meiner arabischen Führer, die mit sichtlicher Ungeduld auf die Hauptsache warteten, öffnete ich erst nach einer Viertelstunde meinen Mund, um mich mit ihnen auseinander zu setzen. Bis dahin hatte ich nur das zauberische Wort „Bakschis“ (d. i. Geschenk), das diese Art Leute selbst beständig im Munde führen, ihnen einstweilen als eine Art niederschlagendes Pulver für das Fieber der Ungeduld in kurzen Pausen zugeworfen; denn nur so durfte ich hoffen, ihre rohen Kehlen, die ich in meinem angegriffenen Zustand wahrhaft fürchtete, für kurze Zeit in Schach zu halten und auf diese Weise einen kleinen Waffenstillstand zu erkaufen.

Nach dem Serapeum bei Sakkara.

Der steife Staatsbesuch bei Ihrer Majestät der königlichen Pyramide des Cheops war mir so sauer geworden, daß ich den übrigen fürstlichen Damen und Dämchen, d. i. den zwei andern Hauptpyramiden des Chephrem und Mycerinus, sowie den sechs kleinern, die wie Zwerge neben Riesen dastehen, nur einen Blick flüchtiger Huldigung zuwarf. Dazu hatte die Sonne sich schon allzu tief geneigt, und die am südlichen Horizont auftauchenden Pyramiden von Sakkara, in deren Nähe das Serapeum sich befindet, schienen mir das Ziel meiner Tagereise in allzu bedeutende Ferne hinauszurücken, als daß ich lange zu zögern gewagt hätte. Ich ließ mich daher, hüften- und lendenlahm, wie ich war, alsbald auf den Esel heben, und ritt langsam durch die Gräberfelder hin, die sich am Fuße der Pyramiden hinziehen.

Nur bei der Riesensphynx am Südostende der Chephrem-Pyramide machte ich für eine Weile Halt, um zu sehen, ob der beiläufig zwanzig Fuß lange Kopf des Ungeheuers, der aus seinem tiefen Sandgrabe heraus wie sehnsüchtig nach dem lebensfrischen Nilthale hinüberschaut, auch für mich, wie dermalen für den Abdallatif, ein „Lächeln" haben möchte. Ich schaute dem alten Pharao, — denn für das Portrait eines solchen hält man den Kopf des steinernen Riesen, — von allen Seiten in das leider verstümmelte Gesicht, ohne irgend eines Huldblicks gewürdigt zu werden.

Dennoch wie gern hätte ich da ganz in der Nähe des alten Herrn unter einer kleinen, wie verlornen Baumgruppe ein Zelt aufgeschlagen und im weichen Sande bis zum folgenden Morgen von des Tages Last und Hitze geruht!

Mein weiterer Weg nach dem Serapeum war mir auch in seiner öden Einförmigkeit interessant, und zwar aus mehr als einem Grunde. Erstens: ich liebe die Wüste, selbst mit ihren Schrecken; diese Wüste aber, die an dem fruchtbarsten Thale der Welt hinläuft und so gleichsam das lichtvollste Bild in den dunkelsten Rahmen faßt, ist an ihrem Saume nichts als eine pikante Würze zu der bebauten Landschaft. Ferner: das Bild, das sich in der Ferne vor meinen Augen entrollte, war in der That mannichfaltig genug. Ganz dicht zur Rechten die graue lybische Bergkette, die sich hinter den Pyramiden von Giseh in sanftem Hügelschwung in die große Wüste verliert; weithin zur Linken aber der hellbeschienene Mokattam, der im Südosten von Kairo in die Gebirge der Suezwüste ausläuft; dazwischen der dunkelgrün umsäumte Fluß und die weithin überflutheten Felder, daraus hier und da ein Palmenhain und ein Dörfchen inselartig hervorschauen, — und über das alles hin die stets wechselnden Lichter einer egyptischen Abendsonne. Was aber den Weg am interessantesten machte, das waren die schwarzen Schlagschatten, welche die geschichtliche Erinnerung in die lichtvollen Bilder der Gegenwart hereinwarf. Wandelte ich doch hier in der Todtenstadt des alten Memphis.

Eben neigte sich die Sonne, als wir, immer am Rande der Ueberschwemmung, die den Saum der Wüste netzte, im tiefen Sande hinreitend, an den drei Pyramiden von Abusir vorbeikamen. Abusir ist ein Dorf, dessen übelberüchtigte Bewohner der Reisegesellschaft des Herrn Lepsius einen unangenehmen Nachtbesuch abgestattet hatten. Wir ließen daher unsre Eselein etwas stärker traben, und erreichten noch vor Einbruch der Nacht die Stätte, wo der Franzose Mariotte das alte Serapeum von Memphis, das nach Macrobius „außerhalb der Stadt“ und nach Strabo an einer „sehr sandigen Stelle“ lag, wieder aufgefunden hat.

Mitten unter den einsamen Sandhügeln, die hier Menschen- und Thiermumien aller Art in ihrem Schooße bergen, wurde ich urplötzlich von einem Häuslein überrascht, das, von Lehm erbaut, zur Farbe der sandigen Umgebung stimmte. Mein Esel scheute vor einem gewaltigen Eber, der den schmalen Zugang zu diesem eigenthümlichen Feenschlößchen besetzt hielt. Ich sprang eilends ab und hinkte dem Häuslein zu, das mir trotz seiner engen Räume eine behaglichere Nachtherberge zu bieten schien, als das räumigste altegyptische Grab.

Der vorhin erwähnte Herr Mariotte hat hier dicht neben seiner Gräberwerkstätte sich dieses kleine Obdach errichtet, und obschon ich ihn abwesend fand, so wurde ich doch von seinem Sekretär freundlich willkommen geheißen, unangesehen meiner auf den Pyramiden zerrutschten und vom Sande der Wüste bestäubten Kleidung. In einem kleinen Seitenstübchen, wo eben ein paar Aeffchen die Vorhänge eines Bettes eifrig zerzupften, kleidete ich mich rasch um und eilte dann auf die umgebenden Sandhügel hinaus, um die eigenthümliche Oertlichkeit, ehe denn die Nacht ihren Schleier darüber fallen ließ, noch in aller Schnelle zu besehen, kehrte aber, vom tiefen Sand ermüdet, sehr bald zurück, um nicht unversehens in eines der geöffneten Gräber hinabzugleiten.

Man führte mich zurückgekommen sogleich zur einfachen Abendtafel und bewirthete mich unter andern auch mit selbstgeschoßnen Lerchen und Sperlingen. Mein Tischgenosse war außer dem Sekretär noch ein Freund des Herrn Mariotte, der im Auftrage der französischen Regierung in Oberegypten eine Zuckersiederei angelegt hatte, und nun hier einige Tage auf Besuch war. Die beiden Franzosen beklagten sich bitter über die egyptische Regierung, die, von englischer Eifersucht gestachelt, dem Herrn Mariotte das Leben sehr sauer mache. Derselbe durchwühlt, von der französischen Regierung unterstützt, bereits zwei Jahre lang die Gräber um Sakkara; aber mehr als einmal ist er nahe daran gewesen, das Feld ganz und gar räumen zu müssen. Seitdem er sich jedoch dazu verstanden hat, alles Gefundene an die egyptische Regierung abzuliefern, läßt man ihn ruhig fortarbeiten. Plötzlich wurde unsre französische Unterhaltung von einer deutschen Stimme unterbrochen, ich sahe auf und mein Blick fiel auf das gutmüthige Gesicht eines deutschredenden Ungars, der hier als Tischler dem Herrn Mariotte an die Hand geht.

Gleich nach Tische machte ich mich bereit, das Serapeum, d. i. das Grabgewölbe des Heiligen Stiers, des Apis, zu besuchen. Wir kletterten bei Fackelschein über mehrere Sandhügel einer Vertiefung zu, und wie groß war meine Ueberraschung, als ich durch eine hohe Pforte, deren Pfeiler mit Gebeten und Stoßseufzern der besuchenden Verehrer in demotischer Sprache beschrieben sind, in eine so lang gestreckte Halle trat, daß die beiden Reihen von Lichtern, womit der übergütige Freund meines abwesenden Wirthes die beiden Seiten derselben hatte erleuchten lassen, am äußersten Ende fast in Eins zusammen zu laufen schienen. Ein großartiger Anblick, dem auch die mindest lebhafte Phantasie an solchem Orte und zu solcher Zeit bereitwilligst zu Hülfe kommt.

Ich zählte, wenn ich nicht irre, dreizehn Seitenkammern, jede mit einem ungeheuren Sarkophag aus fein polirtem Granit. Das Innere eines derselben hatte man ein paar Tage zuvor dem französischen Generalkonsul zu Ehren in ein Zimmerchen umgewandelt und mit ihm in echt französischem Geschmack eine Parthie Schach darin gespielt. Nur einen der Sarkophage fand ich mit Hieroglyphen bedeckt. Der glatte Thonboden der Halle zeigte deutlich noch die Spuren der darüber hinweggeschleppten Sarkophage mit ihrem lastenden Gewicht.

Aus den dumpfigen Todtenkammern in das luftige Häuslein, das für diese Nacht sein schützendes Dach über mich breiten wollte, zurückgekehrt, genoß ich auf dem Divan der offnen Vorhalle noch ein halbes Stündchen die Wüstenluft, die hier, von allen Dünsten der Pflanzen-, Thier- und Menschenwelt ungefälscht, einen wahren Strom der reinsten Arznei ausgoß. Dann streckte ich mich auf meine Matte, zu der mein gütiger Gastfreund eine weiche Matratze gefügt hatte. Die aufgeregte Phantasie, die fortwährend in dem Innern der umgebenden Gräberwelt umherfuhr und den dort schlafenden Altegyptern einen allzu neugierigen Besuch abstattete, ließ erst lange keinen Schlaf in meine Augen kommen, obgleich die Anstrengung des Tages, verbunden mit der kühlen Nachtluft der Wüste, jeden Augenblick dazu einlud. Als es denn doch dazu kam, so betrogen mich fieberhafte Träume um die eigentliche Erquickung des Schlummers. Ich war froh, als der erste Morgenstrahl durch die luftigen Spalten des Lehmhauses hereinfiel und die beiden Aeffchen, die neben mir geschlafen hatten, den ersten Ton des Lebens in diese Todtenöde hinauskreischten.

Nach den Ruinen von Memphis bei Mitrahenny.

Wenn du den Araber bei Sonnenaufgang sein Gebet verrichten siehst, wie er zuerst die Richtung nach Mekka sucht und mit halbgeschloßnen Augen und ein wenig aus einander gehaltnen Füßen einer Salzsäule gleich dasteht; wie er dann die flache Hand dem Gesichte zuführt und, mit den Daumenspitzen seine Ohrläppchen berührend, ein „Gott ist sehr groß!“ vor sich hinmurmelt; wie er nun die Arme sinken läßt und ein wenig unterhalb seines Gürtels die Linke in die Rechte legt, und mit gesenktem Auge das Anfangskapitel des Koran u. s. w. hersagt; — wie er darauf bei Wiederholung der Worte „Gott ist groß!“ Leib und Haupt zugleich neigt, die Hände auf seine Kniee legt und die Finger ein wenig auseinanderfallen läßt; wie er dann, immer fortbetend, sich wieder aufrichtet und gleich nachher auf seine Kniee niedersinkt, die Hände dicht an diesen auf den Boden streckt und Nase und Stirn zwischen beiden Händen gleichfalls in den Staub legt, dann Kopf und Leib erhebt, rückwärts auf seine Fersen sinkt, die Hände auf der Hüfte ruhen läßt, und sodann sein Haupt zur Erde neigt und wieder hebt; wie er dann nach Vollendung dieses ersten Gebetsaktes sich von Neuem aufrecht auf seine Füße stellt, und nach jedem neuen Akte auf den Knieen liegen bleibend, seinen linken Fuß unter sich beugt und darauf sitzend die Hände auf seine Hüften legt u. s. w. u. s. w., — ich sage, wenn du so zum ersten Male in deinem Leben den Araber seine Morgenandacht öffentlich verrichten siehst mit rücksichtslosem Freimuth, mit ängstlicher Genauigkeit, und mit einem Anschein unerschütterlicher Sammlung: so beschleicht dich neben dem mitleidigen Lächeln sicherlich auch das Gefühl einer gewissen Achtung, und es ist, als könntest du einem so religiösen Charakter dein Vertrauen nicht versagen. Wenn du aber wartest, bis er, auf seine rechte und linke Schulter nach einander hinblickend, mit einem „Friede sei über dich und die Barmherzigkeit Gottes!" seine Andacht ganz geendet hat, und du lässest dich dann in eine Verhandlung mit ihm ein, deren Stern und Kern Geld und Gold ist, so wirst du meist die unangenehme Entdeckung machen, daß wie der Teich, auf dessen Spiegel die schönfarbigen, volläugigen Lotus blühen, unten voll Schlammes und Moders ist, so hier prunkende Religionsceremonien eine tiefe sittliche Gemeinheit leicht überdecken.

Diese Erfahrung, über die schon so Viele geklagt haben, machte ich im Kleinen, als ich bei der Verabschiedung von meinen französischen Gastfreunden dem Araber, der auf Befehl der Letzteren das Serapeum den Abend zuvor illuminirt hatte, ein Geldgeschenk in die Hand drückte; denn mit derselben Genauigkeit, mit der er kurz zuvor seine Morgenandacht verrichtet hatte, zählte er in meiner und meiner Gastfreunde Gegenwart die geschenkten Geldstücke, und blieb dann mit offner Hand vor mir stehen. Einer der französischen Herren war nahe daran, den Burschen mit einer hölzernen Münze zu bezahlen, die, sofern sich damit irgend eine klingende Münze gewinnen läßt, der hiesige Araber in seiner Gemeinheit für einen „Segen Gottes" erklärt; denn so lautet das arabische Sprüchwort: „Da kam vom Himmel herab der Stock, — ein Segen Gottes."

Nachdem ich eine wohlerhaltne Ibismumie, die mir der freundliche Zuckersieder aus Oberegypten als Gastgeschenk mitgegeben, wohl verwahrt und verpackt hatte, bestieg ich mein treues Thier, das mich heute aus der Todtenstadt von Memphis nach den Ruinen jener alten gefeierten Stadt tragen sollte.

Wir kamen, noch immer auf der Höhe der Sandhügel hinreitend, ziemlich dicht an den drei Pyramiden von Sakkara vorbei, die, im Unterschiede von den Pyramiden bei Giseh, terrassenartig hinanlaufen (ich zählte fünf noch unverschüttete Absätze) und lenkten dann zu dem Saume des überflutheten Fruchtgefildes hinunter, nachdem wir am äußersten Rande der grenzenden Sandhügel noch in einige Gräber, und darunter in ein sehr fein gearbeitetes hinabgeklettert waren und mit Hülfe einer mitgenommenen Kerze, die diesen Ort des Todes im Nu mit einem Heer schwärmender Fledermäuse belebte, die geheimnißvollen Zeichen und Bilder an Wänden, Pfosten und Nischen betrachtet hatten.

Wir erreichten bald darauf den Querdamm, der von Sakkara aus durch die überflutheten Felder nach Mitrahenny hinüberführt und einen Blick nach der Pyramidengruppe von Daschur zuläßt. Ehe ich mich's versah, ritten wir durch einen großen Palmenwald, der vereinzelte Schutthaufen der ältesten namhaften Stadt Egyptens spärlich beschattet, der Stelle zu, wo die über 40 Fuß lange Statue von Rameses II., der einzige ansehnlichere Kunstüberrest der vielbewunderten Stadt, umgestürzt am Boden liegt. Ich fand sie unglücklicher Weise noch dazu im Wasser begraben.

Ein Armenier, der im Auftrage und auf Kosten der egyptischen Regierung die Schutthaufen von Memphis durchgräbt und durchsucht, hatte hier im Schatten einer Palmengruppe sein Zelt aufgeschlagen und den Eingang dazu mit seinen Kunstfündlein, meist mehr oder minder interessanten Bruchstücken von Bildsäulen und

Büsten, zu beiden Seiten verziert. Da ich ihn selbst nicht anwesend fand, so machte ich mich bald wieder auf den Weg. Ei wie lustig trabten die Eselein, die diesen Wendepunkt für die Heimkehr sehr wohl kannten, auf den hohen Dämmen hin, die uns in großen Bogen dem benachbarten Nil zuführten. Schon verkündeten vollgeschwellte weiße Segel die Nähe des Lebensspenders. Zur Linken ganz oder halb abgelaufne nackte Felder, zur Rechten unabsehbare Flächen voll riesenstaudigen Durra's! Die uralten Feinde des Ackerbaus, Beduinen, hatten hier neben dem üppigsten Segen desselben ihre elenden Zelte aufgeschlagen: ein buntes Durcheinander von Menschen und Vieh! Wir kamen auch an einem Bauernhause vorüber, das seinen Todten beweinte. „O mein Herr! O mein Kameel! O mein Löwe! O Kameel des Hauses! O mein Ruhm! O meine Zuflucht!" So oder ähnlich klagte die Frau des Verstorbnen, und die Weiber der Nachbarschaft, in der Nähe des Trauerhauses hingekauert, halfen, ihr eignes Angesicht schlagend, die Wehklage mit einem „Ach über ihn! Ach über ihn! vermehren.

Der Querdamm, auf welchem wir hinritten, führte weiterhin mitten durch einen unabsehbaren Palmenwald, worin hie und da eine ringsumfluthete Häusergruppe sichtbar wurde, und die rauschenden Schleusen und die strömenden Lüfte würzten den leicht beschatteten Weg. In einem der Dörfer hielt man eben Markt; das war ein Schreien und Drängen! Vieh schwamm und Käufer und Verkäufer badeten in allen Richtungen hinüber und herüber.

Uns durch Marktleute und Marktthiere auf dem schmalen Damm einen Weg bahnend, kamen wir erst nach einer Stunde in's Freie dicht am Nil. Gerade dem Wadi et Tih gegenüber, durch welches einer gewissen Annahme zufolge die ausziehenden Israeliten dem Schilfmeer zuwanderten, setzten wir über den Fluß, der manches tiefeinschneidende Boot bei frischem Winde wie im Triumphe stromaufwärts trug. Der Eigenthümer der Fähre saß behaglich schmauchend in seinem Zelte unter den Palmen und sah mit Wohlgefallen zu, während das elende Fahrzeug mit Menschen und Thieren sich dermaßen füllte, daß ich es für rathsam erachtete, während der Ueberfahrt meinen Esel von Zeit zu Zeit fest zu umhalsen.

Nach einem kurzen Trabe durch eine weiche, glatte, sandige und sonnige Fläche näherten wir uns den grünen Feldern und Gärten, hinter denen das graue Besatin sich an den gleichfarbigen Felsen schmiegt. Noch eine weiße Sandfläche, hier und da mit einer Gruppe arabischer Leichensteine besetzt, und wir sprengten in die Gräberstadt hinein, die im Süden der Cidatelle jede weitere Ausdehnung Kairo's nach dieser Seite hindert. Ich besuchte hier im Vorbeigehen das Grabmal der letzten Mamlukenkönige, und nicht weit davon das zweigekuppelte und mit kostbaren Teppichen ausgelegte Familienbegräbniß des Ibrahim Pascha in stiller, schattiger Umgebung. Muhamedanische Priester murmelten mit weicher Stimme bezahlte Gebete über die Asche jenes Mannes mit der eisernen Faust, und so melancholisch süß tönte das in den marmornen Räumen wieder, daß es mich wider meinen Willen eine Weile fesselte.

Ueber den langgestreckten Platz Karameydan, wo die Behausungen der Todten und der Lebendigen sich traulich mischen, trabten wir, die Grabmoschee Mehmed Ali's, die Krone der neuern Kunstbauten in Kairo, auf der Cidatelle rechts lassend, in eine der lebensvollsten Straßen der Stadt hinein, und nach einigen lebenskräftigen Rippenstößen waren die aus den Gräbern der Vor-, Alt- und Neuzeit mitgebrachten Todeseindrücke fast ganz zerstoben.

Eine angenehmere Hemmung, als ein langer Zug von Kameelen und ein ebenso langer von türkischen Reitern, bereitete uns ein glänzender Festzug, der eine Braut zum Bade geleitete und dabei zugleich zwei Knaben paradirte, die das Siegel des Islams in der bekannten Weise feierlich empfangen sollten. Voran eine abenteuerliche Schaar arabischer Musici mit Hautbois und Trommel; dicht dahinter ein halbcylinderförmiges, auf der Vorderseite mit Spiegelglas u. s. w. verziertes, auf der Rückseite aber mit einem Vorhang bedecktes Holzgehäuse, — das Emblem des operirenden Barbiers, getragen von einem seiner Knechte; sodann die beiden Knaben mit Turbans von rothem Kaschmir und mit reich gestickten Taschentüchern auf wunderlich herausgeputzten Rossen, sammt dem übrigen männlichen Gefolge; weiter ein paar Leute mit dem Bade-geräth und der Badewäsche; ein Wasserträger, der jedem durstigen Straßengänger von seinem Labetrank umsonst einschenkte; ein Mann mit einer Flasche Rosenwassers, daraus er von Zeit zu Zeit die Vorübergehenden besprengte; ferner das weibliche Gefolge der Braut, paarweise geordnet, und endlich, unter einem Baldachin von bunter Seide, die von Kopf zu Fuß in einen rothen Kaschmir-Shawl ge-hüllte und mit einem diademartigen Stirnputz geschmückte Braut selbst, in der Mitte ihrer weiblichen Verwandten.

Da derlei Umzüge zum Behuf recht langer Selbstbespiegelung sich nur sehr, sehr langsam durch die engen Straßen hinwälzen, so wurde meine Geduld zu guter Letzte noch ein wenig auf die Probe gestellt, zumal der Mann mit dem Rosenwasser mich mit einem aromatischen Regen zu beglücken wünschte und den Zug da-durch, daß er sich zu mir hindrängte, ins Stocken brachte.

Kaum hatten wir uns aus dem bunten Festknäuel losgewickelt, so hielten wir vor der Herberge zum Nil. Ich trat gegen drei Uhr des Nachmittags ein, und kein Theil meines Ichs freute sich der Ruhe auf dem wohlgepolsterten Divan so sehr, als die untre Hälfte, in welcher der Eindruck, den die große Pyramide gemacht hatte, erst nach vierzehn Tagen völlig erlosch. —

Die Citadelle und die Stadt.

Die Citadelle, deren Entstehung sich an Saladin, jenen klangvollen, aus den Kreuzzügen wohlbekannten Namen knüpft, liegt im Südosten der Chalifenstadt auf einem vereinzelten Vorsprung des Mokattam, als dem letzten Ausläufer desselben auf dieser Seite. Da sie Kairo, das sich, ungefähr eine Stunde lang und eine halbe Stunde breit, in Form eines etwas unregelmäßigen Rechtecks zu ihren Füßen schmiegt, ziemlich hoch überragt, so läßt sich eben von der Citadelle aus der beste Ueberblick über die Stadt gewinnen. Ich führe daher meine Leser aus der klösterlich verborgnen Herberge vor allen Dingen auf jene freie Felsenwarte.

Wir bleiben zuerst bei der Grabmoschee Mehmed Alis stehen, die, aus egyptischem Alabaster erbaut, von fünf größern und kleinern Domen überwölbt wird, welche auf ungeheuern Alabastersäulen ruhen. Ringsherum läuft ein schöner Korridor, und bunte Glasscheiben dämpfen das hereinfallende Licht zu einem angenehmen Helldunkel. Aber obschon der Bau bereits vor acht bis zehn Jahren begonnen wurde, — noch immer durchdröhnen Hammer und Meißel das hohe Gewölbe und umtosen die Ruhestätte des großen Todten, der im Leben vor sich selber keine Ruhe hatte. Man hat seinen Sarg, von reichem Kaschmir überdeckt, einstweilen in eine Ecke gestellt.

Es fehlte wenig, so hätte man bald nach seinem Ableben seine europäischen Schöpfungen ebenfalls in die Ecke gestellt. Bekannt ist, wie Mehmed Ali, um sich dem Großherrn gegenüber in eine freiere und festere Stellung hinaufzuschwingen, diejenigen Künste und Wissenschaften, die er als das tragende und hebende Element der europäischen Großmächte erkannt hatte, als Hebel brauchte, unbekümmert darum, daß die Errichtung europäischer Werkstätte dem Wohle des eignen Landes Wunden schlug und die Einführung europäischer Wissenschaft die Grundvesten des hergebrachten Glaubens untergraben half. Es ist ferner weltbekannt, daß der Großherr, dem die ehrsüchtigen Pläne seines Vasallen mit dem scharfen Auge und dem rastlosen Arme nicht entgingen, nun auch in der Einführung europäischen Wesens sein Heil suchte, daß aber der Sultan dabei einen minder glücklichen Griff that als sein Vicekönig, indem er mehr die Schale, dieser mehr den Kern faßte. Als nun bald nach dem Hinscheiden Mehmed Alis sein Enkel Abbas Pascha das Scepter in die Hand nahm, hatte dieser nichts Eiligeres zu thun, als die meisten Europäer an der Spitze der von Mehmed Ali hervorgerufnen Anstalten ihres Dienstes zu entlassen, damit die beliebte Zwitterbildung nicht ferner unzuverlässige Zwittercharaktere erzeugen möchte. Das hatten ihm die rechtgläubigen Jünger des Islam ins Ohr geraunt, und nicht ganz ohne guten Grund — denn der Satz steht fest, daß wo immer christliche Gesittung einem Volke ohne weiteres aufgepfropft wird, dies in der Regel keine wahre Veredelung, sondern vielmehr eine Entartung zur unmittelbaren Folge hat, mögen die Früchte, die auf diesem Baume wachsen, auch so lockend aussehen, als wären sie in den Gärten der Hesperiden selbst gewachsen. Christliche Gesittung muß aus dem Samen gezogen werden. Jene rechtgläubigen Jünger des Islam freilich brauchten die Warnung vor der „Zwitterbildung“ theilweis wohl nur zum Vorwande und jedenfalls ohne bleibenden Erfolg. Denn kaum wurde das Verfahren des neuen Vicekönigs ruchbar, so thaten die Konsuln hier und in Konstantinopel einen solchen Schrei des Entsetzens und des Unwillens über den jungen „Barbaren,“ und die Gegenpartei des Vicekönigs ließ, auf diese handfeste Thatsache fußend, in Konstantinopel so viele Minen sprengen, daß Abbas Pascha sein summarisches Verfahren eilends dahin erklärte, er wolle die vorhandenen Anstalten von europäischem Anstrich keineswegs sammt und sonders abschaffen — sondern nur beschneiden, zusammendrängen, in Eins fassen. So sind denn nur die Elementarschulen gefallen. Die medicinische Anstalt, an deren Spitze der Franzose Clot Bey steht, während zwei deutsche Professoren darin lehren, nimmt unter den gebliebenen Schöpfungen Mehmed Alis die bedeutendere Stellung ein, und auch die polytechnischen Anstalten werden sehr gelobt. Die Presse der Regierung aber arbeitet fast nur noch für Buchspekulanten, und zwar, wie ich mit Verwunderung und fast mit einigem Zweifel hörte — unentgeldlich.

Mehmed Ali, den sein unverschämter Schmeichler gern zu einem Napoleon des Ostens gestempelt hätte, ähnelte letzterem sicherlich darin, daß er in Allem, was er that, nur sich im Auge und für das Wohl seines Landes auch nicht Ein Plätzchen in seinem Herzen hatte. Alle die europäischen Anstalten, zu denen er das junge Talent aus allen Provinzen, wenn's sein mußte in Ketten und Banden, herbeischleppte, waren blos darauf berechnet, ihm für seine Pläne die passenden Leute zu liefern, und die europäische Gesittung galt ihm blos so weit, als sie ihm das Land aussaugen half. Er nahm dem Bauer seinen Grundbesitz und gab ihn der Aristokratie und der Soldateska, als den zwei Hauptstützen seiner selbstgeschaffnen Macht, ließ aber den Bauer nach wie vor belastet. Selbst aus dem Eseldünger in den Straßen Kairos machte er ein Monopol, und der Bauer durfte sich nicht einmal aus der selbstgewonnenen Baum- und Schafwolle einen Mantel machen — er mußte sie an das Magazin des Paschas verkaufen und sich von ihm seinen Mantel erstehen, der dann mit einem großen herrschaftlichen Siegel bedruckt war. Den Europäern gab Mehmed Ali scheinbar große Gehalte, zahlte aber in Papier. Das wollte Niemand nehmen, außer etwa der Jude und Armenier mit 43 Procent Verlust. Diesen Gewinn von 43 Procent mußte dann aber der Spekulant wieder mit Mehmed Ali theilen, denn er konnte die Papiere nicht anders an den Mann bringen, als indem er dem Vicekönig seine übertheuern Waaren abkaufte. So verbreitete sich der Druck zuletzt über das ganze kaufende Publikum.

Abbas Pascha ist jedenfalls barmherziger; er hat die Lasten des niedern Bauernstandes erleichtert, dadurch daß er sie auf die Schultern Derer legte, denen der saure Schweiß desselben die Taschen und Koffer füllt. Es wäre nur zu wünschen, daß er neben dem weichern Herzen einen gestähltern Arm besäße; denn schon ist die öffentliche Sicherheit, die Mehmed Ali auf dem Wege des Aufknüpfens, Niederstechens und Niederbrennens zu Stande gebracht, in Verfall gerathen und verfällt immer mehr.

Ich muß für diese kleine Abschweifung am Sarge des schlafenden Löwen meine Leser um Entschuldigung bitten. Wir treten wieder hinaus in den räumigen Vorhof, der, von steinernen Pfeilern umgeben, in seinem Mittelpunkte eine prachtvolle Fontaine zeigt, und werfen einen Blick auf die benachbarte Stelle, wo Mehmed Ali im Jahre 1811 die gefürchteten Mamluken niedermetzeln ließ. Er hatte sie zu einem Feste geladen, und als sie sich von dem heuchlerischen Gastgeber verabschiedet, fanden sie den Hof, durch den sie zu passiren hatten, mit Soldaten umstellt und jeden Ausgang geschlossen. In wenigen Minuten lagen Alle dahingemetzelt am Boden; nur Einer stachelte in der Todesangst sein Roß über eine niedrige Mauer in den Abgrund hinein. Das Thier stürzte, aber der Mann entkam wie durch ein Wunder und hielt sich drei Tage lang in einem benachbarten Grabe verborgen. Er wurde gefunden und mit einem Jahrgehalt begnadigt.

Sonderbar daß Mehmed Ali nahe bei dem Orte, wo er an seinen Gästen zum Mörder ward, nicht bloß im Leben sehr oft schlief, sondern nun auch im Tode zu schlafen gewünscht hat. Lag die schwere That stets nur wie eine Feder auf seinem Gewissen? Oder wollte er, den römischen Augustus überbietend, „seine Rolle“ auch nach dem Tode „gut spielen?“ Oder endlich, meinte er, die Alabasterlasten, die er zur Moschee aufthürmte, sollten am Tage des Gerichts über ihn fallen und ihn bedecken?

Doch ich führe meine Leser nun zu der Stelle, welche die beste Aussicht über Stadt und Umgegend bietet. Es verlohnt sich schon der Mühe, das Auge weit zu öffnen und über den „Ocean der Welt“ — so nennen die Egypter ihr Kairo — von dieser sichern Höhe aus hinschweifen zu lassen. Welch ein, ich möchte sagen Gebirge von Häusern, deren äußerste Massen sich in ein romantisches Chaos verlieren! die meisten im dunkeln Kostüme des Mittelalters. Zahlreiche öffentliche Plätze und Gärten bilden eben so viele kleine Thäler in diesem grauen Gebirge der Häuser und Paläste, und unzählige Minarets schießen wie einzelne Basaltkegel darüber hinaus in die reine wolkenlose Bläue.

Und nun, welch ein Schauspiel der Natur entfaltet sich neben diesen Werken der Menschen! Dort im Südwesten windet sich der gelbliche Nil durch das emeraldgrüne Thal — seine eigne Schöpfung — und neben dem Streifen ewigen Grüns, der, sich hier erweiternd und dort verengend, den königlichen Fluß umsäumt, häufen sich die fahlen Sandhügel der Wüste mit ihrem ewigen Tod, und daraus hervor streben die uralten und doch ewig jungen Pyramiden und zeichnen sich im Schein des ersten Morgenstrahls „wie glühende Bergkrystalle“ in Riesenform am Horizonte hin.

Wir wenden diesem zauberischen Bilde, das allerdings an Matth. 4, 8 erinnern kann, ungern den Rücken. Den herrschaftlichen Palast, der, halb morgen- halb abendländisch im Innern ausgestattet, ein Gärtchen mit üppigen Myrthenhecken vor sich liegen hat, besehen wir nur flüchtig und begeben uns sogleich zu dem sogenannten Josephsbrunnen, nahe bei einem der Eingänge zur Citadelle. Dieser Brunnen, vielleicht in seiner ursprünglichen Anlage ein Werk des Alterthums, wie die andern brunnenartigen Vertiefungen auf der Höhe hinter der Citadelle, ist in den Fels gehauen und reicht 260 Fuß tief, das ist bis unter den Spiegel des Nils hinab. Das Wasser wird in zwei Reihen von Eimerchen, an Stricken befestigt, mit Hülfe großer Cylinder heraufgewunden. Die unterste Reihe leert ihren Inhalt in einen Behälter etwa auf halbem Wege aus, und die zweite schafft es von dort vollends in die Höhe.

Von hier steigen wir nun schnurstracks in die Stadt hinab, die, ein Sammelplatz der Kinder Sems, Hams und Japhets, eine wahre Musterkarte afrikanischer, asiatischer und europäischer Sprachen, Religionen, Physiognomien, Farben und Trachten bietet. Hier begegnet dir der Fellah mit gelblichtweißer oder bräunlicher Hautfarbe in seinem weiten baumwollnen Kittel und der ihm nächstverwandte Kopte, etwa mit blauem Turban und dunkelfarbigem Ueberwurf; ferner der bronzefarbne Nubier mit leichtgekräuseltem Haar und langem ovalen Gesicht und der ihm ähnlich gestaltete Abyssinier mit afrikanisch-kaukasischen Zügen; weiter der ziemlich helle Galla, mit fast römischer Adlernase, bei übrigens ein wenig abgeplattetem Gesicht, und der Neger, dessen Farbe alle Schattirungen vom Dunkelbraun bis zum vollendetsten Schwarz aufweist; ferner der seßhafte Araber, dessen Gesichtsbildung meist das rein kaukasische Gepräge trägt, während die Gesichtsfarbe aus dem schmutzigen Gelb zuweilen selbst ins Schwarze übergeht, und der Sohn der Wüste, der sich von jenem wesentlich nur durch die Einwirkung des Sandes und der Sonne auf seinen Teint, sowie durch seinen buntverbrämten Beduinenmantel unterscheidet; endlich der Beiden ursprünglich stammverwandte Israelit mit seiner weißen Haut und seinem tiefblauen Auge. Nimm nun noch dazu Türken aus allen Theilen des europäischen und asiatischen Kaiserthums, Tscherkessen, Georgier, Syrer, Armenier, Griechen, Malteser, Italiener und Franzosen nebst Deutschen, Engländern und Spaniern, — so hast du eine ungefähre Vorstellung von diesem Babylon, und du wirst auf das bunteste Durcheinander in den Straßen Kairos von vorn herein gefaßt sein.

Ehe wir uns aber in die Straßen mit ihrer „quetschenden Enge“ begeben, machen wir auf dem öffentlichen Platze Rumeyleh dicht am Fuße der Citadelle auf einige Augenblicke Halt. Da entfaltet sich gerade im Angesicht der ernsten Hassansmoschee das lustigste Leben, denn neben Verkäufern aller Art treibt hier der egyptische Harlequin seine „rohen Späße“ für den gemeinen Mann und die Kinderwelt, und das vereinte Chor der Sänger, Tänzer und Spielleute, denen Leidenschaftlichkeit der Geberde ein wildromantisches Ansehn giebt, fesselt mit mehr gefälliger Kunst unter andern auch eine Anzahl besser gekleideter Frauen.

Wir stürzen uns nun mit Einem Male in das Labyrinth der Straßen und durchschreiten zuerst das griechische, und sodann das noch engere und schmutzigere Quartier der Juden, wo man an manchen Stellen dem gegenüberwohnenden Nachbar zum Fenster hinaus ganz bequem die Hand schütteln kann, und wo wohl gar, wenn sich Zwei zu Esel begegnen, der Eine noch vor dem verhängnißvollen Zusammentreffen lieber absteigt. Die Häuser mit zum Theil künstlich geschnitzten Gitterfenstern und zierlichen Erkern thürmen sich zu beiden Seiten empor, und wo nun der Engpaß zwischen diesen Häuser-Bergen allzu enge wird und die obern Stockwerke mit ihren Vorsprüngen über dir sich wohl gar in Eins verschränken, da faßt dich mitten in der Glut des Tages ein leises Frösteln, und die blassen Gesichter, die aus den Fenstern herabsehen, sagen dir, daß hier in diesen Regionen, in die weder Sonne, Mond, noch Sterne hineinscheinen, das bleiche Fieber seine Residenz aufgeschlagen hat.

So eben kramt dort ein Eseljunge, der uns deutsch hat reden hören, seinen ganzen deutschen Wörtervorrath aus. „Gut Aesel, Meister, komm hier, dieß gut Aesel!“ Es schmeichelt unsrem deutschen Nationalgefühl, daß ein Eseljunge von Kairo es der Mühe werth gehalten, auch ein paar Worte deutsch zu lernen. Um so lieber besteigen wir denn auch den angebotnen guten „Aesel“, der uns angenehmer und sichrer, als der eigne Fuß, durch das Gewühl der Straßen trägt.

Da schleicht der egyptische Bauer, den kaum abgethanen Druck noch immer in Miene und Haltung, neben dem stolz und straff einherschreitenden Beamten und der zerlumpte Bettler neben dem in die feinsten indischen Stoffe gekleideten Kaufmann; der tiefverachtete aber rastlos thätige Jude, der Kopte mit dem verschmitzten Blick und der Türke, umgeben von der ganzen Fülle des orientalischen Luxus drängen sich an einander vorüber. Blaue, graue und weiße Kittel, seidne Kaftane, feine Tuchgewande, weite Mäntel, Turbans in allen Farben und Tarbusche mit langer Quaste wogen beständig hin und her, und Esel, Maulthiere, Kameele und Dromedare, Pferde und Wagen mischen sich mit der Menschenmasse zu bunten Knäueln; es schleicht und stürzt, es dröhnt und schreit, es kreuzt, stößt, schiebt, hemmt und löst sich, und neben diesem ewigen Strudel arbeitet der Handwerker ruhig in seiner offnen Werkstatt, sitzt der Krämer mit untergeschlagnen Beinen wie träumend neben seinen ausgebreiteten Waaren, stellt der Garkoch seine duftenden Schüsseln in Reihe und Glied, und vor dem Kaffeehaus sammelt sich die Schaar durstiger Fußgänger und Reiter um die dampfende Tasse und Pfeife.

Unter den tausend Gestalten aber, die in den Straßen Kairo's hinschleichen oder hinstürzen, nehmen sich die muselmännischen Kinder und Frauen am unvortheilhaftesten aus. Jene gehen des „bösen Auges" wegen möglichst zerlumpt und beschmutzt umher, und diese verhüllen sich, orientalischer Etiquette gemäß, das Gesicht, lassen aber die schwarzummalten Augen durch ausgeschnittne Löcher gespenstisch hindurchblitzen. Wer nicht darauf vorbereitet ist, erschrickt sicherlich, wenn er ein solches Heer von Frauen in ihrem sackartig sich plausternden Ueberwurfe zu Fuß oder zu Esel zum Bade ziehen sieht. Mag der Ueberwurf schwarz oder weiß sein, der Zug sieht immer aus, als ob er stracks aus dem Todtenreiche käme oder dorthin ginge.

Wir sind unterdeß auf die breite Straße gekommen, die, Kantarat el Muski genannt, dem Frankenviertel zugehört. Sie ist mit den reichsten und glänzendsten Bazars besetzt, auf denen die Waaren und Stoffe des Abend- und Morgenlandes mit einander wetteifern, und fort und fort neuaufschießende Prachthäuser mit vorspringenden Erkern und Gallerien verlängern diese Prachtstraße und zeugen von der stetigen Zunahme der europäischen Bevölkerung.

Von diesem zum Theil überdeckten Bazar hinaus treten wir auf den schönsten öffentlichen Platz, den Kairo besitzt, die Esbekieh, die früher einen See in ihrer Mitte hatte. Der See ist durch Abzugskanäle trocken gelegt und das Bett desselben mit Gartenanlagen überkleidet worden. Breite, von hohen Bäumen überschattete Straßen laufen rund umher und geben der schönen und unschönen Welt des Morgen- und Abendlandes einen freien

Spielraum zur Entfaltung ihrer malerischen und unmalerischen Figuren und Gruppen.

Auch hier, wie auf dem Platze Rumeyleh, finden der Possenreißer, der Gaukler, der Erzähler, der Tänzer, der Sänger und Spielmann zeitweilig ihr Publikum, und der Barbier wetzt im Schatten der Akazien sein Messer, um dem hingekauerten Bauer damit über Kopf und Gesicht zu fahren. Mehrere Kaffeehäuser oder vielmehr Kaffeebuden aus Flechtwerk üben durch Kaffee, Pfeife, und Spielbrett fort und fort ihre magische Kraft, und von den benachbarten europäischen Hotels, die fast alle hier liegen, glotzt das neugierige Auge des neuangekommnen Abendländers dem Orient zu, der da unten in seinen heitersten Farben vorüberzieht.

Die Moscheen Azhar und Sultan Hassan.

Die von Goher el Qaid gegründete und später vielfach erweiterte Moschee Azhar durfte ihrer geistigen Bedeutung wegen nicht unbesucht bleiben. Ich machte mich daher eines Nachmittags auf und ließ mich von dem Thürsteher, der eine unbeschreiblich wichtige Miene anzunehmen verstand, in denjenigen Räumen umherführen, die dem ungläubigen Franken offen stehen.

Ich fand ein großes, nach außen hin ganz verbautes und im Innern sehr verfallenes Gebäude mit einem räumigen offnen Hof in der Mitte. Säulenhallen umgeben die vier Seiten desselben, und während diejenige, die nach Mekka sieht, hauptsächlich dem Gebete gewidmet ist, dienen die drei andern dem Studium. Sie sind in eine Anzahl von Gemächern abgetheilt, deren jedes, mit einer Bibliothek versehen, für eine gewisse Landsmannschaft der Studenten bestimmt ist. Kairo nämlich gilt als das Athen der muhamedanischen Welt, und dieser Ruf, den die alte Chaliphenstadt schon seit Jahrhunderten genossen hat, knüpft sich eben an die Moschee Azhar. Der Vorsteher derselben nimmt in dem Gelehrtenkollegium, das früher selbst die türkischen Pascha's und die Mamlukenfürsten in Schach zu halten verstand, noch stets eine bedeutende Stelle ein, und unzählige Studenten aus allen Theilen der arabisch-muhamedanischen Welt strömen fort und fort den akademischen Hallen der Azhar zu.

Obgleich die daselbst angestellten Professoren keinerlei Gehalt empfangen, so haben die Studiosi, die meist den ärmern Klassen angehören, doch für ihren Unterricht auch nicht einen Pfennig zu bezahlen; ja die Fremden, die sich hier mit den Andern an „der Weisheit Brüsten“ umsonst nähren, werden mit Hülfe gewisser alter Vermächtnisse zum größten Theile selbst leiblich umsonst gespeist. Die Studenten aus Kairo und der Nachbarschaft aber, denen Mehmed Ali durch die Einziehung des Haupteigenthums der Moschee an Grund und Boden das „Konvict“ genommen hat, nähren sich kümmerlich etwa durch Absingen des Korans in Privathäusern, an Gräbern und an heiligen Plätzen, während diejenigen der Professoren, die ohne Privatvermögen sind, sich meist durch Privatunterricht im Koran, durch Abschreiben u. s. w. durchbringen. Also auch in Kairo geht die Gelehrsamkeit betteln.

An der Ostecke der Azhar ist die sogenannte „Kapelle der Blinden“, mit deren Bewohnern, — etwa 300 an der Zahl, — ich im Andenken an das Sittenzeugniß, das Lane in seinem Werke über die heutigen Egypter diesen blinden Studiosis ausgestellt hat, am liebsten unverworren blieb. Sie sind nämlich die vollendetsten Fanatiker.

Es mag etwa ein Jahrzehnt her sein, als ein europäischer Reisender bei seinem Besuche der Azhar unter ihren Händen beinahe zum Märtyrer seiner Neugier wurde. Kaum nämlich hatten sie von seinem Eintritte gehört, so frugen sie: „Wo ist der Ungläubige? Wo ist der Ungläubige?“ und mit dem Ausrufe: „Wir tödten ihn! Wir tödten ihn!“ tasteten sie allenthalben umher, ohne ihn jedoch zu greifen. Ja noch kurz vor der Thronbesteigung des Mehmed Ali waren selbst die „wahren Gläubigen“ vor ihrer beispiellosen Rohheit nicht sicher; denn wenn dieses blinde Heer, dem die Azhar mehr die „milchende Kuh“ als die „himmlische Göttin“

ist, sich in Essen und Trinken irgendwie verkürzt glaubte, so stürzte es mit Stäben in der Hand in die Straßen hinaus, riß den Vorübergehenden den Turban vom Kopfe und plünderte den Bazar. Einer der berühmtesten Professoren der Neuzeit, der erst seit einigen Jahren todt ist, feierte seinen Amtsantritt bei der Azhar auf eine sehr eigenthümliche Art. Er dictirte nämlich jedem jener blinden Studiosen eine Anzahl Hiebe zu; allein sie banden den Professor und gaben ihm das mittelalterliche Antrittsgeschenk in voll gedrücktem und geschütteltem Maaße zurück.

Von der Azhar, die zuweilen 1000 bis 3000 Studenten zählen soll, und zu heißer Zeit eine große Menge Müßiggänger, Käufer und Verkäufer, Leser, Schläfer und Träumer in ihren schattigen Kolonnaden beherbergt, wandte ich mich zur Moschee des Sultan Hassan, unmittelbar am Fuße der Citadelle. Sie gilt für die schönste der alten Moscheen dieser moscheenreichen Stadt und selbst die neuerbaute Mehmed Alis, die von der Braue des benachbarten Festungsfelsens der ältern Schwester stolz in's Gesicht blickt, macht ihr zwar an Glanz, aber nicht an Styl den Rang streitig. Eine prachtvolle Säulenhalle und ein eben so schönes Minaret zeichnen sie auf den ersten Anblick vortheilhaft aus. Das Innere, wie bei den meisten Moscheen, ein großer offner Hof, hat an jeder Seite eine viereckige, majestätische Halle.

Da gerade mehre Muselmänner zum Gebet darin versammelt waren, so mußte ich mich lange damit begnügen, meinen Blick von der Barriere aus, die jeden hastigen Eintritt hemmt, in dieses vermeintliche Paradies hineinschweifen zu lassen. Endlich kamen die barfußen Beter einer nach dem andern über die Barriere herausgeklettert, und während sie ihre Schuhe hervorzogen und die Füße hineinsteckten, reichte mir der Thorhüter auf der Spitze einer Stange ein Paar Pantoffeln aus grobem Flechtwerk, die ich über meine bestäubten Stiefeln ziehen mußte, mit einer Miene, als hätte er sagen wollen: „Sieh da, was für eine Fülle der Gnade der Prophet (Allah segne ihn!) über dich ausschütten will; ich hoffe, du wirst es zu schätzen wissen und von dem vielen schönen Gelde, dazu ihr ungläubigen Franken, Allah weiß wie, gelangt seid, beim Abschiede ein erkleckliches Sümmlein in die Hand des wahren Gläubigen drücken, dem all euer Reichthum von Rechtswegen gehört!“

Da die Pantoffeln auf fränkische Füße aller Größe berechnet waren, so hatte man sie für einen außerordentlichen Fall lieber etwas zu räumig, als zu enge gemacht, und weil ich, obschon mit ziemlich großen, doch immer noch nicht mit den allergrößten Füßen versehen bin, so schlotterten sie so, daß ich meinem etwas eiligen Führer, der schnell zur Hauptsache d i. zum Trinkgelde kommen wollte, nothgedrungen einen Hemmschuh anlegen mußte.

Das Grab des Sultans Hassan, das 764 der Hegira als Datum trägt, in einem Hintergemach, hatte wenig Anziehungskraft für mich; dagegen betrachtete ich mir die Orte, die unsrer Kanzel u. s. w. entsprechen, ein wenig genauer. In der östlichen Halle der Moschee ist die sogenannte Gebetsnische, welche die Richtung nach Mekka angiebt, an der Mauer angebracht und zur Rechten eine Art Kanzel, während der Gebetsnische gegenüber eine von schmalen Säulen getragene und von einem Parapet umgebene Platform sich erhebt mit einer Art Pult daneben. Dieses ist den Koran zu tragen bestimmt, aus welchem der gottesdienstlichen Versammlung ein Kapitel vorgelesen wird. An den Fuß der Kanzel aber stellt sich beim Fortgange des Gottesdienstes ein Diener der Moschee mit einem langen hölzernen Schwerte, und die Spitze desselben auf den Boden senkend, spricht er zur Versammlung: „Wahrlich Gott begünstigt und seine Engel segnen den Propheten. Ihr

Gläubigen segnet ihn und grüßet ihn mit eurem Gruße!“ Alsbald intoniren Einige von der Platform herab den folgenden oder einen ähnlichen Segensspruch: „O Gott, begünstige, bewahre und segne den Edelsten der Araber und der Fremdlinge, den Imam von Mekka, Medinah und dem Tempel, dem die Spinne Gunst erwies und ihr Gewebe in der Höhle wob und den die Eidechse grüßte, und vor dem der Mond sich spaltete, — unsern Herrn Muhamed und seine Freunde sammt Genossen!“ Später tritt der Prediger zu der Kanzel, nimmt das hölzerne Schwert aus der Hand des Dieners und steigt hinan. Nachdem er hier seine Ansprache. — gewöhnlich in gereimter Prosa, — beendigt hat, fordert er zum Gebete auf, in welchem zuerst die beiden Hauptsätze des Islam: „Es ist nur Ein Gott“ und „Muhamed ist sein Prophet“, eingeschärft und von einem Bußruf begleitet werden. Dann folgen Segenssprüche über den Propheten und seine Freunde, über die vier folgenden recht-gläubigen Chalifen, über sechs besonders treue Anhänger des Apostels, über die zwei „süßduftenden Blumen“ des Propheten, Hassan und Hussein, über ihre Mutter und Großmutter, sowie über alle gläu-bigen Muselmänner und Muselmänninnen. Der letzte Theil des Gebets, weit entfernt, sich in fromme Wünsche für alle Menschen auszuweiten, gießt die ganze muslemitische Galle über alle Anders-gläubigen aus, denn dort wird Gott ausdrücklich aufgefordert, die Banner der Ungläubigen zu verkehren, ihre Wohnungen zu zer-stören und sie und ihre Reichthümer dem wahren Gläubigen zur Beute zu geben.

Etwa in der Mitte des offnen Hofes steht das überwölbte Wasserbecken, worin der Muslim die Füße wäscht, ehe er sich zum Gebet begiebt. Ich durfte mir auch jene heilige Stätte näher be-sehen und eilte dann mit sehr gemischten Gefühlen aus diesem Tempel des vollendeten Pharisäerthums hinaus. Eine Unmasse von

Leuten, die alle für geleistete Dienste bezahlt sein wollten, umgarnten mich; der Eine hatte mir die Schuhe gereicht, der Andre sie mir an- und der Dritte ausgezogen, der Vierte hatte den Führer und der Fünfte den Erklärer gemacht.

Wie sich doch die Zeiten geändert haben! Es ist noch nicht gar lange her, als weder Christ noch Jude, auch selbst nicht der Franke, an gewissen Moscheen in Kairo auch nur vorübergehen durfte, und jetzt steht sogar das Allerheiligste der Moschee El Hassan jedem Franken offen, der es über sich gewinnen kann, ein paar geflochtene Pantoffeln über seine Stiefeln zu ziehen!

Ritt nach den Trümmern von On.

Der Name On oder Heliopolis, d. i. Sonnenstadt, weckt viel liebere Erinnerungen in dem christlichen Reisenden, als der Name des hochgefeierten Memphis; denn während die politische Stellung des alttestamentlichen Joseph nur in Folge der gelehrten Vermuthung mit der letztern Stadt in Verbindung tritt, knüpft die Bibel selbst in einem ihrer ersten Kapitel die Häuslichkeit des israelitischen Jünglings an die letztere an, denn Phraao „gab ihm ein Weib, Asnoth, die Tochter Potiphera, des Priesters zu On.“ (1 Mos. 41, 45.)

Poetisch-biblische Kindheitserinnerungen waren es denn auch, die milder als die egyptische Wintersonne unsern Weg bestrahlten, als wir am Nachmittag des 12. Novbr. die alte Sonnenstadt besuchten. Der Anfang unsres Rittes freilich ging, wie fast immer, durch eine ziemlich prosaische Einleitung hindurch. Die Eseltreiber, diese ebenso unentbehrliche, als störende Maschinerie zu allen solchen poetischen Ausflügen, trieben es diesmal besonders arg; einer derselben hatte sich gradezu eines kostbaren Buches, das ich mir zum bessern Verständniß der Alterthümer geborgt, mit Gewalt bemächtigt, um so seinen schlechten Esel sichrer an den Mann zu bringen; und da nun die andern Eseltreiber voll Brotneides ihm das schöne Pfand abzujagen versuchten und ich es in ihren ungeschlachten Händen im Geiste schon halb zerrissen sah, so war ich genöthigt, schnell mit Gewalt einzuschreiten. Es gelang mir den Turban des

Hauptstörenfrieds zu fassen und ihn weit über das Schlachtfeld hinaus zu schleudern. Das wirkte. Denn während so Aller Augen dem fliegenden Turban nachsahen und Jeder mit der Hand an den eignen Kopf fuhr, bekam ich den papiernen Zankapfel, das Buch, wieder in meine Hände. Erst später erfuhr ich, was für einen kühnen und glücklichen Griff ich gethan hatte. Denn so geachtet ist hier zu Lande der Turban, daß, als einst ein arabischer Gelehrter in den Straßen Kairos vom Esel stürzte und sein Turban im Winde vor ihm hinrollte, alle Welt mit dem Rufe: „Hebt die Krone des Islams auf!“ hinter dem Turban herrannte, den armen Gelehrten aber hilflos liegen ließ, trotz seines entrüsteten Gegenrufes: „Hebt den Doktor des Islam auf! Hebt den Doktor des Islam auf!“

Die letzten Mißtöne dieser halb verdrießlichen, halb lächerlichen Scene hatten längst in mir ausgeklungen, als wir durch eine der minder begangnen und daher angenehmern Straßen dicht neben der Moschee des Chalifen Hakim, jenes hirn- und herzlosen Stifters der duft- und farblosen Drusensekte, zum Bab el Fattah hinausritten, einem der drei ältesten innern Thore der Stadt, die, ursprünglich ein kleiner Flecken, sich hauptsächlich seit den letzten Jahrhunderten nach dem gräber- und schuttfreien Norden und Westen hin stetig erweiternd, gegenwärtig über sechzig innere und äußere Thore zählt.

Wir ließen bald auch das äußere Thor im Rücken und trabten nun völlig ungehindert zwischen hohen, zum Theil von Cactus überragten Gartenmauern auf staubigem Pfade einer sonnigen Sandfläche zu. Hier bezeichnet eine breite, von jungen Akazien noch spärlich beschattete Baumallee in der Richtung der Wüste die Poststraße nach Suez und links davon ab führt eine andre ebenso schöne Baumallee nach dem Palaste des Abbas Pascha, der mit seinem rothen und weißen Anstrich und seinen hellgrünen Läden bei allem europäischen Anschein den farbeprunkenden Orient verräth. — Bald verschwand die dürre Sandfläche und in ihren erquicklichen Schatten nahm uns eine lange Allee auf, in der wir das Schöpfrad, das den grauesten Sandboden in das üppigste Gartenfeld umwandelt, in voller Thätigkeit fanden.

Bei einem Dörflein, wo wir die Maisernte in Haufen braungelber Kolben hingeschüttet sahen, bog der immer mehr vereinsamende und darum so ansprechende Weg links ab und schlug sich durch ein anmuthiges Feld- und Gartenland, in welchem die Gemüse Egyptens, nach denen sich die Kinder Israel in der Wüste zurücksehnten (4 Mos. 11, 5.), in vollem Grün standen. Dieses reiche Fruchtgefilde gehört den drei Söhnen des Ibrahim Pascha, an deren stillgelegnem Landgute wir nun vorbeiritten. Wir kamen gleich darauf durch ein frisches Olivenwäldchen mit einem reichen Segen grüner und brauner Schleen, und dann auf den Reihen und Dämmen freier Felder hintrabend, erreichten wir etwa ein Stündchen vor Sonnenuntergang das wasserreiche und vordem durch seine Balsamgärten berühmte Matarieh. Die Balsamgärten sind eingegangen, aber eine liebliche Sage umduftet noch immer den schönsten Garten daselbst; denn da steht dicht am Eingange neben Orangen, Rosen und andern schönen Bäumen und Blumen eine alte knorrige Sykomore, unter deren Schatten Maria mit dem Jesuskinde soll geruht haben. Wir traten auf ein paar Augenblicke ein und nach einer flüchtigen Besichtigung des sogenannten „Sonnenquells“ (Ain Schemes), der dem jetzigen Dorfe Matarieh, d. i. Frischwasser, seinen Namen verleiht, ritten wir bei immer tiefer sinkender Sonne durch einen schattigen Gang den Trümmern jener Stadt zu, die nach Theben die gelehrteste Priesterschaft in ihrer Mitte zu haben sich rühmen durfte, und die dem Propheten

Jeremias als eines der Hauptbollwerke des egyptischen Götzendienstes galt. „Er soll die Bildsäulen zu Bethsemes d. i. Heliopolis zerbrechen und die Götzenkirchen in Egypten mit Feuer verbrennen.“ Was der Prophet von Nebukadnezar geweissagt hat, das ist seiner Zeit in Erfüllung gegangen, und zwar zuletzt vollständig durch Kambyses, der, an Fanatismus muselmännischer als mancher muselmännische Herrscher der Folgezeit, gegen Götter und Menschen, Lebende und Todte gleichmäßig wüthete. Nur eine jener „Bildsäulen,“ ein ragender Obelisk, ist als ein stummer Zeuge jener göttlichen Strafgerichte stehen geblieben; von dem Zwillingsbruder, der wahrscheinlicher Weise mit ihm zugleich an dem Eingange des Tempels Wache hielt, ist keine Spur mehr zu sehen, und ich weiß nicht, wie weit die gigantische Sphynxallee, die von dem Obelisken aus zu dem Heiligthum geführt haben soll, auf bloßen Schlüssen oder auf vorgefundenen Spuren ruht. Unförmliche Erdwälle bezeichnen noch immer die Lage jener verhältnißmäßig kleinen, aber geistig bedeutenden Stadt, in welcher ein Herodot seinen Stoff für die egyptische Geschichte sammelte und ein Plato studirte.

Den vorhin erwähnten Obelisk, den, als vom Könige Sesurtasen I. im alten Reiche errichtet, Lepsius den ältesten aller bekannten Obelisken nennt, fanden wir in einem dunkeln Garten, der „dicht wie das Haar des Mohren,“ aber noch weniger ordentlich, mit seinen wuchernden Citronen, Orangen und Maulbeerbäumen eine ewig grüne Laube um ihn her breitet.

Der Pfleger des Gartens, der jetzt einem armenischen Herrn gehört, beschenkte uns mit den schönsten Orangen, die wir bis dahin in Egypten gegessen hatten. Wir zögerten gern an diesem so romantischen Orte, der durch seine Lage dicht an dem Saume der unfruchtbaren Wüste, wie das Licht durch den Schatten, nur gewinnt. Allein die stracks hinuntereilende Sonne mahnte uns zu schnellem Aufbruch. Eben im Fortgehen stießen wir im offnen Felde noch auf drei Bruchstücke, die zu einem von Thotmes III. erbauten Tempel gehört haben sollen. Wir hielten uns nicht lange dabei auf, sondern galoppirten in anderthalb Stunden nach unsrer Herberge zurück, — und so oft ich bei mäßigem Trabe meine Stimme zum Gesang erhob, fing mein gutmüthiger Eseltreiber neben seinem Esel hin zu tanzen an. So lief der mit theilweisem Verdrusse begonnene Ausflug in allgemeines Wohlgefallen aus.

Wenn über manches andre Reisebild, das im fernen und fernern Morgenlande an uns vorübergezogen, der Dämmerschein einer dunklen Erinnerung fallen wird, — der Weg nach der egyptischen Sonnenstadt wird, so hoffe ich, vom Sonnenlicht treuer Erinnerung beschienen bleiben.

II.

Reise nach Ober-Egypten.

Aufbruch nach Oberegypten.

Es war lange unser Plan gewesen, im Lande der Pharaonen zu überwintern und dann, wenn's Gott gefiele, in dem überleitenden Klima Egyptens mit seiner verhältnißmäßig milden und so sehr gesunden Winterluft neu gestärkt, mit der wiederkehrenden Schwalbe dem heimathlichen Frühlinge zuzueilen; allein während der Verstand zum Bleiben rieth, drängte das volle Herz, im Verband mit den immer leerer werdenden Kisten und Kasten, stets zum Gehen. Die ruhige Ueberlegung siegte jedoch zuletzt über Herzenssehnsucht und sonstige Bedenken. Meine Phantasie stellte mir die eisige Bora sehr lebhaft vor, wie sie aus den Felsenschluchten bei Triest den Ankömmling aus dem warmen Süden mit vollen Backen begrüßt, und dazu malte sie mir windige Höhen, verschneite Thäler und gefrorne Fenster hin.

Unter solchen kalten Vorstellungen mußte ja wohl der kalte Verstand zu seinem Rechte kommen, und da gerade um diese Zeit zwei deutsche Damen unsern Anschluß für eine Nilfahrt nach Oberegypten begehrten, so entschlossen wir uns, an einem in der That „schönen Morgen" eine zweite Barke zu miethen und dieselben zu begleiten. Da beide Barken einem und demselben Eigenthümer zugehörten, die beiden Damen aber, mit demselben handelseinig geworden, ihr schwimmendes Häuslein schon seit einigen Tagen bezogen hatten, so ersparte uns das einen großen Haufen arabischen Geschwätzes, das jedem arabischen Vertrag wie ein steiler Berg vorliegt, und schon des folgenden Tages stand mir der Schiffsherr im preußischen Konsulat gegenüber, und drückte tief zufriedenen Gesichts seinen Siegelring unter den geschloßnen Vertrag.

Wir hatten uns mit den Damen geeinigt, für die beiden Barken nur Einen Koch nebst einem Küchengehülfen mitzunehmen. Der Koch, derselbe Kopte, der Lepsius auf seinen Reisen in Egypten, Nubien und Abyssinien begleitet hatte, sollte zugleich den Dragoman machen. Er sprach nämlich neben seinem Arabisch eine eigene Sprache, die bald wie Italienisch, bald wie Französisch klang, und so war eine Verständigung mit ihm wohl möglich, zumal wenn man sich erst in seine eigenthümliche Grammatik hineingelebt hatte, die zwischen den Formen der Vergangenheit, der Gegenwart und der Zukunft keinen wesentlichen Unterschied anerkannte und großartig genug allenthalben den „historischen Infinitiv" zuließ.

Mit diesem unsern Sirian, — das war sein Name, — der die beiden wichtigen Aemter eines Kochs und Dollmetschers in Einer Person vereinigte, hatten wir daher vor allen Dingen unsere Einkäufe für die beabsichtigte Reise zu machen. Ein verdrießliches Geschäft, in Kairo mit seinen engen, windungsreichen, oft sackartigen und meist übervollen Straßen von Bazar zu Bazar, von Laden zu Laden zu laufen, und bald mit einem verschmitzten Italiener, bald mit einem allzu ruhevollen Araber oder gar mit einem schamlos fordernden deutschen Handwerker zu markten. In zwei Tagen jedoch waren die nöthigsten Mundvorräthe und sonstigen Bedürfnisse, ein Tischchen und zwei Stühlchen mit einbegriffen, glücklich beisammen. Wir luden Alles auf Esel und trabten dem Hafen von Bulack zu, wo zwischen stolzen Barken wie eingeklemmt unser bescheidenes Barklein unser wartete.

Die Behausung war zwar sehr enge und schmal, aber nett und traulich, und so waren wir schon zufrieden. Warum sollten auch Leute, die zu allerletzt doch mit vier Bretern und zwei Brettchen sich begnügen müssen, für ein paar Monate nicht mit einer Zelle und einem Zellchen fürlieb nehmen, zumal wenn, wie das hier der Fall war, das Zellchen hinten zu Keller, Boden, Speiseschrank, Garderobe und Plunderkammer allenfalls sich einrichten läßt, die Zelle vorn aber zwei nicht ganz harte und auch nicht ganz abschüssige Schlafstätten bietet und dazu einen unbedeckten Eingang mit zwei gepolsterten Sitzen vor sich hat.

Ehe sich jedoch meine Leser im Geiste mit mir niederlassen, und der Sitte des Morgenlandes gemäß ein winziges Schälchen schwarzen Mokkakaffees und eine lange, lange Schibuk mit dem edlen Gewächs des Libanon abwechselnd zum Munde führen, führe ich sie nochmals zur eben verlassenen Stadt zurück.

Es wird den Meisten nicht unbekannt sein, daß jeder Muslim, der auf den Namen eines treuen Anhängers des falschen Propheten Anspruch macht, mindestens einmal in seinem Leben das saum- und schmucklose Pilgergewand anlegen, unbedeckten Hauptes nach dem heiligen Mekka wallfahrten, dort, das alte Nationalheiligthum siebenmal umschreitend, den „schwarzen Stein" inbrünstig küssen, dann auf dem Berg Arafat, sechs Stunden von Mekka, einer religiösen Vorlesung beiwohnen, und bei seiner Rückkehr nach der Heiligen Stadt in dem Thale Mina ein blutiges Opfer bringen und sich das Haupt scheeren und die Nägel verschneiden muß. Es wird meinen Lesern ferner bekannt sein, daß diese Muslimpilger zu gegenseitiger Hülfsleistung während ihres beschwerlichen Zuges durch die Wüste sich gern karavanenweise zusammenthun und daß die egyptische Karavane nach glücklicher Rückkehr ihren Einzug in Kairo alljährlich mit einer großen Festlichkeit zu begehen pflegt. Da die letzten Tage unsres Aufenthalts in Kairo gerade in die Zeit fielen, wo die egyptische Karavane durch die Wüste von Suez her an- und einrückte, so hatten wir Gelegenheit diesen ebenso bunten als lauten Feierlichkeiten mit beizuwohnen.

Schon am 23. November waren die sogenannten Maghrebs, d. i. die abendländischen Pilger aus Tunis, Algier u. s. w. in Kairo angekommen. Sie hatten sich in Jidda, jener arabischen Hafenstadt, die vom Rothen Meere geraden Wegs nach Mekka führt, eingeschifft, waren in Kossair auf der egyptischen Seite gelandet, hatten dort die Wüste nach Keneh am Nil gekreuzt und waren von da in einem Bote nach Kairo herabgeschwommen. Sie hatten sich auf einer sandigen Fläche vor dem Thore Fattah mit ihren Kameelen und Dromedaren hingelagert, um nach kurzer Rast und den nöthigen Einkäufen ihren Weg über die Natronseeen durch die lybische Wüste u. s. w. fortzusetzen.

Wir statteten ihnen kurz vor Einbruch der Nacht einen Besuch der Neugier ab. Auf was für verwilderte Gesichter und verkommene Gestalten warf die sinkende Sonne ihre letzten matten Strahlen! Da kauerte Einer im bloßen Sande hin, dort zog ein Andrer das zerrißne Gewand möglichst dicht und fest um sich, hier kroch ein Dritter unter sein elendes Zelt, ein paar aufgesteckte Lappen, — und da suchte ein Vierter zwischen Gepäck und Lastthieren eine nächtliche Lagerstätte. Nur ein paar Zelte sahen ordentlich aus, und das hauptsächlich auch nur durch die Wirkung des Kontrastes, nach welchem z. B. die egyptischen Bauerhütten neben Maulwürfshügeln sich wie Paläste ausnehmen würden.

Länger als eine Woche nachher langte der sogenannte Schawisch el Hagg als Vorrenner der egyptischen Hauptkaravane mit zwei Begleitern auf flinken Dromedaren in Kairo an, und verkündete unter dem beständigen Zuruf „Segen über den Propheten!“ den

Bewohnern dieser Stadt die Nähe der Pilger. Von nun an belebte sich die Straße nach der Wüste, denn wer einen Freund oder Verwandten in der Karavane hat, der geht ihm womöglich eine oder mehrere Tagereisen in die Wüste entgegen und führt ihm, nebst frischen Kleidern und Mundvorräthen, auch ein frisches Lastthier zu, um so dem ermüdeten Pilger den letzten Rest der beschwerlichen Reise zu erleichtern und einen Theil des religiösen Verdienstes auf die eigene Person herüberzuleiten. Ich sah unter andern auch ein schöngeputztes Kameel mit einer Ladung großer Wasserkrüge der Wüste zuschreiten, — wahrscheinlich auch im Sinne eines verdienstlichen Werkes.

Am 9. December endlich verkündeten mehrere Kanonenschüsse von der Citadelle die unmittelbare Nähe der Karavane. Sogleich bestieg ich einen Esel und ritt vor das Fattahthor hinaus. Ich fand die Karavane bereits im vollen Anmarsch; sie bewegte sich truppenweise, theils zu Kameel theils zu Esel vorwärts. Fast jeder Trupp hatte eine Schaar Fahnenträger und Spielleute an seiner Spitze und einen Haufen Volks in seinem Gefolge. Alles jauchzte, sang und sprang, während die Kameele festlich geschmückt feierlich einherschritten und die Pilger, die entweder auf dem Rücken der Kameele hingen oder in Pavillons, Zelten, Körben und Kasten drauf saßen, theils stolz und theils müde umherblickten.

Hier und da trat einer der Vorübergehenden an einen der Pilger hinan und umhalste ihn; einem andern wurde auf sein „Bitte für mich um Vergebung!" ein „Gott vergebe dir!" zu Theil, — denn so hat der Prophet gesagt „Gott vergiebt dem Pilgrim und dem, für welchen der Pilgrim um Vergebung fleht."

Doch auch Trauertöne mischten sich in den allgemeinen Jubel. Nicht wenige der Pilgrime nämlich fallen der Beschwerde und der Entbehrung unterwegs zum Opfer und ich sahe mehr als Eine

Frau, der die Karavane die Kunde von dem Tode ihres Gatten oder Sohnes mitgebracht, sich von Zeit zu Zeit bücken und den Kopf mit Sand bestreuen, während sie langsamen Schritts laut wehklagend zur Stadt zurückging.

Erst den zweitfolgenden Tag darauf fand die eigentliche Festlichkeit statt, denn da hielt das heilige Dromedar mit dem Mahmal seinen Einzug. Dieser Mahmal ist ein viereckiges Gehäuse von Holz mit pyramidenförmiger Spitze; eine bunte Decke aus prächtigem Stoff mit allerlei Inschriften, Goldstickereien und sonstigen Zierathen hängt darüber, und das Innere birgt zwei Exemplare des Koran in Futteralen von vergoldetem Silber. Der Ursprung dieses Mahmal, über den fast alle Reisende falsche Auskunft gegeben haben, ist nach Lane, dem großen Kenner arabischer Sprache und Sitte, in der Kürze folgender:

Die egyptische Sultanin Scheger ed Durr im siebenten Jahrhundert christlicher Zeitrechnung machte die Pilgerreise nach Mekka in einem prächtigen Hodag, einer Art unbedeckter Sänfte, die von einem Kameel getragen wurde, und schickte auch nachher ihre leere Sänfte jedes Jahr zum Staat wieder mit. Ihrem Beispiele folgten die spätern egyptischen Könige, indem sie der jedesmaligen Pilgerkaravane eine Art Hodag als Emblem des Königthums beigaben.

Der Sohn des österreichischen Konsuls war so gütig, mich zu einem befreundeten Levantiner zu führen, der in einer der Straßen wohnte, durch welche der Mahmal vom sogenannten Siegesthore her nach der Citadelle zu ziehen pflegt. Hier konnte ich in behaglicher Sicherheit dem Zuge von einem obern Stock her zusehen.

Dieser ließ etwas lange auf sich warten; der freundliche Levantiner aber bewirthete uns unterdeß mit Scherbet und süßem Backwerk. Endlich erscholl eine arabisch-europäische Militärmusik, und vorbei marschirte die ziemlich europäisch geschulte Infanterie und Kavallerie des Pascha für länger als 15 Minuten. Ihr auf dem Fuße folgte das über und über verzierte und von einem Araber geführte Dromedar mit dem vorhin beschriebenen Mahmal und hinterher mit einigen Begleitern zu Kameel der sogenannte „Scheikh des Kameels" ein wilder, wie die Wildniß selbst aussehender Bursche, der das struppige Haupt unaufhörlich von einer Seite auf die andere warf. Ein Reitertrupp, der dem heiligen Dromedar das Geleit durch die Wüste gegeben hatte, und ziemlich lumpig, aber nichts destoweniger malerisch aussah, beschloß den lärmenden Zug, der, wie man mich versicherte, von Jahr zu Jahr an Umfang, Pracht und Bedeutung verliert, — ein sicheres Zeichen, daß der bleiche „Halbmond" nicht im Zu-, sondern im Abnehmen begriffen ist.

Von Bulak nach Benisuef.

Es dauerte lange, ehe es uns gelang, unsere Siebensachen in den engen Räumen unserer neuen „Herberge zum Nil“ so zu vertheilen, daß wir selbst bei der Theilung dieser kleinen Welt nicht ganz leer ausgingen. Ehe noch eine Stunde verstrich, hatte der Küchenbube bereits zwei Meisterstücke arabischer Ungeschicklichkeit vollendet, d. i. die eben erst gekaufte Laterne zerbrochen, und eine unserer Gabeln in den Nil fallen lassen. Ein vielsprechender Anfang!

Wir suchten bald nach Sonnenuntergang unser Lager, konnten aber bis zum nächsten Morgen keinen Schlaf finden; denn über uns hielten die älteren Bewohner unserer Barke, die Ratten, eine wilde Jagd ab; um uns schwirrte eine Armee Mücken mit Pike und Posaune; von den Wänden herab stieg ein Trupp jener schwerfälligen blutdürstigen Gesellen, die selbst überwunden durch ihren Geruch peinigen, und verstärkte das leichtere Fußvolk, das von den Betten bereits Besitz genommen; rings um uns aber schallte es fast die ganze Nacht von Jauchzen und Singen, von Klatschen und Blasen, von Plaudern und Lachen.

Wir begrüßten die liebe Sonne, die all diesem nächtlichen Spuk ein Ende machte, mit lebhafter Freude, und hätte uns nicht ein so gar lieblicher Morgen und eine so gar reizende Nillandschaft umfangen, wir wären vielleicht stracks nach Kairo umgekehrt und hätten die romantische Nilfahrt denen überlassen, die mit ungebrochener

Kraft eben erst von Europa kommen und die Beschwerden einer morgenländischen Reise als eine unerläßliche Würze dazu anzusehen vermögen.

Sobald wir die palast- und gärtenreiche Insel Rhoda hinter uns hatten, grüßten zur Rechten die königlichen Pyramiden von Giseh über niedrige Felder stolz herüber, und die bescheidneren Schwestern von Sakkara schauten später über hohe Palmenwälder nicht minder erhaben unsrer Abfahrt nach Oberegypten zu.

Schon war die Sonne im Untergehen, als wir zwischen Tura und Masara, zwei Dörfern, welche die Lage des alten egyptischen Troja auf dem östlichen Ufer bezeichnen, leicht geschwellten Segels hinsteuerten. Das dahinterliegende Gebirge trägt auf seiner nordwärts gekehrten Stirn eine verfallene Mamlukenburg und bildete im Verein mit der Mauer, die von da an das Nilufer herabläuft, gegen Ende des vorigen Jahrhunderts die Barriere zwischen Ismael Bey, dem Fürsten von Kairo, und Murad, so wie den übrigen auf Oberegypten beschränkten Mamlukenfürsten. Was aber dem Gebirge sein Hauptinteresse giebt, ist der Umstand, daß es in uralter Zeit die äußere Bekleidung für die gegenüberstehenden Pyramiden lieferte, wie es noch jetzt das Pflaster für die Fußböden der Häuser in Kairo hergiebt. Wir konnten selbst von unserer Barke aus die von Meißel und Hammer drei bis vier Jahrtausende hindurch bearbeiteten und zerklüfteten Felsenwände sehr deutlich unterscheiden, denn nach Masara zu reihet sich Steinbruch an Steinbruch, Felsenkammer an Felsenkammer. Die hieroglyphischen Inschriften, die das Alterthum der Steinbrüche sattsam bezeugen, gehen nach Wilkinson bis in's 16. oder gar 17. Jahrhundert vor Chr. zurück, während sie bis in die Zeit der Ptolemäer heraufreichen, und unter den damit verbundenen bildlichen Darstellungen ist diejenige, die einen auf einer Art Schlitten von sechs Stieren gezogenen Steinblock zum Ge-

genstande hat, mit Rücksicht auf die Oertlichkeit, wo sie gefunden wird, nicht uninteressant.

Durch Lüften und Sonnen, Klopfen und Schütteln, Fegen und Waschen hatten wir uns der nächtlichen Feinde glücklich entledigt bis auf die schwerbesieglichen Ratten, die sich ohnedieß bei jeder Landung vom Ufer her neu zu verstärken im Stande sind. Als wir am Morgen des 12. mit dem Siegesgefühl auf's Verdeck traten, lagen bereits die Pyramiden von Daschur in vollem Sonnenschein zu unsrer Rechten.

Etwa gegen die Mittagszeit erreichten wir Kafr el Ijat, wo der Nil, der, wenn er die einmal genommene Richtung innehielte, unmittelbar unter den lybischen Bergen hinlaufen würde, einen beträchtlichen Bug nach Osten macht. Hierher setzt Wilkinson den Anfang des Dammes, durch welchen der erste König von Memphis den heiligen Fluß, der früher knapp unter dem lybischen Gebirg im Westen seinen Lauf hatte, zu Gunsten der Königsstadt in eine mehr östliche Richtung zwang. Die zwei ziemlich fern auseinanderstehenden Pyramiden des vereinsamten Todtenfeldes von Lischt, die, aus schmalen Kalksteinblöcken erbaut, ziemlich verfallen sind, ließen sich von dieser Stelle aus in der Weite erspähen, und als wir am andern Morgen (13. Dec.) erwachten, strebte nahe vor unsern Augen jene terrassenförmige Pyramide steil empor, die man im Wahn, daß der Fuß derselben der bloße Felsen sei, fälschlich die „falsche" benannt hat.

Dicht bei Zaujeh auf dem westlichen Ufer stiegen wir um die Mittagszeit an's Land. Atfeeh mit seinen Trümmern der Venusstadt, wo die weiße Kuh als Emblem der Athor d. i. der egyptischen Liebesgöttin verehrt wurde, lag bereits hinter uns auf dem östlichen Ufer. Die sogenannte falsche Pyramide aber schaute uns über die Palmenwälder des gegenüberstehenden Meidun noch immer nach, und ein Bauer, der in unserer Nähe auf dem Felde arbeitete, nannte sie geradezu die Pyramide von Meidun. Ist das etwa dieselbe, die für Lepsius zur Sphinx geworden ist, ihm „Räthsel über den Pyramidenbau“ lösend? Aus der Untersuchung derselben ergab sich ihm nämlich, daß der ganze Bau von einer kleinen Pyramide ausgegangen war, die in Stufen von etwa 40 Fuß Höhe errichtet und dann erst durch umgelegte Steinmäntel von 15 bis 20 Fuß Breite nach allen Seiten zugleich vergrößert und erhöht wurde, bis man endlich die großen Stufen zu einer gemeinschaftlichen Seitenfläche ausfüllte und dem Ganzen die gewöhnliche Pyramidengestalt gab. Nach ihm erklärt dann dieses allmählige Anwachsen die ungeheure Größe einzelner Pyramiden neben so vielen andern kleinern. Jeder König begann den Bau seiner Pyramide, bald nachdem er den Thron bestiegen; er legte sie klein an, um sich für jeden Fall ein vollständiges Grab zu sichern, und vergrößerte sie dann durch umgelegte Mäntel so lange, bis er seinem Lebensziele nahe zu sein glaubte. Starb er etwa während des Baues, so wurde nur der äußerste Mantel noch vollendet, und immer stand zuletzt das Todesdenkmal mit der Länge seiner Regierung im Verhältniß.

Am Abend machten wir dicht bei einem Dorfe Halt, das der nächsten Nilüberschwemmung wahrscheinlich zum Opfer fallen wird, und dessen Bewohner schon jetzt ihre elenden Lehmhütten weiter landeinwärts aufzubauen angefangen haben. Nach dem Palmenhain, der das Dorf umgiebt, hatte der Fluß bereits in diesem Jahre seinen Arm hinaufgereckt, und den armen Bauern, denen die Dattel das tägliche Brot ist, ein Paar Dattelbäume mit hinweggenommen. Solche Gewalteingriffe des Nils in seine eigenen mildthätigen Schöpfungen sind leider nichts Seltenes. Doch ist die Willkühr, die der wunderliche Fluß auf diese Weise übt, immer erträglicher als die selbstsüchtige Tyrannei der landaussaugenden Beamten, denn was der Nil hier mit Despotenhand nimmt, giebt er dort mit Vatershand wieder. Mit derselben Geschäftigkeit nämlich, mit der er alte Dörfer am Rande wegspült, setzt er in seiner eigenen Mitte neue Inseln an, indem er gelegentlich eine Sandbank anhäuft und sie dann mit anderwärts weggeschwemmtem Boden allmählig so hoch überkleidet, daß zuletzt ein fertiges Eiland über die Wasserfläche hervortritt und zum Anbau einladet. —

Erst gegen Mittag des folgenden Tages (14. Dec.) kamen wir Zaitun gegenüber, dessen arabischer Name an das altkoptische Phannigoit d. i. „Ort des Oelbaums" erinnert, und schon war die Sonne gesunken, als wir dicht unter der Stadt Benisuef Anker warfen. Sie hatte unter dem hauchartigen Schleier der duftigsten Farben eines egyptischen Abendrothes uns schon lange vorher zugelächelt und sich dann bei größerer Nähe durch ein herrschaftliches Schloß am Nordende gleich auf den ersten Blick als die Dame der Provinz angekündigt.

Von Benisuef nach Minieh.

Als sich die „Dame der Provinz“ am hellen Morgen des 15. unverschleiert zeigte, ging es ihr wie fast allen Töchtern des Landes, wenn sie ihr Antlitz enthüllen, — der Zauber floh. Wir hatten dicht unter dem höchsten Punkte der Stadt Anker geworfen, und da von hier ein steiler Fußpfad stracks in die Stadt hinaufführte, so hatten wir das bei allen größern Orten sich wiederholende Morgenschauspiel vor unsern Augen, — eine Gruppe von Frauen nämlich, die in lange, blaue, faltige Gewänder gehüllt, Wasser schöpfen, die gefüllten Krüge sich einander auf die Köpfe heben, und dann, die gewaltigen Gefäße meist ohne Zuhülfenahme der Hände frei balancirend, mit einer gewissen Zierlichkeit hintereinander hinschreiten. Benisuef grade gegenüber liegt Deir Byad auf einer langgezogenen Nilinsel. Von diesem Dorfe, wo Beni-Wasel-Beduinen von der sinaitischen Halbinsel her ihren Hirtenstab längst mit der Pflugschaar vertauscht haben, führt die beste Straße zuerst durch verschiedene Flußbetten und dann durch das 7 bis 8 Stunden breite Wadi el Arraba, nach zwei berühmten Koptenklöstern in der Nähe des Rothen Meeres, davon das eine St. Paul und das andere St. Antonius, den Freund und Gefährten des vorgenannten Einsiedlers, zum Gründer hat. Das erstere, nicht ganz zwei Stunden von der Meeresküste entfernt, thut sich nicht wenig darauf zugute, daß es der koptischen Kirche einen Patriarchen geschenkt hat;

dem letztern aber, an 6 Stunden landeinwärts gelegen, und viel stärker bevölkert, ist der Kamm noch weit höher geschwollen, seitdem das Recht der Patriarchen-Wahl von den bekannten Klöstern an den Natronseeen nach „Deir Mar Antonius" am Rothen Meere gewandert ist.

Da das von Maazi-Arabern bewohnte Wadi el Arraba, das den beiden Klöstern am Rothen Meere zuführt, zu deutsch „Wagenthal" heißt, so sind die guten Mönche rasch bei der Hand gewesen und haben daraus das Thal gemacht, in welchem die Wagen Pharaos den Kindern Israel nachjagten, während es wahrscheinlich von den Wagen, die in früheren Zeiten das Kloster vom Nilthale her versorgten, seinen Namen hat.

Bei Benisuef ließen wir die letzte vom Ufer her sichtbare Pyramide, die von Illahun, hinter uns, — desgleichen die nach hinten und vorn unabsehbare Linie von Nilbarken, die mit den unsrigen zugleich ihre weißen Fittige einem muntern Nordostwinde begierig entgegen gebreitet hatten, während der windlosen Morgenstunden aber, vom Lande her gezogen, wie eine lange Reihe von Riesenschwänen auf der gläsernen Wasserfläche langsam dahin geschwommen waren.

Den ganzen Tag nach unserer Abfahrt von Benisuef wollte kein Wind die schlaffen Segel schwellen, und obgleich unsre Matrosen fortwährend ziehen, rudern und stoßen mußten, so waren sie doch am Abend so wohlgemuth, als wären sie eben erst aufgestanden. Sie setzten sich in einen Zirkel umher und sangen bald Solo, bald im Chorus, indem sie dazu stets in die Hände klatschten und von Zeit zu Zeit mit den Köpfen zusammenfuhren. Einer derselben, ein ausgemachter Freund der Musen, der, wenn er am Abend das Ruder aus der schwieligen Hand legte, alsbald nach seinem geliebten Instrumente griff, phantasirte dazu sehr kindlich auf einer

Art erzväterlicher Cither mit fünf Saiten über einem mit Leder bespannten Resonnanzboden.

Die arabische Tonkunst mit ihren Dritteltönen und ihren daher rührenden zarten Tonschattirungen hat, wie auch die Musik der Hindus, im Allgemeinen einen klagenden Charakter, der verbunden mit einer gewissen Eintönigkeit fast zur Melancholie stimmt. Die gellenden Kehlen aber, womit das Volk seine paar Noten immer und immer wiederholt und gelegentlich zu einer peinlichen Länge aushält, sind wohl geeignet einem Schwachnervigen mitunter die Galle rege zu machen, besonders wenn ihm der meist nichtssagende Inhalt des „in die Ohren kreischenden ewigen Gesanges“ bekannt sein sollte.

„Die Mutter ißt meine Datteln weg
Und Galle überfließt mich!
O Glück, wenn der Morgen nun mit Milch
Und Butter übergießt mich.“

So etwa sangen die Arbeiter des Lepsius, während sie auf den Ruinen des hier benachbarten Labyrinths Gräben zogen, fast den ganzen Tag, und nur der Gedanke, daß dieser Gesang den armen Leuten das saure Tagewerk wesentlich erleichtere, hielt jenen Herrn von einem Eingriff in ihr musikalisches Vergnügen ab. Aus ähnlichen Beweggründen der Barmherzigkeit machten auch wir, hier wie anderwärts, gute Miene zum bösen Spiel, und das ermuthigte unsre Matrosen endlich selbst zum Reigen. Einer derselben aus Chartum tanzte uns den Nationaltanz der dortigen Abyssinerinnen vor, der sich durch ein gewisses schmachtendes Neigen und Beugen auszeichnete, während ein Gebirgsneger den eigenthümlichen Tanz seines Stammes zum Besten gab, der sich durch wildes Stampfen und Klatschen hervorthat. Es war ein wonniger Abend, wie ihn nur Egypten schenken kann; der ganze Himmel sah wie eine dunkle

Sammetdecke aus, und darauf blitzten Mond und Sterne mit silberner Klarheit.

An den beiden folgenden Tagen hatten wir wieder etwas Wind. Wir passirten Bibbeh, wo mancher vorüberziehende Muslim die koptische Kirche besucht und vor dem Bilde St. Georgs des Drachentödters, den die verschmitzten koptischen Christen zur Sicherung ihres Klosters geschwind in einen Muslimischen Heiligen verwandelt haben, dem Koran wie zum Trotz, seine Andacht aus dem Koran verrichtet. Wir sahen noch drei bis vier Orte, wo mehr oder minder deutliche Trümmerhaufen auf untergegangene Ortschaften deuten, und erreichten endlich den großen Bauernort Abugirgeh, von wo eine Straße mitten durch fruchtbare Felder nach Behnesa, dem alten Oxyrhinchus, führt, das von dem dort verehrten gleichnamigen Fische mit zugespitzter Nase seinen Namen hatte. Der lybische Sand scheint dem neuern Orte das Garaus machen zu wollen.

Die Nilufer boten während dieser ganzen zwei Tage nichts besonders Merkwürdiges, wie sie denn allenthalben im Ganzen ziemlich einförmig sind. Die einzelnen Dörfer lagen, von weitem gesehen, sehr reizend an oder in einem Haine von Dattelbäumen, denen sich hin und wieder die dornzweigige und gelbblüthige Nilakazie beigesellte. Hier und da unterbrach auch ein weißschimmerndes Veli oder ein Telegraph von gleicher Farbe, so wie ein frischgrünendes Gefilde das einförmige Grau der Landschaft. Wenn dann aber die sinkende Sonne ihre flüchtigen Farben über das Alles hinhauchte, so bekleideten sich etwa die nackten Kalksteinwände auf dem östlichen Ufer mit der zartesten Röthe, und die Palmengruppen, die fast immer die Lage eines Dorfes bezeichnen, auf dem westlichen Ufer glühten im dunkelsten Feuer. Dann war's bei günstigem Himmel in der That, als wenn sich die ganze Nillandschaft in's

Ueberirdische verklären wollte; — ein so zart duftiges Ansehen gewann Alles.

Wir trafen bei einem unsrer gelegentlichen Spaziergänge am Ufer des Nils zwischen Bibbeh und Malatieh auf eine Pilgerkaravane aus Tunis, die über Kossair nach Keneh und von dort auf dem Nil hierhergekommen war. Das von Sachen und Menschen überfüllte Boot hielt am Ufer, während einige der Pilger auf dem Lande mit hastig zusammengelesenen Stengeln ein lustiges Feuer schürten, und unter andern auch ihr von Arabien mitgebrachtes Manna zum Abendessen zubereiteten. Einer derselben warf, hinter seinem Feuer hingekauert, einen finstern Blick auf die vorübergehenden Ungläubigen, während ein Anderer, dessen rundlicher Gestalt man keine Wüstenbeschwerden ansah, uns gutmüthig anlachte und uns von seinem Manna, davon er eine ziemliche Portion vor sich hatte, ganz gern kosten ließ.

Zuweilen stießen wir auch auf einen Trupp von Bauern und Bäuerinnen, die mit Vieh, Eiern, Gemüse u. s. w. einem benachbarten Markte zuschritten, und empfingen stets einen freundlichen Gruß. Die Bauern, die nächst den Kopten die verhältnißmäßig reinsten Ueberbleibsel der altegyptischen Bevölkerung darstellen, sind überhaupt nicht so eingefleischte Christenhasser wie die mehr arabischen Städter.

Von Abugirgeh brauchte es noch mehr als drei volle Tage, ehe wir unser nächstes Reiseziel, Minieh, erreichen konnten, und zwar in Folge entweder fast gänzlicher Windstille oder aber des noch schlimmeren Gegentheils, — starken Gegenwindes.

Wir landeten am Abend des ersten jener drei Tage, wo uns noch ein günstiger Nachmittagswind eine gute Strecke forttrieb (wenn ich nicht irre) bei Golosaneh, einem großen schön gelegenen Dorfe, wo ich zum ersten Mal die eigenthümlich gestalteten egyptischen Taubenhäuser in der Nähe betrachten konnte. Ein kleiner runder, von vielen Kuppeln überragter Thurm dient hier diesem wohlgepflegten Federvieh zur Behausung, während der arme Bauer daneben in einer meist viel elenderen Hütte wohnt.

Bald nachdem wir Golosaneh am Morgen des zweiten Tages verlassen hatten, winkte uns das schlanke Minaret von Samalud, das als ein Meisterstück bäuerlicher Baukunst betrachtet wird, über einen schmucken Palmenhain entgegen. Nicht lange darauf verkündete uns das Geschrei eines an unsere Barke heranschwimmenden und sich die Stirn bekreuzenden Bettlers „Herr, Herr, ich bin ein Christ! Herr, Herr, ich bin ein Christ!" daß wir uns dem koptischen Kloster „Unserer Frau Maria der Jungfrau" näherten. Die muhamedanischen Matrosen lachten über den egyptischen Christen, der wie ein zitterndes Espenlaub an unserer Barke hing, mit dem Lachen Ismaels und mir ging ein Stich in's Herz bei dem Gedanken an den äußern und innern Verfall der morgenländischen Christenheit.

Den Djebel e' Teir d. i. das Vogelgebirge, auf welchem sich, dem alten Volksglauben zufolge, alle Vögel des Landes alljährlich sammeln, und nachdem sie einen aus ihrer Mitte zum Bergvogt eingesetzt, von dort in die lybische Wüste hinausfliegen, hatten wir schon vorher dicht an das östliche Ufer herantreten sehen, und nach einer Stunde etwa steuerten wir dicht unter dem vorerwähnten Kloster hin, das grau wie der Felsen von der Tafelfläche dieser nackten Bergwand auf den Nil herabschaut.

Es wurde schon dunkel, als wir ein Paar Stündchen unterhalb des Klosters, quer vor einer Schlucht desselben Vogelgebirges, ein Stück jener Mauer gewahrten, die eine alte egyptische Königin, Deluka mit Namen, gebaut haben soll, und die daher noch immer die „Mauer des alten Weibes" heißt. Den Zweck derselben sieht Wilkinson in der Sicherstellung des Nilthales vor dem plötzlichen

Einfall der räuberischen Wüstensöhne, und da er die Spuren dieser Mauer bis nach Assuan hinauf und bis nach Djebel Scheikh Embarak hinunter verfolgt hat, so erkennt er darin eine Fortsetzung jener Mauer, die dem Diodorus zufolge der eben so kriegerische als weise Sesostris zur Sicherung der östlichen Grenzen gegen die Syrer und Araber von Pelusium bis nach Heliopolis führte.

Unsre Matrosen zogen, ruderten und stießen mit aller Macht, um noch am Abend des 20. Minieh und seinen Mehl-Bazar zu erreichen. Umsonst; es mußte noch einmal Halt gemacht werden schon im Angesichte des lang ersehnten Ruhepunktes. Sie schaarten sich hungrig und doch zufrieden um ein loderndes Feuer, während wir unsere Augen noch lange an dem östlichen Nilufer weideten, dessen weisliche Felsenwand, hie und da von einem Palmenhain angedunkelt, erst im Wiederschein des Abendhimmels sich gelbroth färbte, und dann, in das Silberlicht des Mondes getaucht, sich in dem krystallenen Flusse wie magisch spiegelte.

Von Minieh nach Osiut.

Ich finde, daß schon Andre meine deutschen Landsleute gewarnt haben, mit dem Gedanken an einen egyptischen Winter ja nicht lauter Frühlingsvorstellungen zu verbinden, und das mit Recht: denn während der Tag das Maß der Frühlingswärme weit überschreitet, bleibt der Abend und namentlich der Morgen noch viel weiter dahinter zurück. Wie in Egyptenland das wasser- und fruchtreiche Nilthal urplötzlich an die große Wüste des Rothen Meeres und an die noch größere Wüste Lybiens stößt, so grenzt im egyptischen Winter der heiße Tag unmittelbar an einen kalten Abend und an einen noch kältern Morgen. Steil sinkt die Sonne in die lybische Wüste hinunter, und noch ehe sie ganz unter ist, hüllt sich der Araber so in seinen Mantel oder nach Umständen in seine Lumpen, daß nur ein kleiner Theil des Gesichtes heraussieht. Auch der Europäer, namentlich wenn er wie wir von einem längeren Aufenthalt in Indien zurückkehrt, sucht seine wärmsten Kleider hervor und sehnt sich überdieß nach Pelz und Federbett. Sobald dann aber die Sonne über die Wüste des Rothen Meeres heraufkömmt, schält sich Alles aus seiner winterlichen Umhüllung, und es wird schnell auf einander Frühling, Sommer, Herbst und dann wieder Winter.

Die von uns „Indienfahrern“ so bitter empfundene Morgenkühle war es denn auch, die uns alsbald zu dem Entschlusse brachte, die Thür unsrer ohnehin schlecht geschützten Kajüte nicht eher zu öffnen, als bis die wohlthätigen Strahlen der Morgensonne ein Merkliches über die ohnmächtige Horizontallage hinausgekommen, und als wir nun am 21. um diese Zeit aus unsrer Zelle hinaustraten, lag das lang- und vielersehnte Minieh auf sonnigem Hügel vor uns.

Wenn Leo Afrikanus von Minieh sagt, daß es eine hübsche Stadt sei, so spricht auch jetzt noch ihr Ansehn verhältnißmäßig dafür; sie nimmt sich eben für eine egyptische Stadt nicht übel aus. Mir war es vor allem wichtig zu erfahren, wie weit wohl die andre Behauptung jenes Schriftstellers, nach welcher der Markt der Stadt an allen Arten von Früchten Ueberfluß hatte, noch heut zu Tage stichhaltig sei. Denn da wir wider Erwarten so ungünstigen Wind bekommen hatten, daß wir zur Tour von Benisuef nach Minieh sechs volle Tage brauchten, während wir nur etwa zwei oder höchstens drei Tage darauf gerechnet, so war uns im Hinblick auf unsre Mundvorräthe etwas bange geworden. Ich machte mich daher selber auf, um in Minieh Marktschau zu halten. Mit Reis, Kaffee und Tabak, diesen drei Hauptartikeln des egyptischen Städters von leidlichem Wohlstande, sowie mit Datteln, Bohnen, Erbsen, Linsen und Zwiebeln, als der Hauptnahrung des ärmeren Volkes, fand ich den Bazar reichlich versehen, besonders aber mit Kaffee und Tabak, diesen beiden Dingen, die im Verein mit einer öffentlichen Badeanstalt den bürgerlichen Luxus einer egyptischen Stadt ausmachen. Ich stieß gelegentlich auch auf ein paar gewaltige Kohlköpfe und zog, von vaterländischer Erinnerung angeheimelt, meinen Beutel mit dem festen Entschluß, sie um jeden Preis zu erstehen. Nachdem ich dazu noch einen kleinen Vorrath von Erbsen und Linsen, ein Pröbchen verdächtig aussehender Bohnen von einem großartigen Krämer, der zuerst durchaus nur en gros verkaufen wollte, und ein paar kuchenförmige Brötchen von einer mit dem ganzen Gesicht lachenden

Bauerfrau eingehandelt hatte, verließ ich, mit den Bazars der egyptischen Marktflecken tief zufrieden und für unsre Weiterreise nicht fürder besorgt, die Stadt, in der ich, merkwürdig und traurig genug! einen vorübergehenden Araber in gutem Französisch einmal über das andere den Namen Gottes hatte mißbrauchen hören.

Kaum hatten die Matrosen das süße Geschäft des Brotbackens vollendet, und der Wind sich zu unsern Gunsten erklärt, so sahen wir Minieh mit seinen Minarets und seinem schiffbesäumten Strande schwinden, und trieben lustig an Saadie auf der Ostseite vorbei, wo eine herrschaftliche Rumfabrik unter der Verwaltung eines Arabers dem Koran Hohn spricht. Die Maschine gab, während wir vorüberfuhren, so eigenthümliche Klagetöne von sich, daß die Matrosen mit Fingern hinüberwiesen, einige vielleicht in dem Gedanken, daß dort nicht Alles mit ganz richtigen Dingen zugehe.

Nicht lange nachher bezeichnete uns ein anderes Dorf unter den Palmen die Stätte, wohin die Bewohner von Minieh ihre Todten unter dem lauten Geheul der Klageweiber hinüberfahren, um sie nahe bei den Gräbern ihrer heidnischen Vorfahren zu beerdigen. Die Todten auf das entgegengesetzte Nilufer hinüberzukahnen, ist bekanntlich altegyptischer Brauch, und Diodorus leitet sogar die griechische Fabel von Charon, dem stygischen Todtenschiffer, aus dieser Thatsache ab.

Am Ende des Palmenwaldes, der sich hier auf der Ostseite des Nils unabsehlich hinzieht, zeigte sich dicht am Ufer Kom Ahmar d. i. rother Trümmerhaufe, der wie so viele andere zu beiden Seiten des Nils im mittlern Egypten auf eine frühere Stadt deutet, ohne daß man im Stande wäre, ihren Namen ausfindig zu machen. In den Kalksteinhügeln hinter diesem unbekannten Kom Ahmar liegen zwei Gräbergruppen, die eine höher aufwärts, die andre tiefer abwärts, an deren Wänden sich das häusliche Leben der alten Egypter, namentlich der Ackerbau in der gewöhnlichen Weise dargestellt findet. Unter diesen Darstellungen fallen zwei eigenthümlich geformte und mit Doppelmast und drei Rudern versehene Boote besonders auf und erinnern mit ihren Faltensegeln, wie Wilkinson versichert, sehr stark an die Form chinesischer Boote.

Wir näherten uns jetzt bei stets andauerndem guten Winde mit Macht der Uferstrecke, die, nach den Pyramidenfeldern zwischen Kairo und Benisuef, in Rücksicht auf erhaltene Denkmäler die reichste und bedeutendste von ganz Mittelegypten ist. Da wir aber mit unserm Schiffsherren einig geworden waren, die Auffahrt des von Tage zu Tage ungünstiger werdenden Windes wegen durch keinen Abstecher zu unterbrechen, sondern die Besichtigung der Alterthümer bis auf die Rückkehr zu versparen, so muß ich natürlich auch die Beschreibung derselben bis dahin verschieben.

Schon am Abend des ersten Tages (21. Dec.) kamen wir in die Nähe der berühmten Gräbergruppen von Benihassan. Wir übernachteten bei Karm Abu Omar auf dem gegenüberliegenden Westufer. Da die Umgegend von Benihassan wegen allerhand Diebsgesindels so berüchtigt ist, daß sich Ibrahim Pascha, der gewaltige Landessäuberer, zu seiner Zeit genöthigt sah, eine Anzahl von Dörfern, als von „unverbesserlichen Dieben" bewohnt, der Erde gleich zu machen, so waren unsre überfeigen Matrosen froh, hier noch einige andre Boote vorzufinden.

Während sie in gewöhnlicher Weise um ihr abendliches Feuer hinkauerten, ergingen wir uns am Rande des Dorfes, dessen armselige Hütten gegen die stattlichen Palmen auffallend abstachen, noch eine Weile in dem prachtvollsten Mondenschein und stolperten fast über einen in seinen grauen Kittel gehüllten und an der Wand seiner Erdhütte niedergekauerten Bauer. Zwanzig bis dreißig Hunde, feig wie ihre Herren, erhoben in ehrerbietiger Entfernung von allen

Seiten ihre gellenden Stimmen, und lustige Feuer entzündeten sich nach einander in den Bauergehöften, unter den Dattelbäumen, auf den Böten und an den Ufern und erhöhten den Reiz der egyptischen Mondschein-Landschaft.

Der nächste Abend (22. Dec.) brachte uns bis nach Roda, dem Punkte auf dem Ostufer des Nils gegenüber, wo einst der wegen seiner Schönheit hochgefeierte und in klassischen Büsten noch immer fortlebende Antinous ertrank und wo der hohe Gönner desselben, Kaiser Hadrian, seinem schönen Liebling zu Ehren das schöne Antinoe erbaute.

In Roda selbst hat ein Sohn des Ibrahim Pascha einen minder poetischen, aber verständigeren Gedanken ausgeführt, indem er eine Zuckersiederei anlegte. Zuckerpflanzungen neben den dazu gehörigen Bewässerungsanstalten sahen wir denn auch den ganzen folgenden Tag (23. Dec.) nach einander am westlichen Ufer auftauchen, zum großen Vergnügen unserer Schiffer, die, ehe man sichs versah, anlegten, einem der süßen Felder einen schnellen Besuch abstatteten und mit vollem Mund und noch volleren Händen zurückkamen.

Von Byadeeh, dessen Felder koptischerseits sehr stark für den ackerbaulichen Fleiß der egyptischen Christen zeugen, geht es nach Oschmunain hinüber, der alten Hermopolis Magna, jener Stadt des egyptischen Hermes, Thot, der den Wissenschaften vorstehend das Amt des himmlischen Registrators versah und, den Menschen die göttliche Gabe des Verstandes vermittelnd, zuletzt das himmlische Richteramt an den abgeschiedenen Seelen übte. Dem alten Tempel des Thot ist es trotz seines schönen Porticus wie vielen andern aus kalkhaltigem Stein erbauten Denkmälern des egyptischen Alterthums ergangen: die Türken, die es bequemer fanden, den Kalkstein aus den künstlichen Fugen des Tempels, als aus seinem natürlichen Lager herauszubrechen, haben ihn nach und nach in den Kalkofen gesteckt.

In der Nähe von Tel el Amarna mit seinen interessanten Begräbnißgrotten bekam ich von meinen Egyptern eine Lection in den neuern Hieroglyphen. Ich wünschte ihnen nämlich verständlich zu machen, sie möchten in einem benachbarten Dorfe einige Eier kaufen, und da ich fürchtete, ich möchte das arabische Wort, welches Ei bedeutet, nicht genau genug ausgesprochen haben, so malte ich ihnen, nachdem sie es schon verstanden zu haben schienen, zum Ueberfluß ein Ei in den Sand. Das brachte ihren geringen Verstand ganz von der Fährte ab, denn nun meinten sie, ich wollte durchaus etwas Gemaltes oder Geschriebenes haben, und als ich sie durch den Dragoman, der unterdeß dazu gekommen war, über das unbegreifliche Mißverständniß befragte, so legte der Gescheiteste derselben den Zeige- und Mittelfinger auf den Daumen, mir so bedeutend, daß das die richtige Hieroglyphe für das Ei sei, und daß ich es mithin hieroglyphisch falsch geschrieben.

Am Abend des 23. Dec. legten wir in der Nähe von Darut e' Sherif an, das vielleicht die Lage der alten Thebaica Phylace einnimmt, mithin so recht an der Pforte von Oberegypten; denn dort stand wohl die Thebanische Grenzburg sammt dem Zollhaus, wo man von den Waaren, die nach Unteregypten gingen, die bräuchliche Steuer erhob.

Auf dem gegenüberliegenden östlichen Ufer erschienen auch die ersten freiwachsenden Dom-Bäume oder Thebanischen Palmen, deren Stamm sich in einer gewissen Höhe stets in zwei Aeste theilt, die sich dann nochmals gabeln, und deren trockne faserartige Frucht, dicht unter der fächerförmigen Blätterkrone, zu den wenigen Nahrungsmitteln des egyptischen Landmanns ein neues hinzufügt.

Während wir uns in dem Dorfe oben unsere übliche Abendbewegung machten, sahen wir auf einmal eine Anzahl Leute nach einem Hause eilen, das bei weitem das vornehmste Ansehn hatte. Da eine ziemlich geputzte Frau, die sogar Strümpfe und Schuhe trug, den Zug anführte, so dachten wir, es ginge zu einer häuslichen Festlichkeit. Allein wie unangenehm waren wir überrascht, als sich Alles um einen jungen Bauer her in einen Kreis stellte, den der Richter des Orts auf den bloßen Erdboden hinlegen ließ und dann siebzehn wohlgewogene Stockprügel für ihn bestellte. Der Mann schrie jämmerlich, so oft der unbarmherzige Stock auf ihn herabkam; aber den Kopf stolz zurückwerfend, hinkte er hinweg, nachdem die ihm zugedachte Zahl voll geworden.

In den Nachmittagsstunden des folgenden Tages (24. Dec.) erreichten wir El Kossair auf dem östlichen Ufer. Hier unter den steilen Klippen des kluft- und schluchtenreichen Djebel Abufaida, der ganzen Heerden wilder Enten eine sichere Zufluchtsstätte gewährt, den vorbeisegelnden Schiffer aber durch plötzliche Windstöße nicht selten schreckt und selbst gefährdet, macht der Nil einen beträchtlichen Bogen. Ein starker Wind begrüßte uns und trieb uns, alle Augenblicke von N. O. nach N. W. überspringend, pfeilschnell an Maabdeh mit seinen heiligen Krokodilgräbern vorbei nach Manfalut, das von den Muslims für den Aufenthalt des ausgewanderten Lot und von den Kopten für den Bergungsort der heiligen Familie ausgegeben, vom Nil aber, allen heiligen Legenden zum Trotz, immer weiter hinweggespült wird.

Der herrlichste Nachmittag seit unsrer Abreise von Kairo umfing uns, als wir durch diese malerische Umgebung — zur Linken die steilabfallenden und wildzerrissenen Felsenwände und unmittelbar zur Rechten den lieblichsten Baum- und Pflanzenwuchs, — bei immer voller geschwellten Segeln rascher und rascher hinflogen, und als nun gar erst ein kurzes Abendroth sein Gold und dann ein fast gefüllter Mond sein Silber darüber goß, so hatten wir eine der schönsten Naturscenen vor uns, die wir je gesehen. Das Einzige, was uns in diesem Naturgenusse störte, war der Gedanke, daß es gerade Weihnachts-Heiliger-Abend war; die hellen Weihnachtskerzen, die aus der Kindheitszeit in unsrer Erinnerung aufleuchteten, warfen einen leisen Schatten über all den egyptischen Naturglanz um uns her.

Der Wind blieb auch am folgenden Tage auf unserer Seite, und so erlangten wir schon am Abend des ersten Feiertags unser nächstes Reiseziel Osiut, — drei bis vier Tage früher, als wir erwartet hatten. Ein junger Engländer, mit dessen Barke wir schon mehre Male zusammengetroffen, rief uns, Angesichts der Haupt- und Residenzstadt Oberegyptens mit ihren funfzehn Minarets, vom Ufer her eine fröhliche Weihnacht entgegen!

Von Osiut nach Girgeh.

Wir hatten eigentlich beschlossen, Osiut mit seinen benachbarten Alterthümern schon jetzt zu besichtigen, während unser Schiffsvolk sich aufs neue verproviantirte. Unser Dragoman aber, der weiter hinauf eine wohlhäbige alte Muhme hatte, meinte, das Mehl sei dort in dem befreundeten Bauernorte billiger, als in dem großen und vornehmen Osiut. So hatte er denn mit unserm Kapitän, — wenn ich das sonnegebräunte, barfuße, einäugige Männchen in seinem groben Kittel so nennen soll, — bereits verabredet, der Vetternstraße nach alsbald weiter zu ziehen. Da unser Dragoman zugleich die Küche unter sich hatte, so wäre es ein gewagtes Spiel gewesen, ihm, — daß ich so sagen darf, — den Brei zu verderben; er hatte uns ganz in seiner Hand und konnte bei übler Laune uns Alles „versalzen". Wir ließen daher das Vetterninteresse über das Alterthumsinteresse für dießmal die Oberhand haben und eilten auf Flügeln eines günstigen Windes der alten Muhme zu, die in einem Dorfe nahe bei Abutig ihren Wohnsitz hatte, — nicht ohne die geheime Hoffnung, daß sie auch uns bei unsern Einkäufen eine hülfreiche Hand bieten und uns namentlich die nöthige Anzahl von Eiern in den Bauernhütten zusammenlesen werde.

Schon ganz früh am zweiten Weihnachtsfeiertage passirten wir Abutig, das Abutis der römischen Schriftsteller, und langten bald darauf an dem Orte unserer nächsten Bestimmung an, einem großen Bauerndorfe, wo es mehr als anderwärts von Hühnern wimmelte und von Tauben schwirrte. Der Kapitän unserer Reisegefährtinnen hatte auf eine stets sprudelnde Quelle von Trinkgeldern gerechnet, und daher bereits die in Kairo auf Abschlag erhaltene Summe dort gelassen. Da er aber fand, daß er es nicht mit Leuten zu thun habe, die in englischer Weise erst doppelt und dreifach bezahlen und dann Geschenk auf Geschenk hinterherwerfen konnten und wollten, so war er in große Verlegenheit gerathen; es fehlte wenig, so wären ihm sämmtliche Matrosen Hungers halber davongelaufen. Die Damen sahen sich daher genöthigt, eine neue Summe auf Abschlag darzuzahlen, und kaum war das Geld in seinen Händen, so ließ uns auch unser eigner Kapitän nicht eher in Ruhe, als bis wir ein Goldstück herausrückten.

Der Kadi des Ortes mußte kommen. Nachdem der bärtige Alte ein Täßchen Mocka bedächtig hinuntergeschlürft, und ein paar wohlgenossene Züge aus der edlen Schibuk gethan, ließ er sich gemächlich auf die Erde nieder, zog sein Schreibzeug langsam hervor und schrieb so gravitätisch, als hätte er ein Todesurtheil aufzusetzen, die Abschlagssumme auf die Rückseite des Contracts.

Das schöne Goldstück war zwar mit einem allgemeinen **Taib kebir! taib kebir!** d. i. sehr gut, sehr gut! begrüßt worden, allein siehe da, es war so sehr gut nicht. Denn kaum hatte der Kapitän, der die edle Schreibkunst nicht verstand, seinen Siegelring unter das Geschreibsel des Kadi gedrückt, so übte das schnöde Gold seinen unseligen Zauber. Vorher hörte man nur immer von Brot und Brot sprechen; jetzt lief das leidige „Geld“ von Mund zu Munde, und es dauerte kaum eine Minute, so sah man zwei der Matrosen, zum Knäuel geballt, sich balgen und, auf die Erde niederstürzend, sich einander den Mund mit der hineingesteckten Hand aufreißen. Das einäugige Männchen griff rasch nach der Knute und nur die gewaltigsten Hiebe vermochten endlich den scheußlichen Knoten zu lösen. Ich freuete mich der kräftigen Manneszucht, die ich dem schmächtigen Kapitän kaum zugetraut hätte.

Nachmittags machte ich auch der alten Muhme einen Besuch. Sie hatte dem Koch den Ehrensitz eingeräumt, während sie, unter einer Menge neugieriger Verwandten und Bekannten auf der Erde hingekauert, die Ehrenpfeife, die sie auch selbst nicht verschmähete, von Mund zu Mund gehen ließ. Gegen Abend kam sie auf unser Boot und brachte uns für etwa vier gute Groschen an hundert Eier. Sie küßte der orientalischen Sitte gemäß zu vielen Malen die Hand meiner Frau oder vielmehr die Luft in der Nähe derselben, und bewegte sich mit einer Freiheit, die den muselmännischen Frauen ganz und gar abgeht, und die sogleich die Christin in ihr erkennen ließ.

Das ziemlich große Dorf, das halb von Muhamedanern und halb von Christen bewohnt wird, sah zwar wie alle egyptischen Dörfer erdgrau aus und die fahlgrünen Dattelbäume paßten nur zu wohl dazu; dennoch entfaltete sich bald nach Sonnenuntergang ein Farbenspiel, das seines Gleichen suchte. Ueber dem arabischen Gebirge drüben ging der Vollmond auf, orangegelb, und die Hügel überflog ein blasses Rosa. Zu den Füßen derselben zog sich das Nilthal als dunkelgrüner Streifen hin, und das jenseitige Sandufer des Flusses, dessen glatter Spiegel den blauen Himmel wiedergab, fügte sein Rothbraun der schönen Farbenmischung bei. Dann erglänzten auch die erdgrauen Häuser auf dem diesseitigen Ufer goldfarbig, und die fahlgrünen Dattelpalmen erhoben, wie geisterhaft verklärt, ihre schlanken Häupter darüber hin.

Unser Kapitän, der des Mehlmahlens und Brotbackens wegen in das Dorf gegangen war, kam nicht wieder. Er ließ sich auch am folgenden Tage nicht sehen. Dafür machte uns das ganze Dorf nach einander seine Aufwartung, die Frauen, — wahrscheinlich koptische Christinnen, — nicht ausgeschlossen, und als wir uns zum Mittagsessen niedersetzten, waren die Absätze des Ufers mit hinkauernden Zuschauern wie besäet. Am Morgen und am Abend aber stattete uns auch die zahlreiche Thierwelt des Dorfes ihren Besuch ab. Esel und Pferde, Kühe, Büffel und Kameele beliebten gerade an der Stelle, wo unsere Barke lag, nach einander ihren Durst in den Wellen des heiligen Nils zu löschen.

Erst am 28. Decbr. Vormittags wurden wir wieder flott und segelten mit vollem Winde Gau el Kebir zu, dem alten Antaeopolis, wo, laut einer dunkeln Doppelsage mit offenbar natürlichem Hintergrund, Herkules zur Zeit des Osiris den Antäus tödtete und Horus den bösen Typhon, der die Gestalt eines Krokodils angenommen, übermochte.

Gleich zwei Falken schossen die beiden Barken dahin, und als wir uns Gau el Kebir näherten, das am Fuße des arabischen Gebirgs tief eingebuchtet liegt, so wurde der günstige Wind zu einem grausigen Sturme. Nur die größte Vorsicht konnte durch rechtzeitiges Anziehen und Loslassen des Hauptsegels die taumelnden Bretterhäuser vor dem Umschlagen bewahren, besonders da der Wind zuweilen den Athem ganz anhielt und dann urplötzlich wieder aus allen Kräften dareinblies. Der unbändige Gesell kam stracks aus der Wüste; so war denn der aufgewühlte Sand sein Begleiter, und dieser verdunkelte die ganze Luft so unheimlich, daß die dagegen kämpfende Sonne fast den Schein verlor. Da sahen wir denn allerdings noch heut zu Tage eine riesige Naturkraft mit der andern ringen, die gute mit der bösen. Die gute siegte endlich. Durch die trüben Sandwirbel des Wüstenwindes leuchtete zuletzt die Sonne wie im Triumphe auf, und ein leise wehender Abend spielte die tändelnde Barke noch weit über Gau el Kebir hinauf, so daß wir uns am Morgen des 29. Decbr. dem Djebel Shekh

Heridi gegenüber fanden, einem grünumsäumten Vorsprung der nackten Ostgebirgskette, in deren einsamen Klüften dem Volksglauben zufolge eine Schlange seit Jahrhunderten haust und als wohlthätige Fee Wunderkuren jeder Art verrichtet, — wahrscheinlich ein Ueberbleibsel des altegyptischen Heidenthums, das die Schlange als Sinnbild des guten Geistes Kneph verehrte.

Wir hatten nun fast den ganzen Tag eine wild-romantische Natur zu unserer Linken. Die arabischen Berge traten hoch und steil an das östliche Ufer heran und ließen oft nur ein ganz schmales Streiflein Landes zwischen sich und dem Flusse. Noch in den Vormittagsstunden passirten wir das Dorf Raaineh.

Zahlreiche, oben mit kleinen Kuppeln umränderte und mit trockenem Reisig besteckte Taubenhäuser, die sich wie lauter viereckige Thürmlein nebeneinander erhoben, gaben ihm ein fast kriegerisches Ansehen, und doch ist es der Zucht des Vogels, das zum Sinnbild der Sanftmuth geworden ist, so ausschließlich ergeben, daß Jeder, der sich verheirathet und somit eine neue Familie begründet, altem Brauche gemäß ein paar neue Taubenhäuser hinzubaut.

Leider hatte nach einem glühenden Sonnenuntergange, der dem großen Bauerndorfe Suhag am Fuße des dunklen Gebirges und dem noch dunkleren Palmenwalde jenes wohlhäbigen Ortes einen unvergleichlichen Hintergrund verschaffte, der Abend bereits seinen Vorhang fallen lassen, als wir dicht bei dem gegenüberliegenden Akhmim Halt machten. Hier stand das uralte, durch seine geschickten Arbeiten in Linnen und Stein weitbrühmte Chemmis oder Panopolis, die Stadt des egyptischen Pan, dessen skulpturreichen, aus gewaltigen Steinen gefügten Tempel noch Abulfeda bewunderte und zu den merkwürdigsten in ganz Egypten zu zählen kein Bedenken trug. Dort beschloß um Mitte des fünften Jahrhunderts der verfolgte Nestorius sein sechzehnjähriges Elend, und etwa zwei Jahrhunderte später goß der arabische Eroberer eine seiner vollsten Zornesschalen über die hartnäckige Stadt aus, indem er sie von Grund aus zerstörte, die Säulen aber und alle Steine von einiger Größe zur Verschönerung von Menscheeh an das jenseitige Ufer schaffte.

Am andern Morgen machten uns einige Bewohner des Dorfes für ein halbes Stündchen zu schaffen. Es hatten nämlich ein paar Leute auch hier, wie anderwärts, sich als Wächter für die Nacht aufgedrängt. Mit langen Stäben saßen sie zu Dreien auf dem steilen Ufer und verlangten für den aufgedrungenen Dienst, den dem Contracte gemäß abwechselnd zwei der Matrosen zu verrichten hatten, ihren Lohn. Wenn irgend wer, so sind gerade derlei Leute, die unter dem Vorwande, als sei es nicht ganz geheuer, die schützenden Ritter zu spielen wünschen, die eigentlichen Diebe, und auch das gegenwärtige Triumvirat schien seinem erz-spitzbübischen Ansehn nach zu dieser freien Zunft zu gehören. Da der Dragoman und der Kapitän es natürlich stets mit ihren lieben Landsleuten halten, sei es aus Furcht, sei es aus Eigennutz, so kostete es keine kleine Mühe dem unverschämten Ansinnen jener Drei für den unnöthigen, aufgedrungenen, zweideutigen Dienst zu widerstehen und uns auf diese Weise zugleich die nöthige Achtung in den Augen unserer Leute zu bewahren; — denn Niemanden verachtet der Egypter mehr, als denjenigen, der gutmüthig genug ist, auf seine unverschämte Forderungen einzugehn.

Das Wölkchen Mißmuth, womit wir Akhmim verließen, zerstob gar bald in der elastischen Luft, die, im Verein mit farbigem Duft, den Hauptreiz einer egyptischen Winterreise bildet. So viele Bewässerungsanstalten, wie wir an diesem Tage im Gange sahen, hatten wir vorher nie beobachtet; das ganze östliche Ufer war auf eine lange Strecke damit wie übersäet. Diese wichtige Maschinerie ist meist wunderbar einfach: zwei Pfähle und drüber ein Querbalken mit einer langen Stange, an deren hinterm Ende ein Gewicht, —

gewöhnlich ein großer Lehmklumpen, — befestigt ist, während an dem anderen zwei Schöpfgefäße hängen! Einer oder Zwei ziehen unter eintönigem Gesange die Schöpfgefäße in's Wasser hinab, und lassen sie, wenn gefüllt, hinaufschnellen. Ist das Ufer des Nils zu hoch, so sieht man zwei, drei bis vier solcher Maschinen absatzweise einander in die Hände arbeiten, indem die folgende Maschine aus dem Becken schöpft, in welches die vorhergehende ihre Ladung hineingießt.

Die ganze Strecke von dem Orte an, wo uns der alte Naturfeind des fruchtbaren Nilthals überraschte, machte überhaupt den Eindruck einer reich gesegneten Landschaft. Der Boden ist da zuweilen sehr niedrig; so bleibt das befruchtende Wasser bei der alljährlichen Ueberschwemmung ziemlich lange drauf stehen. An einer Stelle fanden wir die schwarze, fette, ellentief geborstene Oberfläche von der erst unlängst zurückgetretenen Fluth zum Einsinken weich, während sonst das junge Getreide, oft zum Ersticken dicht, die schwarze Erde mit dem frischesten Grün überkleidete.

Wie fast alle Abende, so hatten wir auch an diesem wieder ein unvergleichliches Farbenspiel. Dicht neben einem schmalen Gürtel des saftigsten Grüns sprang mit einem Male eine kahle, steile, wildzerrißne und tief zerklüftete Felsenwand vor, der die Natur selbst so menschen- und thierähnliche Gestalten nach riesigem Maßstab eingebildet hatte, daß Einen wohl ein heiliger Schauer bei der Betrachtung derselben überlaufen konnte. Ein Wiederschein des Abendroths, in dessen Feuer ein fern gegenüberliegender Palmenwald zu brennen schien, übermalte gerade, als wir dicht daran vorbeisegelten, mit seinen blaßrothen Tinten diese hieroglyphischen Naturgebilde, deren starre, graue Formen gegen das weiche Blau des darüber sich wölbenden Abendhimmels zum Entzücken abstachen. — Am andern Morgen waren wir in Girgeh.

Von Girgeh nach Luxor.

Girgeh, so berichtet uns Leo Afrikanus, war vordem das größte und reichste christliche Kloster. Es hatte seinen Namen von St. Georg, dem Schutzpatron der ganzen koptischen Kirche, und die damit verbundenen Ländereien warfen einen so reichen Schatz in die Klosterkasse ab, daß die Mönche nicht bloß allen Durchreisenden Speise verabreichten, sondern auch alljährlich eine große Summe zur Vertheilung an arme Glaubensbrüder dem Patriarchen in Kairo zusandten. Vor etwa 100 Jahren aber raffte die Pest sämmtliche 200 Mönche hinweg, worauf der damalige Herr von Menscheeh, ein afrikanischer Prinz von der Berberküste, das Klostergebäude mit einer starken Mauer einfaßte und zum Behuf verschiedner Gewerbs- und Handelsleute Häuser darin errichtete. Später jedoch machte der Patriarch der Kopten dem Sultan Vorstellungen darüber, und dieser ließ den Kopten ein neues Kloster bauen, beschränkte aber das Einkommen desselben in so weit, daß es nur etwa 30 Mönche zu erhalten im Stande war.

Das koptische Kloster Girgeh hat der Stadt, die gegenwärtig noch an 2000 koptische Christen zählt, den Namen gegeben. Auch die Römer, die, Kairo und Alexandria ungerechnet, noch an vier andern egyptischen Orten (zu Akhmim, Farschut, Tahta und Negadeh) Niederlassungen gestiftet, haben sich hier einzufinden nicht versäumt.

Da wir bei Girgeh ein Paar Stunden anhielten, so nahm ich die Stadt ein wenig in Augenschein, die früher ziemlich inland gelegen war, jetzt aber in Folge der Nilüberschwemmung, die alljährlich ein gutes Stück vom Ufer mit hinwegnimmt, ganz dicht am Flusse liegt. Mein Weg führte mich an dem römischen Kloster vorbei. Ich stattete daher dem Vorsteher desselben, einem jungen Neapolitaner, einen kurzen Besuch ab. Da er mich zuerst für einen römischen Christen halten mochte, so kam er mir außerordentlich freundlich entgegen und wollte mich durchaus nicht eher von sich lassen, als bis ich mit ihm eine Tasse Kaffee getrunken. Er stellte mir einen der zwei römisch-koptischen Weltpriester vor, die unter seiner Oberleitung das römisch-koptische Gemeindlein von etwa 200 Seelen pflegen, klagte bitter über die blinde Verstocktheit der übrigen Kopten, die ungeachtet seines lockenden Hirtenrufs in den Schooß der heiligen Kirche nicht zurückkehren wollen, und begleitete mich endlich auf das Schiff zurück. Auch nachdem ich ihm zu verstehen gegeben, daß ich der protestantischen Kirche zugehöre, blieb er äußerlich ganz freundlich; doch konnte man ihm den Stich, den ihm diese unangenehme Eröffnung in's innerste Herz gegeben, sehr wohl anmerken. Sobald er gehört, daß auch die englische Barke, die mittlerweile angekommen war, nichts als „protestantische Ketzer" an Bord führe, nahm er die erste Gelegenheit wahr, sich in sein stilles Kloster zurückzuziehen, das, wie fast alle Klöster hier zu Lande, einer kleinen Burg nicht unähnlich sieht.

Von Girgeh trägt ein guter Esel den Reisenden in etwa drei Stunden nach den Ruinen jenes „ehrwürdigen" Abydos hinüber, das wie Memphis das heilige Grab des Typhon-gemordeten Osiris zu besitzen sich rühmte. Unserm Vertrage gemäß mußten wir aber die Beschauung jener ersten größern Tempelgebäude auf dem Wege von Kairo her wieder bis auf die Rückkehr versparen. Wir fuhren daher noch in den Vormittagsstunden weiter und begegneten kurz vor Bellianeh einem Trupp jener Araber, die von Dorf zu Dorf ziehen, den Bauer mit ihren musikalischen Vorträgen entzücken und dafür einen Tribut an Eiern und Feldfrüchten in Empfang nehmen. Man sah den wandernden Musensöhnen nicht die geringste Noth an, und auch ihre Pegasus in der Gestalt hökriger Kameele machten den Eindruck des Wohlbehagens. Die großen Bauerndörfer, die je länger je zahlreicher wurden, mögen diesen Liebhabern der freien Tonkunst ziemlich ergiebige Erntefelder bieten. Auch wollte es mir scheinen, daß der Bauer selbst, dem Abbas Pascha einen großen Theil der drückenden Last abgenommen hat, im Allgemeinen so übel nicht dran ist, wie man es zu erwarten pflegt.

Die Ufer des Nils waren je länger je interessanter geworden, und zwar hauptsächlich in Folge der immer höher und romantischer werdenden Gebirgsumsäumung, so wie der zunehmenden Mannigfaltigkeit des Baum- und Pflanzenwuchses. Zu der schmucken Dattelpalme hatte sich außer der gelbblüthigen Nilakazie auch die fächerkronige thebanische Palme gesellt, und zu den eintönigen Durra- und Gemüsefeldern waren lachende Getreidefluren und große Zucker-, Baumwollen- und Ricinuspflanzungen hinzugetreten. Auch die Thierwelt hatte von Benihassan an unsere Aufmerksamkeit in Anspruch genommen. Bis dahin war unser Auge hier und da etwa nur auf eine trinkende Büffelheerde gefallen, oder aber auf einen Trupp Pelicane, die ganze Uferstrecken weiß beränderten, sowie auf einen Schwarm grauer Gänse, der zuweilen den ganzen Himmel quer überfädelte. In der Nähe von Benihassan aber, dem nördlichsten Punkte, wo das Krokodil sich gelegentlich auf dem Sande sonnt, fingen wir an auch nach jenem Ungeheuer auszuschauen, das von Kindheit an mit dem Namen des Nils in Phantasie und Gedächtniß verwoben und verwachsen ist. Leider blieb es zunächst beim Ausschauen, — der Nil-Riese wollte sich nicht sehen lassen. Dagegen wurde das Wüsten-Ungeheuer, das Kameel, von Tag zu Tage nicht bloß häufiger, sondern auch schöner. Gravitätisch langsam maß es einzeln und truppweise das benachbarte Ufer. Ein besonders anziehender Anblick aber war es, wenn etwa ein arabischer Reiter auf flinkem Dromedar in dem verklärenden und vergrößernden Abendscheine sich am fernen Horizonte hinzeichnete.

Am folgenden Tage, als am Neujahrstage, griff ein günstiger Wind unserer leicht beschwingten Barke so kräftig und so stetig unter die Arme, daß sie auf den rauschenden Wellen des Nils nur so hintanzte, und gewiß würden die überglücklichen Matrosen ihren Tanz mit dem lautesten Sang und Spiel begleitet haben, wenn ich nicht in Folge eines andern Tanzes, den ich am frühen Morgen des lieben Neujahrs mit dem arabisch-unverschämten Kapitän gehabt, ein wenig ungnädig darein geblickt hätte. Pfeilschnell schossen wir vorüber an Samhud, wo vor Alters das koptische Semhout gestanden hat, an Farschut, der von Abkömmlingen der kriegerischen Howara-Araber bevölkerten Residenz eines Provinzialstatthalters, und an Hau, in dessen Nähe das Grab eines gewissen Dionysius, der ein Schreiber des Königs Ptolemäus genannt wird, nicht uninteressante Darstellungen bietet. Mitten in der innern Mauer der obern Kammer ist eine Nische, in welcher der falkenhäuptige Gott Osiris steht, unter den schützenden Schwingen der Göttin Isis, die in jeder ihrer Hände eine „Feder der Wahrheit" hält. An einer Seite dieser Nische findet sich auch eine sehr anziehende Gerichtsscene. Osiris nämlich sitzt auf seinem richterlichen Throne, umgeben von den vier Geistern „Amenti's", die auf einer Lotusblume vor ihm stehen, während der weibliche Cerberus an der Thür Wache hält. Thot, der himmlische Schreiber, der alle Thaten der Sterblichen in sein Buch zu tragen pflegt, erstattet ihm Bericht, und Anubis und Horus stehen mit den Wagschalen der Gerechtigkeit zur Hand.

Noch ehe sich die Sonne zur Ruhe neigte, lag uns Kasr e' Syad mit seinen „letzten interessanten Gräbern des alten Reiches“, zur Linken, und am andern Morgen schon erreichten wir Keneh, Dendera mit seinem großartigen Tempel der Hathor gegenüber. Mehrere gewaltige Flöße, aus irdenen Wasserkrügen gefügt, verkündeten uns, daß wir in die Nähe von Ballas gekommen waren, einem Dorfe, welches in diesem Zweige der Töpferarbeit so berühmt geworden, daß jene irdene Waare nach der Stadt selbst benannt und bis zur Hauptstadt Egyptens auf dem Nil hinuntergeflößt wird.

Von Keneh, das, wie früher Kus, gegenwärtig den egyptisch-arabischen Handel vermittelt, führt eine Straße durch den Wüstengürtel, der hier, wo der Nil einen gewaltigen Bug nach Osten vollendet hat, ziemlich schmal ist, hinüber nach Kossair, demjenigen egyptischen Hafen des Rothen Meeres, der mit Emba und Jidda an der arabischen Küste in Verbindung steht. Das ist die Straße, auf welcher das egyptische Getreide nach Arabien aus- und der arabische Kaffee nach Egypten eingeführt wird. Wir beschlossen daher uns hier, außer mit neuen Vorräthen an Kohlen, welche die benachbarte Wüste liefert, auch wieder mit einigen Pfunden jenes edlen Gewächses zu versehen, das in der Nähe von Mokka zu Hause ist. In der nur ein halbes Stündchen inland gelegnen Stadt fanden wir reiche Magazine, aber ziemlich dürftige Bazare.

Noch nie hatten sich unsre Schiffer eines so starken Windes erfreut, als heute. Es mochten wohl kaum zwei oder drei Stündchen nach unsrer Abfahrt von Keneh verflossen sein, als auf dem Westufer des Nils das obenerwähnte Ballas und bald nachher Negadeh mit seinen koptischen und römischen Klöstern auftauchte, an dem Ostufer aber schon vorher Kopt, das alte Koptos, wo sonst der arabisch-indische Handel von Berenice am Rothen Meere her seinen Markt hatte, und nicht lange danach jenes Kus erschien, das, nachdem der römische Diocletian das rebellische Koptos von Grund aus zerstört hatte, zum Stapelplatz des arabisch-indischen Handels wurde.

Wir kreuzten eben zwischen den genannten Orten hin, als mit einem Male ein Sturmwind daherheulte, der uns Natur und Geschichte um uns vergessen machte. Ein plötzlicher Windstoß warf die Barke im Nu so auf die Seite, daß eben nur noch ein Härlein am Umschlagen fehlte, und obschon man auf meinen Zuruf das Segel in demselben Augenblick dem empörten Sturme preis gab, so schwebten wir doch noch länger als eine halbe Stunde in steter Gefahr, indem die Matrosen, die als gute Muhamedaner zur Vermeidung des vorherbestimmten Schicksals einmal doch nichts thun zu können meinen, den prächtigen Fahrwind nicht ungenutzt lassen wollten, der ihnen durch ein halbstündiges Wehen einen ganzen Tag mühevollen Ruderns zu ersparen verhieß.

Erst spät nach Sonnenuntergang beruhigten sich Sturm und Welle, und da der andre Morgen fast windlos war, so ankerten wir erst gegen drei Uhr des Nachmittags im Angesicht der vielbewunderten Ruinen des hundertthorigen Thebens.

Erste Bekanntschaft mit Theben.

Nach Assuan.

So lagen wir denn nun mit unsrer Barke am ersten großen Zielpunkte unsrer oberegyptischen Nilreise, dicht neben dem Tempel von Luxor, der südlichsten Ruine Thebens auf dem Ostufer des Flusses, der, wie er die niedrigern Trümmer umher alljährlich immer tiefer unter den angespülten Boden begräbt, auch dieses hochragende Denkmal in nicht gar ferner Zukunft hinwegzuströmen droht.

Unsre Matrosen sogar legten ihre schmuzigen Kittel bei Seite, zogen ihre Feierkleider an und umwandelten mit einem gewissen Interesse die Riesentrümmer der Vorzeit. Wir selbst suchten uns vor allen Dingen in den Ruinen ein wenig zurecht zu finden, deren gegenseitige Beziehung weniger durch die zerstörende Hand der Zeit und der Barbaren, als durch die daran-, dazwischen- und darüber geklebten Neubauten unklar geworden ist. Gleichgültig sah das darin angesiedelte Völklein unsrer staunenden Neugier zu; die Frauen drehten gedankenlos aufschauend ihre Handmühlen, während die Hühner umher scharrten und die Tauben schwirrten. Nur ein Paar der wohlhabendern Einwohner des Orts drängten sich, die lange Pfeife in der Hand, als Begleiter auf, und wohl oder übel bestallte Führer erschöpften ihr ganzes italiänisch-französisch-englisches Wörterbuch.

Bei unsrer Rückkehr nach dem Schiffe wurden wir von zweien jener freiblickenden und reichgeputzten Mädchen aus der Zunft der Ghawasi angehalten, die als öffentliche Tänzerinnen das Land durchziehen, und deren leidenschaftliche und zum Theil selbst unzarte Vorstellungen bei immer heftigerm Geberdenspiel, immer wilderm Zusammenschlagen der messingnen Castagnetten, immer lauterm Getös der Trommel und Pfeife, an ähnliche Darstellungen auf den egyptischen Grabdenkmälern erinnern. Sie hatten ihr Zelt dicht neben den Ruinen des Tempels aufgeschlagen, und die heitern Farben ihrer leichten Gewande stachen gegen die ernsten Trümmer, über die sie im Winde hinflatterten, eigenthümlich genug ab.

Kaum waren wir wieder auf unsrer Barke angelangt, als Erwachsene und Kinder ihre Alterthumsfündlein feilboten und, von der Höhe der unsinnigsten Forderungen jach herabfallend, sich zuletzt oft mit einer Apfelsine begnügten. Wie hoch hier in Ober-Egypten der Werth des Geldes noch immer steht, läßt sich unter andern auch daraus abnehmen, daß wir in Theben für einen Neugroschen nicht minder als zwei Dutzend der schönsten Hühnereier erstanden, und daß der Verkäufer, ohne noch zu wissen, wie viel wir kaufen würden, eines derselben ohne Weiteres aufbrach und, nachdem er uns von der Güte seiner Waaren überzeugt hatte, in den Nil schleuderte.

Spät, als schon die sinkende Sonne über das nackte schroffe Kalksteingebirg, welches die westliche Trümmerstadt umgiebt, ihre wunderbaren Tinten goß, wandten wir abermals unsre Schritte dem alten Tempelthore zu, über das sich bereits die braunen Schatten des Abends gelagert hatten, während der davorstehende Obelisk im rosigen Wiederschein des Abendroths jugendlich erglühte, und als die junge Morgensonne des 4. Januars eine neue Welt von Farben in Berg und Thal hervorzauberte, erklommen wir den einen der Thürme, die sich zu beiden Seiten des Thores erheben. Der Schwindel erlaubte uns nicht, auf der verfallnen Stiege bis zur allerfreisten Aussicht hinaufzuklettern; doch war auch so der Ausblick in die weite Landschaft belohnend.

Hier dicht bei Luxor siehst du den kurz vorher durch ein langes Eiland gespaltnen Nil wieder in Einen breiten Strom zusammenfließen und dann auf der Ostseite ein räumiges und ergiebiges Thal umspülen, auf der Westseite aber sich knapp an das Gebirge hinandrängen, das hier nur einen schmalen Streifen Nil-befruchteten Landes übrig läßt. In die vorgenannte östliche Ebene fällt von der Höhe des Tempelthores zu Luxor, auf der wir stehen, unser Blick zunächst, und aus dieser Ebne sehen wir nach Norden hin, in der Entfernung etwa von einer Stunde, dicht bei dem Dorfe Karnak, die Thore des alten Reichstempels uns entgegenragen. Zwischen diesem und dem Tempel von Luxor scheint sich einst die Hauptmasse der hundertthorigen Stadt gelagert zu haben, während die zu Theben gehörige Todtenstadt auf der Westseite des Nils gelegen war. Dort von Kurneh, Karnak gegenüber, wo das Gebirge dem Flusse am nächsten tritt, zog sich einst ein langer Faden der großartigsten Tempelbauten in dem schmalen Wüstengürtel am Fuße der nackten Berge bis nach Medinet Habu, Luxor gegenüber, hinauf, und unmittelbar dahinter finden sich die Behausungen der Todten, auf deren Verehrung sich die vorliegenden Tempel alle näher oder ferner beziehen, zum Theil in den felsigen Thalboden, zum Theil in die angrenzenden Hügel eingehauen.

Doch nun schnell zur Barke zurück, denn schon ruft uns der Kapitän, der sich gern am Ende der langsamen Hinaufreise sehen möchte, sein Garlah, Garlah! entgegen.

Es ging aber grade an jenem Tage ganz besonders schneckenartig. Die Segel hingen welk vom Maste hernieder, und wir konnten, während die Barke vom Ufer aus gegängelt wurde, noch stundenlang unsere Augen schweifen lassen über die westliche Ebene von Theben. Es war der entzückendste Tag, der uns bis daher zu Theil geworden; die leichte Luft füllte die Lungen und der sanfte Himmel die Augen so angenehm, daß das bloße Gefühl des Lebens, zumal im Angesichte einer zertrümmerten Vergangenheit, zum Vollgenuß wurde.

Da wir bei Erment, dem alten Hermonthis, übernachteten, so hielt ich den kleinen, von der berühmten Cleopatra erbauten Tempel wohl eines Ganges werth. Allein noch ehe ich das Dorf erreichte, brach die Dämmerung mit Gewalt herein, und es war mir nicht unlieb, daß ich beim Umwenden eines unserer Matrosen ansichtig wurde, der mir aus Besorgniß, ich möchte mit den egyptischen Dorfhunden in eine Fehde verwickelt werden, von ferne gefolgt war.

Des andern Morgens in aller Frühe landeten wir bei Esneh, dem griechisch-römischen Latopolis, wo der Latusfisch neben Kneph, als der eigentlichen Gottheit der Stadt, verehrt wurde. Dorthin hat auf Anrathen der egyptischen Pharisäer der Pascha die vorerwähnte Zunft der sogenannten gelehrten Weiber mit ihren abgeschmackten Liedern und unsittigen Tänzen verbannt, nachdem es ihnen im Jahr 1832 gestattet worden, gegen eine gewisse Abgabe in der Hauptstadt selbst ihr zweideutiges Gewerbe zu treiben. Da unser Schiffsvolk hier abermals Korn zu kaufen, Mehl zu mahlen und Brot zu backen hatte, so fehlte es uns nicht an Muße, um den inposanten, von Bildhauerarbeit überwucherten Porticus eines römisch-egyptischen Tempels zu besehen und theilweise zu bewundern, so wie auch unsrer Einbildungskraft über Umfang und Styl des Hauptgebäudes, das unter dem angehäuften Schutt der Zerstörung und dem aufgedrängten Ueberbau der Neuzeit begraben liegt, freies Spiel zu lassen. Wir fanden die 24 hohen Säulen, die in 4 Reihen geordnet den Porticus tragen, außerordentlich schön, und zwar namentlich die Capitäler derselben mit ihren mannichfachen Verzierungen, unter denen sich die egyptische Wasserlilie hervorthut.

Wir trafen hier abermals mit unsern englischen Freunden zusammen und verbrachten mit ihnen einen angenehmen Abend. Auch zwei amerikanische Barken hatten sich dazu gesellt, so daß in dem Hafen von Esneh nicht minder als fünf abendländische Flaggen wehten.

Am folgenden Morgen (den 6. Januar) weckte mich ein gewaltiges Geräusch zu meinen Häupten. Die schnellgebacknen Mundvorräthe hatten über der Kajüte ihren Platz eingenommen, dem armen Schiffsvolk und den leidigen Schiffsratten zu großem Vergnügen, und da bald auch der Wind gerade von hintenher in die Segel fuhr und den vielgeplagten Matrosen einen Tag voll „dolce far niente“ verhieß, so bildeten Schlafen, Schwätzen, Singen und Rauchen eine ununterbrochene Kette des seligsten Behagens.

Schon in den Nachmittagsstunden flogen wir an Edfu mit seinen zwei prächtigen Tempelruinen vorbei, und sahen bald nachher den Nil, der sich bisher breit gemacht hatte, zwischen den nah heranrückenden Gebirgsketten zusammenschrumpfen. Das war die erste Annäherung an den landschaftlichen Charakter des benachbarten Nubiens, wo die Berge zu beiden Seiten meist nur ziemlich schmale Thalstreifen lassen, und mit diesem nubischen Charakter der Landschaft harmonirte es trefflich, wenn wir hie und da ein Schöpfrad vom Ufer her wimmern hörten. In Nubien nämlich vertritt die Stelle des von Menschen gehandhabten Schöpfhebels ziemlich allgemein das von Stieren in Bewegung gesetzte Schöpfrad, — der Stolz des armen nubischen Bauern, dem das melancholische Geknarr desselben so süße Musik ist, daß er sein Fett lieber in das struppige Haar, als in die Räder seiner unbeholfenen Maschine schmiert.

Des anderen Tages (7. Januar) gegen Mittag passirten wir die Nilenge bei Djebel Silsileh, wo König Nil, nachdem er sich durch die hemmenden Granitblöcke des Kataraktes heldenhaft hindurchgedrängt, nun auch die sperrenden Sandsteinlager quer durchbricht, und sich so gleichsam einen zweiten Einzug in Egypten erzwingt. Hier nun erinnerte auch die Gebirgsbildung zu beiden Seiten an das nahe Nubien, dessen Berge zum Theil aus Sandstein bestehen, und noch ehe wir am Morgen des 8. Assuan erreichten, hatte sich auch das andere Element des nubischen Gebirges, der Granit eingestellt, und, was uns mehr als das Alles interessirte, — das Krokodil. Temseh! Temseh! d. i. Krokodil! Krokodil! schrie es vom Verdecke her, wie aus Einem Munde. Wir stürzten hinaus und sahen drei schwerfällige Ungeheuer auf einer schmalen Sandzunge in der Mitte des Flusses mit aufgesperrtem Rachen ein Mittagsschläfchen halten und dann, von dem Geschrei der Matrosen aufgeschreckt, sich so langsam in das feuchte Element zurückschleppen, als ob sie den lieben Sonnenschein auf dem weichen Sande gar nicht verschmerzen könnten.

Assuan und Elephantine.

Wir freueten uns der sichern Ankunft in Assuan, dem südlichsten Punkte unserer Nilreise, um so lebhafter, als die letzte Nacht mit ihrem schwarzbewölkten Himmel und ihrem heftigen Sturme uns noch einmal recht geschreckt hatte.

Einzelne Felsenmassen, die hie und da über die Oberfläche des Flusses emporragten, hatten uns schon vorher die Nähe der ersten Stromschnelle hinter Assuan (dem alten Syene) gemeldet, und als wir eine gute Strecke oberhalb des heutigen Assuans anlegten, sagte uns der vor uns liegende Felsenvorsprung deutlich genug, daß da der Thurm gethront haben wird, dessen Ezechiel gedenkt, wenn er auf des Herren Wort sein Angesicht wider Pharao richtet und wider ihn und wider ganz Egypten weissagt: „Ich will Egyptenland wüste und öde machen, von dem Thurm zu Syene an bis an die Grenze des Mohrenlandes.“ (Ezech. 29, 10).

Zu unserer Rechten lag im Schein der Morgensonne die heilige Elephantine mit dem ersten nubischen Dörflein, bevölkert vielleicht von Abkömmlingen jener Nobatae, die der römische Kaiser Diokletian als Grenzwächter gegen die stammverwandten Blemmyer auf dieser Insel ansiedelte, und von dem Ufer her, von welchem uns die Trümmer des alten Syene anblickten, hielt man uns Straußenfedern und Straußeneier, langspitzige Wurfspieße und Tigerfelle zum Verkauf entgegen.

Wir eilten sogleich den benachbarten Granitbrüchen zu, die den egyptischen Baukünstlern so reiches Material für ihre unsterblichen Obelisken, Sarkophage u. s. w. geliefert haben, und zwar nahmen wir unsern Weg über die an der Südseite der alten Stadt gelegnen Reste jener Mauer, deren Grundlegung aus der Zeit des ersten saracenischen Ueberfalles unter dem Befehlshaber des Chalifen Omar, jenem Amer stammt, der sich auch hier wie in Alt-Kairo, durch eine Moschee verewigt hat, deren runde Bogen den griechisch-römischen Stil nachahmen. Unser Dragoman selbst, ein Kopte, der uns sonst wenig zeigte, versäumte nicht, uns auf die verhaßte Moschee, — eine der ersten, welche die Muhamedaner neben den alten christlichen Kirchen des Landes errichteten, — aufmerksam zu machen, und zugleich auf die Stelle hinzuweisen, die der Ueberlieferung zufolge das Blut der Märtyrer geröthet hat.

Ich schaute vergebens aus nach den spärlichen Ueberresten jenes römisch-egyptischen Tempelchens, in welchem neuere Reisende thörichter Weise jenen astronomischen Brunnen suchten, darin, wie uns der Geograph Strabo nicht minder thöricht versichert, zur Zeit des Sonnenstillstandes die Strahlen einer scheitelrechten Sonne fielen, denn obschon die Römer unwissend genug waren, um Syene in die Tropen zu versetzen, so darf man doch eine solche Unwissenheit den sternkundigen Egyptern nicht zutrauen.

Nach einigem Umherwandern zwischen Felsblöcken, Trümmerhaufen und Gräbern gelangten wir zuletzt zu der Stelle, wo ein geborstener Obelisk noch ungelöst von dem mütterlichen Felsen so frisch daliegt, als ob der Künstler eben erst den Meißel weggelegt hätte. Wir erstiegen die Höhe des Felsens, der jenem Embryo-Obelisk das Dasein gegeben, und schauten über die wilden Steinmassen, die, aus Granit, Syenit und Porphyr sehr verschiedenartig gemischt, dem steinkundigen Reisenden ein reiches Feld für seine Sammlung bieten, in das dunkelgrüne Nilthal bei dem heutigen Assuan hinein und dahinter auf die von goldgelbem Sand überflutheten Berge des Westufers.

Wir kreuzten noch lange umher in diesem Steinmeer — und trafen hier auf eine sanft geneigte Straße, darauf die ausgebrochenen Felsmassen hinabgewälzt wurden, dort auf einen Felsblock mit den Spuren des wassergeschwellten Holzkeils, der ihn sprengte, allenthalben aber auf hieroglyphische Inschriften, die, über die 18. Dynastie hinabgehend, bis etwa zu den Persereinfällen heraufreichen und, sofern es nicht Gelübdetäfelchen frommer Pilger sind, sich theils auf die Geschichte der Steinbrüche beziehen, theils von den Siegen der Pharaonen über die Feinde Egyptens Meldung thun.

Da der Himmel so belegt war, daß wir fast fürchteten, wir würden mit Strabo, Champollion und Lepsius sagen müssen: „Zu unserer Zeit hat es in Oberegypten geregnet" so plagte uns die Hitze nicht, und wir durften sogleich noch die berühmte Stromschnelle besuchen, die unter dem mißleitenden Namen des „Nilkatarakts" bekannt ist, trotz dem daß ihr Gefäll von nicht mehr als fünf bis sechs Fuß sich über eine so weite Strecke vertheilt, daß auch nicht die geringste Spur eines eigentlichen Wassersturzes zu Tage tritt.

Wir bogen von der breiten Straße, die zwischen seltsam gestalteten und geschichteten Granitfelsen nach Philä führt, seitwärts ab in eine Bergschlucht, und wurden sehr bald überrascht von einem nubischen Dörfchen in wild romantischer Umgebung. Die grauen Bauernhütten an der Lehne des Gebirges, das hier unmittelbar bis an den Rand des Nils herantritt, sahen neben den losgerissenen Felsblöcken hier zum ersten Male wirklich nett aus, und die grünen Streiflein fruchtbaren Feld- und Gartenlandes mit hochstämmigen und dichtschattigen Bäumen kontrastirten gar angenehm gegen die umgebende Stein- und Sandwüste, denn auch der lebenspendende Nil scheint hier in den thurmartig aufgehäuften Granitblöcken der Insel Sehail zu erstarren, die dem Landmann keine, dem egyptischen Alterthumsforscher aber eine sehr reiche Ernte schenkt, indem ihre nackten Felsen mit hieroglyphischen Inschriften besäet sind.

Da dieses Eiland am Nordende der Stromschnelle liegt, so betraten wir den äußerst schmalen abschüssigen Weg, der dicht am Rande des Gebirges darauf zuführt, immer neben abgelösten Felsblöcken und zuweilen durch blühende Bohnenfelder, noch lange verfolgt von den sämmtlichen Bewohnern des Dorfes, die, sobald wir in diese hochromantische Oase eingerückt waren, wie Gießbäche aus allen Gassen und Gäßchen hergeschossen kamen, und sehr bald zu einem brausenden Strome anwuchsen, der das Rauschen der benachbarten Stromschnelle übertoste. Es war, als ob das ganze Dorf, Mutter und Kind, Mann und Frau, Alt uud Jung aus Einer Riesenkehle „Bakschis, Bakschis, Hawadje, Bakschis“ schriee, und wir waren in der That froh, als wir auf einem einsamen Felsenvorsprung Posto fassen und die Aussicht über die Stromschnelle in Ruhe genießen durften. Hinter uns thürmten sich die schwärzlichen Berge wie Burgen auf und breite Sandströme flossen dazwischen hin; vor uns lag der von Felsblöcken, Felshaufen und Felsinselchen durchsetzte und zerklüftete Nil, an dessen westlichem Ufer einzelne Dompalmen, Gummibäume und Dattelpalmen ihr Haupt erhoben, und das Bild allgemeiner Unfruchtbarkeit angenehm unterbrachen, während die Sandberge dicht dahinter wie eben so viele Berge hingeschütteten goldgelben Getreides aussahen.

Der Weg war zu interessant, als daß wir die Beschwerden desselben gefühlt hätten. Nachdem wir aber, zurückkehrend, von dem Südende der Stromschnelle unterhalb Philä wieder eingelenkt hatten in die eintönige Straße der Wüste, wurden wir von neuem gewahr, daß wir drei Jahre in Indien gewesen.

Schon neigte sich die Sonne über Elephantine zur Rüste, als wir eine kleine Barke bestiegen, die uns in wenigen Minuten auf das hochragende Südende dieses Inselchens hinübersetzte, das bereits zur Zeit der Pharaonen eine Besatzung trug und mit dem gegenüberliegenden Felsen von Syene, der, in den Nil vorspringend, den Fluß um ein bedeutendes verengert, die Naturgrenze zwischen Egypten und Nubien bildet. Von dort mußten die Griechen im Gefolge Psammetichs der egyptischen Besatzung, die sich nach Ethiopien geflüchtet hatte, nachsetzen, und die fischessenden Bewohner dieser Insel begleiteten die Spione, die der eroberungsgierige Kambyses zu den „langlebenden Ethiopen" entsandte.

Ein steiler Aufgang führte uns alsbald zu dem alten Nilmesser, den schon Strabo sah. Die obere Kammer, unter deren Wandhieroglyphen der Name der Insel durch die Figur eines Elephanten ausgedrückt war, hat der schonungslose Türke erst in der neuesten Zeit abgebrochen; aber noch steht die untere Kammer mit der Stiege, die zum Nilmesser diente, und deren Inschriften mehrere Ueberschwemmungen zwischen der Regierung des Augustus und der des Septimius Severus angeben.

Schon halb im Abendschein durchwanderten wir die Ruinen, die den ganzen Süden der Insel überdecken. Wie zwei Zeugen untergegangener Größe hoch über die gewaltigen Trümmerhaufen sahen wir aus der Zeit Alexanders, des Großen, die zwei Pfeiler eines granitenen Thorwegs emporragen, und eine einsame Bildsäule so recht in der Mitte der Ruinen sitzen, als sänne sie über die allgemeine Zerstörung nach.

Dicht bei jener ebenfalls granitnen Bildsäule liegt das nubische Dörfchen. Wir schritten rasch dem reizenden Palmenwalde zu, der den Eingang zu den elenden Hütten so romantisch macht, als führte er stracks zu einem Feenschlosse, und bewunderten die üppigen Saaten, die ein stets knarrendes Schöpfrad auf dieser an und für sich unfruchtbaren Höhe hervorzurufen im Stande ist.

Schon sahen wir tief unten im Nilthale den steigenden Nebel wie eine azurblaue Wolke alle Räume zwischen den dunkelgrünen Palmen allmählich füllen und die schneeweiße Moschee auf dem grauen Felsen von Syene im letzten Strahl des Tages aufleuchten. Wir stießen daher eilends ab unter dem bis zur Athemlosigkeit ausgehaltenen Geschrei von 20 bis 30 wohlgeübten nubischen Kehlen, und erreichten bald die sichere Barke, wo auf dem gegenüberliegenden Ufer eine Kinderschaar in langen weißen Faltengewändern den egyptischen Reigen tanzte.

Von Assuan nach Philä.

Kein Reisender, der bis zur egyptisch-nubischen Stromschnelle hinauffsegelt, versäumt es, in Assuan einen Eselrappen zu besteigen und nach Philä, nicht fern vom Südende der Stromschnelle, hinüber zu reiten, — einem Nilinselchen, deren steiler, kaum 5 bis 6 Morgen Landes haltender Rücken eine kleine Welt der interessantesten Trümmer trägt. Natur, Kunst und Geschichte vereinen und verstärken dort ihre Reize dermaßen, daß Lepsius seinen ersten achttägigen Aufenthalt auf dieser heiligen Insel zu den schönsten Erinnerungen seiner Reise rechnen konnte.

Die Stromschnelle bildet freilich die Naturbarriere zwischen Egypten und Ethiopien, aber wie die beiden Inseln Elephantine und Sehail unterhalb derselben die Pforten Egyptens sind, so stellen Philä und das dicht daneben liegende Eiland Biggeh oberhalb derselben die Thore Ethiopiens dar. Von der Höhe der Insel Philä fällt daher das Auge unmittelbar in das Land der biblischen „Mohren“, deren eigenthümlicher Charakter an Haut, Farbe, Haar und Gesichtsbildung, besonders in Rücksicht auf die Lippe, sich dem Charakter des echten Negers stufenweise nähert und somit die interessante Brücke zwischen der kaukasischen und der afrikanischen Völkerform bildet. Das Interesse der Völkerkunde war es denn auch, was mir den kleinen Abstecher nach Philä doppelt anziehend machte. Wir wären gern mit Sonnenaufgang aufgebrochen; allein unser frostiger Dragoman glaubte nicht, daß die Morgenstunde, die um diese Jahreszeit auch an dieser äußersten Grenze von Oberegypten einen kalten Hauch von sich bläst, „Gold im Munde" habe. Die Sonne schoß daher schon ziemlich heiße Pfeile über uns hin, als wir auf unsern saumseligen Eseln in die Wüste einlenkten, die bis vor die Thore Assuans herankommt. Wir bemerkten hier abermals Ueberbleibsel jener Mauer, die der abgeschmackten Volkssage zufolge eine Königin zum Schutze ihres jungen Sohnes, dem der Tod durch ein Krokodil geweissagt war, erbauet hat, während sie allem Anschein nach demselben Zwecke diente, zu welchem der berühmte Sesostris eine Mauer von Pelusium bis nach Heliopolis führte.

Nach einer Stunde etwa machten wir unter dem Schatten einer dichtlaubigen Sycomore Halt, die das behagliche Ansehen des dabeiliegenden nubischen Dorfes vermehren half, und während mehre Knaben des Ortes wie Affen auf den Aesten des schmucken Baumes umherkletterten, um uns mit einigen seiner leider sehr faden Feigen zu beschenken, besah ich mir die guten Nubier, die ich bisher nur in ihrem verpflanzten Zustande kennen gelernt hatte, auf ihrem natürlichen Boden.

Der Nubier, dem die Wüste verhältnißmäßig wenig Getreideland übrig läßt, ist noch ausschließlicher als der egyptische Bauer auf den Dattelbaum gewiesen, der denn aber auch nicht bloß mit seinen sehr fein und zart gewobenen Blättern viel stattlicher daherpranget, sondern auch eine größere und schmackhaftere Frucht bietet als der Dattelbaum in Egypten. Leider treibt die schwere Abgabe, die auf Schöpfrad und Dattelbaum liegt, den armen nubischen Bauer häufig nach Kairo, wo er namentlich in den fränkischen Quartieren als Dienstbote trotz seines geringen Verstandes dem minder ehrlichen und minder behenden Egypter leicht den Rang abläuft. Schade nur, daß er ihn auch an Unsauberkeit übertrifft. Die

Frauen des Dorfes, die uns mit großer Freiheit umringten, hatten zwar Stirn, Nase und Hals mit Ringen und sonstigem Flitter über die Maßen verziert, aber ihre Gewänder starrten von Schmuze. Einige, die selbst die dicke aufgeworfene Lippe, die sie von den egyptischen Frauen am auffälligsten und zugleich am unangenehmsten unterscheidet, ich weiß nicht womit gefärbt hatten, sahen trotz der blendend weißen Zähne, die mit der blutrothen Zunge eigenthümlich contrastirten, wahrhaft scheußlich aus, — besonders wenn das fetttriefende Haar der Toilette allzusehr ermangelte. Die jungen Kinder gingen vollkommen nackt umher, und die Kleidung derer, die etwas herangewachsen waren, bestand in nichts als in einem mit langen Lederstreifen befranzten Gürtel.

Kaum hatten wir den wohlthätigen Schatten der Sycomore verlassen, so sahen wir uns wider Erwarten schon fast am Ziele unserer Reise. Eine schmuzige Barke nahm uns auf. Sie wand sich dicht an den wilden und großartigen Felsmassen der Insel Biggeh hin, an deren unterstem Rande einige Streiflein grüner Saat mitten zwischen Felsblöcken aufwucherten, und in etwa 10 Minuten landeten wir an dem steilen, aber bebauten Ufer der Schwesterinsel, die ragende Ruinen schon von fern als Philä kenntlich gemacht hatten.

Die großen Tempelgebäude von Philä, unter denen der Isistempel an Größe, Pracht, Bedeutung und Wohlerhaltenheit so sehr die erste Stelle einnimmt, daß die kleinern Kapellen der egyptischen Aphrodite und des Aeskulap kaum bemerklich werden, gehen in ihren ältesten Anlagen zwar nur bis auf Nectanebus, den drittletzten König egyptischer Abkunft, zurück; sie gewähren aber eine sehr reiche Ausbeute an hieroglyphischen, demotischen, griechischen und selbst ethiopischen Inschriften, und der große Gesammteindruck, den die Ruinen machen, wird durch die wilde einsame Größe der umgebenden Natur noch um ein Bedeutendes verstärkt.

Nachdem wir von der Höhe des Isistempels sämmtliche Trümmer überschaut hatten, ließ ich mich von unserm Sirian zu der am östlichen Ufer der Insel steil über dem Flusse schwebenden Tempelterrasse führen, wo sich die preußische Expedition nach des Tages zerstreuter Arbeit zu sammeln pflegte, „um den Schatten des wohlerhaltenen, aus scharfgeschnittenen, dunkelglühenden Sandsteinblöcken aufgebauten Tempels über den Fluß hinüberwachsen und sich mit den schwarzen, vulcanischen wild übereinandergethürmten Felsmassen, zwischen denen sich der goldgelbe Sand wie Feuerströme ins Thal ergießt, vermischen zu sehen.“

Wir fanden in der dahinterliegenden dachlosen Halle, die mit ihren verlängerten Verhältnissen, von der Tiefe des Flusses aus gesehen, eine gute Wirkung üben mag, einen Dattelbaum aufgerichtet, womit ein früherer englischer Reisender den Anbruch des Neuen Jahres auf Philä gefeiert hat, und da wir mithin ein doppeltes Zeugniß hatten, daß daselbst „gut sein“ war, so wählten auch wir diese Oertlichkeit zu unserm Absteigequartier während unsres kurzen Aufenthalts in Philä, das wir überhaupt sehr reizend fanden.

Reizend mußten es auch schon die Alten gefunden haben, denn an dem Fußgestell des Obelisken, welchen der Engländer Bankes von dem Zwillingsbruder, der hart an dem steilen Südufer dem alljährlich hinaufgreifenden Arme des Flusses noch immer trotzt, losgerissen und nach England hinüber geschleppt hat, fand sich eine huldvollst gewährte Bittschrift der Isispriester an den König Ptolemäus um Erlösung von den kostspieligen Besuchen, die ihnen „Generäle, Hauptleute, Distrikts-Statthalter, königliche Schreiber, Polizeichefs und andere Beamten sowohl, als ihr soldatisches und sonstiges Gefolge“ zu machen pflegten.

Wir bestiegen, ehe wir das reizende Eiland verließen, auf einer wohlerhaltenen innern Treppe einen der Thürme, die das äußere Thorweg überragen, und fanden uns durch die Aussicht von da oben reich belohnt. Wie Ein Riesenstein lag die Insel mit ihren Kunsttrümmern zu unsern Füßen, rings umflossen vom Nil und in der Ferne und in der Nähe umschlossen von hochaufgethürmten Granitmassen.

Erst gegen Abend konnten wir uns von den großartigen Kunst- und Naturscenen trennen. Wir lenkten auf dem Nachhausewege noch einmal zu den Katarakten ab. Mehre Schiffe, auf der Durchfahrt begriffen, hatten des heftigen Windes wegen angelegt. Es that uns leid, daß wir so keine Gelegenheit hatten, die schwierige Durchfahrt selbst mit anzusehen, die vor mehren Jahren einem schwächlichen Irländer das Leben gekostet hat, indem die Aufregung der Angst ihm ein Blutgefäß sprengte. Ein Augenzeuge beschreibt die merkwürdige Scene mit folgenden Worten:

„Das Boot war bereits im Anzuge, und da der Wind sich günstig anließ, so entfaltete es alle Segel. Das Deck war mit Nubiern angefüllt, während viele Andere, auf den Felsen postirt, an den Seilen zerrten, die an den Seiten des Bootes befestigt waren. Jetzt rückte es ein wenig vorwärts, und jetzt riß es die Strömung plötzlich zurück und zog ein Dutzend laut schreiender Schwarzen ins Wasser. Dann sprang eine Anzahl Leute aus dem Boote, ergriff das Seil, erkletterte den Felsen und zerrte es wieder vorwärts. Nun rückte es abermals ein paar Schritte weiter, und abermals folgte die eben beschriebene Scene. Fast 100 Leute waren dabei beschäftigt, und fast ein Drittel derselben sah man von Zeit zu Zeit in den bewegten Fluthen umhertreiben.“

Wir hielten uns, da der Abend rasch heranrückte, bei der Stromschnelle nicht lange auf und kamen eben mit sinkender Sonne bei unsern Barken an, nachdem wir ganz kurz zuvor noch auf einen Haufen armer Sklaven gestoßen waren, die, von Dongola gekommen, für den Transport nach Kairo bestimmt waren. Assuan nämlich ist ein Hauptstapelplatz des allerschmählichsten Handels, der hauptsächlich von Dongola her genährt wird. Es kommt vor, daß die Aeltern selbst ihre Kinder an die Sklavenfischer verkaufen, meist aber wird die Menschenwaare geraubt und gestohlen. Oft auch begiebt sich eine Anzahl Leute in's Innere und hält den Brunnen eines Dorfes so lange besetzt, bis die von Durst geplagten Einwohner sich entschließen, ihre Kinder Preis zu geben.

Im Schatten einer Gartenmauer fanden wir die traurige Gesellschaft hingekauert, die meist aus Kindern mit zum Theil sehr netten Gesichtern bestand. Einige der Frauen waren mit Brotbacken beschäftigt, während andere ihr fettgesalbtes Haar in lange Flechten banden, — ziemlich so wie wir es auf einigen Darstellungen an dem Tempelthore der Isis auf Philä gesehen hatten. Nur die letzteren Frauen und die ganz jungen Kinder zeigten einen andern Ausdruck, als den des allerdumpfesten Hinbrütens. Wir wandten unser Auge von dem niederschlagenden und erniedrigenden Schauspiele möglichst bald ab und begaben uns zur Ruhe.

Leider sang das nach Fett lechzende Rad auf dem benachbarten Elephantine uns auch diese Nacht wieder ein unangenehmes Wiegenlied.

Ombos und Silsilis.

Da wir dem deutschen Winter aus dem Wege zu gehen im Sinne hatten, aber schwerlich erwarten durften, daß dieser gestrenge Herr zur Zeit unserer Rückkunft von Assuan sein Scepter bereits niedergelegt haben würde, so brachte das hingeworfene Wort eines jungen Engländers „Ich gehe noch weiter, und Sie sollten mitkommen!" ein augenblickliches Bedauern in mir zuwege, darüber daß wir uns nicht gleich von vornherein für eine Fahrt bis zu der Stelle, wo der altberühmte Staat Meroe blühte, eingerichtet hatten. Dieses Bedauern verlor aber viel von seiner Stärke, als ich mich der Ergebnisse erinnerte, zu denen gelehrte Untersuchungen an Ort und Stelle den egyptischen Alterthumsforscher Lepsius geführt hatten, daß nämlich die vielgerühmte altethiopische Urbildung eine bloße Fabel sei. —

Für mich zwar, der ich vermöge meines Berufs auf indische Studien angewiesen bin, hätte die Reise dorthin noch ein anderes Interesse gehabt. Denn so wenig mich auch die Beweisführung derjenigen indischen Alterthumsforscher, die zwischen dem meroitisch-äthiopischen und den altindischen Baudenkmälern einen unmittelbaren Zusammenhang annehmen, je und je befriedigt hat, so ist mir doch aus Gründen, die hier auseinanderzusetzen nicht der Ort ist, ein kuschitischer Beisatz in der indischen Urbevölkerung nicht ganz unwahrscheinlich, und von dieser Seite her würde eine Weiterreise zu dem alten Hauptsitze der afrikanischen Kuschiten für mich immerhin ihren Reiz gehabt haben.

Da indeß die Umstände sich einmal nicht dazu schicken wollten, so traten wir schon am dritten Tage nach unserer Ankunft in Assuan unsere Rückreise an (11. Januar). Der Wind bläst in dieser Jahreszeit fast beständig aus Nord, Nord-Ost und Nord-West. Unsere Matrosen hatten daher schon Tags zuvor der Barke die Flügel verschnitten, ich meine die Segel zusammengerollt, und so hielt uns am Morgen des 11. Januars nichts mehr, als die Saumseligkeit einiger nubischen Matrosen, die hier ihre Heimath hatten und daher sich nicht so leicht wieder trennen konnten. Gelten doch die Nubier im Allgemeinen für die Schweizer des Nilthals, welche die Armuth des Vaterlandes in die Fremde treibt und die süße Gewohnheit der Heimath fort und fort wieder nach Hause zieht, obschon hier kein lustiges Alpenhorn von frischen Bergen her das Herz schwellt, sondern höchstens nur ein mürrisches Schöpfrad von der Höhe des sonnigen Nilufers her ins Ohr schnarrt.

Wir fuhren endlich mit einigen Matrosen ab und hielten etwa ein Stündchen unterhalb Assuan, um die noch fehlenden von dort aus einzunehmen. Jeder derselben brachte ein Säcklein voll der schönsten nubischen Datteln mit, wie sie Egypten nicht zu erzeugen im Stande ist, und auch wir gingen dabei nicht leer aus. Was uns aber am meisten freute, war die Art und Weise, wie die ziemlich weißfarbige alte Mutter unsres Hassan, — so hieß derjenige unserer Matrosen, den wir uns wegen seines kindlichen Wesens zu unserem Handlanger ausersehen hatten, — von ihrem schwarzen Söhnlein Abschied nahm, auf dessen Gesicht wir nie etwas Anderes als ein glückliches Lachen sahen und der uns durch sein halb kindisches und halb kindliches: „Ich bin Hassan", „Ich bin gut!" Hassan hat keinen Zucker, Hassan hat kein Brot", zuweilen selbst die Wolke des Verdrusses von der Stirne scheuchte. Die gute Alte schüttete eine Menge guter Sprüche über den scheidenden Liebling aus, und auch über uns flehte sie mit aufgehobenen Händen den Schutz und Segen Allahs hernieder.

Der Kapitän unserer Reisegefährtinnen, der seinen Leuten nicht recht satt zu essen gab, war nicht so glücklich wie der unsrige. Er hatte auch am Abend des zweiten Tages seine Matrosen noch nicht wieder vollständig beisammen, und der eine derselben blieb gar für immer aus, so daß er sich endlich selbst mit an's Ruder setzen mußte. Wir hielten daher alle Augenblicke an und hatten auf diese Weise die beste Gelegenheit uns im Schatten eines anmuthigen Palmenwaldes die nöthige Bewegung zu machen, den Bauer beim Schöpfrad, im Felde, auf der Tenne und in der Wachthütte zu beobachten, so wie etwa auch auf einem abgeernteten Baumwollenfelde uns aus den Stoppeln ein paar Hände voll Feuerholz zusammenzulesen, das wir sehr wohl brauchen konnten, da unser Kohlenvorrath zur Neige ging.

Erst am Abend des 13. kamen wir bei den Trümmern von Ombos an und wurden dort nach einem ungewöhnlich trüben Tage von einem Regengusse begrüßt, der sich auch in der folgenden Nacht unter heftigem Sturme mehrmals wiederholte und uns aus Oberegypten mit seiner vielgepriesenen Wolkenlosigkeit in die nordische Heimath zurückversetzte.

Wir erklommen mit einiger Mühe den Trümmerberg, der die Lage des alten Ombos bezeichnet. Dieses stand unter dem Schutze des krokodilhäuptigen Gottes, der mit dem falkenhäuptigen Gotte zugleich von den Bewohnern jener Stadt verehrt wurde. Leider hat die Fluth des Nils den einen Tempel, dessen Ruine auf einer künstlichen Plattform noch immer wie trotzig auf den Fluß hinabschaut, schon fast ganz hinweggewaschen, während der Sand der Wüste das bei weitem größere Heiligthum in der Nachbarschaft so weit begraben hat, daß die Eingänge zu dem eigentlichen Tempel, deren Zweizahl ihn von allen andern egyptischen Heiligthümern unterscheidet, auch für denjenigen nicht ferner gangbar sind, dem die Alterthumslust das Rutschen und Kriechen gelehrt hat. Nur der Porticus mit seinen drei Säulenreihen ist noch nicht ganz verschüttet, und an einigen Bindebalken, die ein sehr wohlerhaltenes Blau zeigen, lassen unvollendet gebliebene Figuren die Art, wie die egyptischen Künstler sie zuerst quadrirten, deutlich genug erkennen.

Am andern Morgen (13. Jan.) lagen wir vor den Sandsteinbrüchen von Silsilis, die, zu beiden Seiten des Nils hart am Ufer hingelagert, die Blöcke für den größten Theil der egyptischen Tempel geliefert haben. Wir besuchten zuerst die Westseite, die reich an geschichtlichen, mit der Ausbeutnng der Sandsteinbrüche verbundenen und bis in die 18. Dynastie hinaufreichenden Inschriften für den Alterthumsforscher am wichtigsten ist. Dort sahen wir mehrere Grotten, die, steil über dem Nil schwebend, den christlichen Einsiedlern einst eine ziemlich romantische Wohnung gewährt haben. In einem aus dem Fels gehauenen und von vier Pfeilern getragenen Corridor hat Horus, der 9. Pharao der 18. Dynastie, seinen Sieg über das benachbarte Kusch verewigen lassen. In einem Streitwagen verfolgt er mit gespanntem Bogen den fliehenden Feind, und wird dann in einem prächtigen Schrein, — die Krieger und Kriegsgefangenen an der Spitze, — von den Häuptlingen seines Volks zur Schau getragen.

Wir besuchten danach auch die Ostseite, wo am nördlichen Ende der Sandsteinbrüche die Stadt Silsilis stand, die eine besondere Verehrung dem Gotte des Nils widmete, der, hier gleichsam zum zweiten Male in Egypten einziehend, die ausgebrochenen Felsblöcke auf seinen treuen Rücken nahm. Die ungeheuern Felsenkammern, die sich hier aneinander reihen und sich fast wie roh gearbeitete Felsentempel ausnehmen, lassen keinen Zweifel übrig, daß an dieser Stelle die eigentlichen Vorrathskammern für die egyptischen Baukünstler lagen. Schon die Pharaonen der 16. Dynastie hatten den Sandstein von Silsilis, der sich durch seine gefügige Natur, seine Dauerhaftigkeit und sein ebenmäßiges Korn bestens empfahl, zu schätzen gewußt; sie gebrauchten ihn statt des Kalksteins, aus welchem die frühesten egyptischen Bauwerke gefügt sind, zuerst für die Mauern und Säulenhallen der bedeutendern Tempel, bis er unter der 18. Dynastie fast zum ausschließlichen Material für die großen Bauten der Thebaide wurde, so jedoch daß man diejenigen Oberflächen, die zur Aufnahme von bildlichen Darstellungen bestimmt waren, mit einer Zusammensetzung des weichern Kalksteines überkleidete, in welchem sich die Umrisse der Figuren leichter ausführen und die Farben sichrer auftragen ließen.

Heftiger Sturm hielt uns den ganzen Tag in der Nähe dieser Sandsteinbrüche fest. Wir breiteten an windgeschützter Stelle unsre indischen Matten dicht neben einem hohen Baumwollenfelde unter einer säuselnden Palmengruppe aus und verbrachten lesend, plaudernd und lustwandelnd einen der angenehmsten Tage in Oberegypten.

Die nächste Nacht schaffte uns bei beschwichtigtem Sturme bis Edfu hinab, — der alten Apollinopolis Magna.

Apollinopolis Magna und Eleuthya.

Bei Edfu ans Land gestiegen, schritten wir rasch dem besterhaltenen Tempel des Horus und der Hathor zu, dessen hohes, wie gewöhnlich von zwei Thürmen eingefaßtes Thor uns über die abgeernteten Felder hinweg den Weg zeigte. Zu beiden Seiten des Eingangs sieht man unter andern einen riesigen Kriegshelden, wie er, über das Schlachtfeld schreitend, die Feinde unter seine Füße tritt, und während er mit der einen Hand mehrere Gefangene bei ihren Haaren faßt, in der andern ein schneidendes Schwert schwingt. Leider ist das Innere dieses prächtigen Tempels aus der Ptolemäer-Zeit so verbaut, daß man elendiglich hineinkriechen muß; ja selbst das Dach des Tempels ist von schmuzigen Bauernhütten ganz überkleckst. Wir begnügten uns daher mit der allerdings reizenden Aussicht von den luftigen Thürmen des Tempelthors, die wie anderwärts so auch hier zugleich als Festung werden gedient haben.

Noch kurz vor Sonnenuntergang desselben Tages (14. Jan.) landeten wir in der Nähe von El Kab, und zwar gerade noch zeitig genug, um auf einem einsamen Spaziergang zwischen üppigen Weizen- und Gemüsefeldern, über Durra-Stoppeln und Durra-Tennen, die Landschaft um uns wieder einmal auf ein paar Minuten in's Zauberische sich verklären zu sehen. Vor uns das halbmondförmige Ufer des Nils im vollsten Schmuck des Frühlings, im Westen die Berge schwarz wie Tinte, und im Osten blaßrosa;

zwischen inne der blaue Fluß, groß und ruhig wie ein See, durchfurcht von einer einsamen Barke mit sanftgeschwelltem Segel, — und darüber ein saphirfarbener Abendhimmel mit der silbernen Mondsichel.

Wir drangen bis zu dem Ruinenhaufen des alten Eleuthya vor, davon sich nichts als die Stadtmauer, — ein großes Viereck, — erhalten hat, und kamen auf unserm Rückwege quer durch die Felder vor einer aus hohen Durra-Stengeln erbauten Wachthütte vorbei, aus der ein altes weißbärtiges Gesicht uns freundlich anlachte, während ein junger Bursche, bei dem wir uns für den nächsten Morgen Milch bestellten, sich uns als Wegweiser zugesellte. Unsere Matrosen hatten mittlerweile einen großen Haufen Stoppeln und Stengel zusammengetragen, und sich um zwei weithinleuchtende Feuer so gemüthlich geschaart, daß ich mich selbst gern mit darunter gesetzt hätte.

Am andern Morgen durchschritten wir mit Sonnenaufgang die sandige Ebene den Bergen zu, die, an der Nordseite der alten Stadt, sich durch ihre zellenartigen Grotten schon von ferne als die zu Eleuthya gehörigen Begräbnißstätten auswiesen. Da der Beduine solche Grabhöhlen unbedenklich zu seiner Winterwohnung macht, und sein häusliches Feuer darin anzündet, so fanden wir sie nicht bloß sehr verfallen, sondern auch ziemlich verraucht. Das besterhaltene dieser Felsengräber, die meist „in den Anfang des egyptischen Freiheitskriegs gegen die Hyksos fallen und manches Licht auf die damaligen dynastischen Verhältnisse werfen“, scheint den Wanddarstellungen nach einem ziemlich bedeutenden Manne zugehört zu haben. Auf der Wand zur Rechten thront er mit seiner Ehehälfte auf einem netten Sessel, an welchem ein Aeffchen, wahrscheinlich der Liebling seiner Gemahlin, angebunden ist, offenbar in der Eigenschaft eines liebenswürdigen Gastgebers: denn eine große Gesellschaft sitzt mit untergeschlagenen Beinen, die Frauen und Männer gesondert, daneben. Jeder der Männer führt einen Becher zum Munde, und dienende Sklaven stehen in gemessenen Entfernungen dazwischen. Ein Musikchor mit Doppelpfeife, mit Harfe und andern Instrumenten ist auch zur Hand, und es wird uns selbst ein Blick in die Küche des reichen Mannes vergönnt. Der wohlgeschürzte Koch zerlegt eben ein geschlachtetes Schaf, und eine Magd greift geschäftig nach einem Wasserkruge. An der Wand zur Linken sehen wir den Herrn auf einem Pferde-bespannten Wagen seine Knechte auf dem Felde überraschen. Man pflügt und säet, man erntet Durra, Weizen und Gerste ein, man trägt die Garben herzu und drischt, man worfelt, mißt und schüttet. Selbst die Weinstöcke fehlen nicht; man pflückt die Trauben und die „pressende Kelter" ist in vollem Gange. Dort sitzt der Rechnungsführer und zählt die Esel, Schweine und Ziegen, während Andre das edle Gold wiegen. Der Fischer wirft das Netz und der Vogelsteller legt die Schlinge; beide kommen, Beute-beladen dahergeschritten, man zerschneidet und salzt die Fische. Reichbemalte Boote aber mit hohen Kajüten und 12 bis 14 Rudern, in deren einem selbst Wagen und Pferde zu sehen sind, werden vom Ufer aus gezogen. u. s. w. u. s. w.

Es scheint, als ob die ganze Reihe der Felsengräber, in deren Mitte die so eben beschriebene Todtenkammer liegt, den wohlhabendsten nicht bloß, sondern auch den höchsten Familien jenes einst mächtigen Ortes zur Begräbnißstätte gedient habe. Mehr als Ein Grabeigenthümer führt „den wunderlichen Titel einer männlichen Amme eines königlichen Prinzen" und wird „mit dem Prinzen auf dem Schooße" dargestellt. Die bemalten Nilboote auf jenen Wanddarstellungen sind dieselben, welche der arabische Eroberer so sehr bewunderte, und den Pflug, den dort der Landmann treibt, sowie mehrere andere Werkzeuge der Landwirthschaft, sieht man noch heute im alltäglichen Gebrauch. Die egyptische Weinlese aber interessirte mich als christlichen Theologen ganz besonders; muß sie doch den Bibelspötter für immer zum Schweigen bringen, der auf die Annahme hin, daß die edle Rebe dem Nilthale je und je versagt war, die Geschichte des Schenken Pharao's (1 Mos. 40, 9 — 15) als eine Sache der Unmöglichkeit in das Gebiet poetischer Träume verweisen wollte.

Nach einigen Stunden angenehmen Versenkens in die egyptischen Alterthümer, die in diesen Felsengräbern zum Theil noch mit so frischen Farben zu Tage treten, als wären sie eben erst gemalt worden, begaben wir uns über die heiße Sandebene, die wir von blutdürstigen Ameisenlöwen mit kegelförmigen Gruben durchsetzt fanden, mitten durch die Mauerruinen der alten Stadt zur Barke zurück. Sonderbar, daß die thorlose Mauer, die man auf angelehnten schiefen Ebenen überschritt, fast noch vollständig dasteht, von dem prächtigen Kerne aber, den diese Schale umschloß, fast nichts übrig geblieben ist, — als Scherben.

Da wir die Tempelhalle von Esne schon auf unserer Hinaufreise gesehen hatten, die paar Tempeltrümmer zu Erment aber, deren bessern Theil ein englischer Reisender schon vor Jahren in ein Gefängniß für steuerlässige Fellahs umgewandelt fand, keines Besuchs werth erachteten, so bot unsere Weiterfahrt bis Luxor, das wir am Morgen des 17. Jan. erreichten, in alterthümlicher Beziehung nichts Bemerkenswerthes dar. Dafür suchte ich aber an allen Plätzen, wo unsere Matrosen auf eine Weile anzulegen für gut fanden, eine nähere Berührung mit den Egyptern der Gegenwart, so jedoch, daß ich um der thierischen Bevölkerung willen, die in den schmuzigen Kleidern des egyptischen Landmanns zu hausen pflegt, wo möglich einen kleinen Zwischenraum zwischen uns beiden zu lassen nicht versäumte. Das gab denn zuweilen eine nicht uninteressante Scene. Einmal fanden wir zwei Wächter, die mit der Flinte auf der Schulter am Ufer umherstrichen, und da wir ein Feld mit zum Theil sehr langen und dicken Gurken um 4. Mos. 11, 5 willen aufmerksam betrachteten, so beschenkten sie uns hocherfreut über das Interesse, das wir an einer ihrer Lieblingsspeisen nahmen, mit einigen derselben und begleiteten uns dann, um uns bei unsern Einkäufen behülflich zu sein, in das benachbarte Dorf. Dort fanden wir in anmuthiger Umschattung die Vordersten des Dorfes um ein Schachbrett im Sande hingekauert. Wir aber zogen von Gasse zu Gasse und sammelten von Haus zu Haus die nöthigen Eier und Tauben für unsere Küche. Zuletzt machte sich das ganze Dorf auf die Beine; Mann und Weib, Alt und Jung, die Hände voll Eier und Tauben, kamen herbei und schlossen uns in einen so dichten Kreis, daß ich schon fürchtete, wir würden am Ende doch wohl einige ungebetene Reisebegleiter mit auf unsere Barke hinübertragen. In der umgebenden Menge befand sich auch eine koptische Christin; sie drängte sich sichtlich herzu und schüttelte, mit dem ganzen Gesichte lachend, ihrer abendländischen Schwester in Christo die Hand, während ein eifersüchtiger Muhamedaner seine Frau, die sich dem Volkshaufen gleichfalls anzuschließen wünschte, um des abendländischen Ketzers willen mit Stockschlägen zurückhielt.

Es freute uns, daß wir in diesem Dorfe, das wahrscheinlich einen Europäer nur selten in seiner Mitte gehabt, das lästige Wort „Bakschis“ auch von Niemandem zu hören bekamen, während an Orten, die von Reisenden häufiger besucht werden, oft auch nicht ein Einziger an dem ausländischen Gaste vorbeigeht, ohne ihn zu wiederholten Malen mit einem Bakschis Hawadje, Bakschis Hawadje anzukreischen. Man beurtheile daher ein fremdes Volk ja nie nach den Orten, wo der Fremdenverkehr seine eigentlichen Wogen wälzt.

——— ———

Der Vortempel zu Luxor.

Wollte ich streng geschichtlich zu Werke gehen, so müßte ich meine Leser zuerst in den alten Reichstempel nach Karnak führen, der schon von dem mächtigen Sesurtesen I. gegründet wurde, während der Tempel zu Luxor seinen Ursprung auf den viel spätern Amenoph III. zurückführt. Da aber der Tempel zu Luxor, weniger zusammengesetzt, eine klarere Vorstellung von einem egyptischen Tempel überhaupt giebt, so zeige ich meinen Lesern zu allererst diesen und gehe dann mit ihnen zu dem berühmten Reichstempel hinüber.

Wir stehen denn also vor dem Haupteingange des Tempels zu Luxor, und unser Blick fällt auf die aus rosigem Granit prachtvoll gearbeitete Spitzsäule, die aus ihrer Sandumhüllung noch immer an 60 Fuß hoch zu unserer Linken emporstrebt und durch die Fülle ihrer tiefgeschnittenen und fein säuberlich ausgeführten Bilderschrift an allen vier Seiten auch denjenigen fesselt, der die geheimnißvollen Zeichen dieses steinernen Buches nicht zu lesen versteht.

Vergebens sucht das Auge, vom Sinn des Ebenmaßes geleitet, nach der schönen Zwillingschwester, die ihr sonst ebenso schlank und leicht auf der andern Seite des Tempelthores gegenüberstand, jetzt aber auf einem der öffentlichen Plätze jener Stadt trauert, die mit ihrem springenden Geist, ihrer Eintagsmode und ihren fliegenden Blättern im strengsten Gegensatze zu den egyptischen Alterhümern steht, in Paris.

Wirf nun schnell noch einen Blick auf die Seite der Spitzsäule, die dir zugekehrt ist, und nimm an der leisen Wölbung der Mitte, die offenbar dem Schatten der Sonne entgegenzuwirken bestimmt ist, die große Sorgfalt wahr, womit die alten Egypter auf die Erscheinungen der Natur achteten. Die beiden ebenfalls aus rothem Granit in sitzender Stellung gearbeiteten und hinter den Spitzsäulen postirten Bildsäulen des großen Ramses, der den alten Tempel hier durch einen zweiten Vorhof erweiterte, halten uns nicht weiter auf; sie sind schmählich verstümmelt und bis über die Hälfte im Sande begraben. Dagegen fesselt uns das von zwei, an achtzig Fuß hohen Thürmen eingefaßte Tempelthor, dem jener Ramses seinen zweiten Vorhof vorlegte, noch für einige Minuten durch die nur mit Mühe erkennbaren Darstellungen an seinen fast 200 Fuß langen Wänden. Ein gigantischer Krieger steht auf der einen Seite in einem von zwei Rossen gezogenen Streitwagen; die feurigen Renner treten den besiegten Feind unter ihre Füße, während er selbst den mörderischen Bogen spannt. Auf der andern Seite fliehet der Feind in äußerster Bestürzung, und allein unter den Erschlagenen steht der siegreiche Held.

Aehnliche Schlachtgebilde begrüßen den Herzutretenden am Haupteingange fast aller egyptischen Tempel, und die beinah immer danebensitzende Statue des Königs, dessen Kriegsthaten auf diese Weise verherrlicht werden, muß einst mit ihrem Ausdrucke der tiefsten Ruhe, welche die aufs Knie flach hingestreckten Hände an den Tag legten, gegen die wildbewegten Scenen an den dahinter liegenden Thorwänden wunderbar contrastirt haben. Dort die blutige Mühe des Kampfes; hier die goldene Ruhe auf dem Lorbeer des Sieges.

Wir treten nun durch dieses äußerste Thor in den vorerwähnten äußersten Vorhof. Eine doppelte Reihe von Säulen faßt ihn rings ein, aber die elende Dorfmoschee, einst eine christliche Kirche, und noch elendere Bauerhütten füllen den Raum des Hofs und die Zwischenräume der umgebenden Säulenreihen dermaßen, daß nur die sorgfältigste Untersuchung einen Ueberblick über das Ganze verschaffen kann. Wir verlassen schnell diesen jämmerlich entstellten Vorhof, der vom Gelärm einer mit der Moschee verbundenen Schule widerhallt, und von der bisherigen Richtung abbiegend, gelangen wir zu dem zweiten Tempelthore, das, dem Flusse zugekehrt, vor der Erweiterung dieses Heiligthums durch Rameses den dahinterliegenden Tempel abschloß. Von diesem sind nur noch einzelne Ueberreste vorhanden und zwar so verbaut, daß wir, um sie zu sehen, durch und über Bauerhütten und Viehställe kriechen und klettern müssen. Dieses Tempelthor führt uns unmittelbar zu der großen, ursprünglich an 170 Fuß langen Colonnade, die gleich vom Flusse her dem Reisenden imponirt, und auf diese folgt der zweite innere Vorhof, der, von Säulen umgeben, in einen bedeckten Porticus ausläuft. Auch in den weiten Räumen dieses Vorhofs rauscht es vom Leben der Gegenwart; es sieht nicht anders aus, als ob eine Zigeunerbande mit Zubehör ihr zeitweiliges Lager daselbst aufgeschlagen hätte: Handmühlen knarren, Schafe blöken, Hühner scharren, Tauben flattern.

Wir besuchen nun die dahinterliegende Versammlungshalle, deren Säulen zu dicht nebeneinander stehen, um den Fellah zum Anbau dazwischen einzuladen, und treten dann in das eigentliche Heiligthum, das ein gesondertes Allerheiligstes umschließt. Nur erst nachdem wir unser Auge an das schwache Dämmerlicht, das diese allerheiligste Stätte heidnischer Blindheit füllt, allmählich gewöhnt haben, treten an den Wänden umher die ziemlich wohlerhaltenen Gebilde zu Tage.

Vom Suchen und Sehen leiblich und geistig müde, begeben

wir uns nun auf unsere Barke zurück, deren farbige Flagge uns schon von weitem entgegenwinkt. In geringer Entfernung davon liegt am Rande des Ufers einer jener „Würmer" lebendig, dem die Egypter so große Verehrung angedeihen ließen, — ein von einem Matrosen gefangenes Krokodil nämlich. Füße und Rachen sind dem armen Geschöpfe mit Stricken so zusammengeschnürt, daß nur die kleinen Augen von Zeit zu Zeit ein Zeichen des Lebens von sich geben.

Der alte Reichstempel zu Karnak.

Das Heiligthum zu Luxor bildet gewissermaßen nur den Vortempel zu dem ältern Nationalheiligthume in Karnak. Das stellt sich auf den ersten Blick zu Tage, indem der Haupteingang des erstern, gegen sonstigen Brauch, vom Flusse ab sich dem letztern zuwendet. Spuren jener Säulengänge, Sphinx- und Widderreihen, die beide Heiligthümer auch architektonisch verbanden, sind noch jetzt vorhanden.

Wir folgen der alten Verbindungsstraße durch öde Felder des sogenannten Halfegrases, das die Lage alter Ruinen zu verrathen pflegt, und bemerken bei unserer Annäherung nach Karnak in dem ausgetrockneten Bette eines schmalen Kanals die ersten Bruchstücke jener riesigen Sphinxe, welche die größere Strecke der heiligen Straße auf jeder Seite zierten, und treten bald darauf in die besterhaltene Doppelreihe von Widdern, mit je etwa 20 Fuß Zwischenraum, die unmittelbar zu dem majestätischen Tempelthore führt, das in gerader Linie nach dem Haupteingange des Tempels zu Luxor hinüberschaut. Man hat berechnet, daß die einzige heilige Straße zwischen beiden Tempeln im Ganzen etwa 1600 Sphinx- und Widdergestalten zählte. Was für ein Bild muß das gegeben haben, wenn zur Zeit des Festes die lange Reihe der Priester sich feierlich dazwischen hinbewegte, voran die Schaar festlich geschmückter Opferthiere und hinterher die wogende Menge!

Eine andere Sphinxallee leitet von hier zu der thurmumragten Pforte eines vereinzelten Tempelgebäudes. Wir aber wenden uns links hinum, und in einer dunkeln Seitenhalle beleuchten wir mit flugs angezündeten Durrastengeln die lang hingestreckte Figur des schönen Typhon-gemordeten Osiris. Das ist vielleicht eine jener geheimen „schönsten" Kammern, darin das blinde Heidenthum seine lichtscheuen Mysterien feierte, und die der Prophet Hesekiel vor Augen hatte (Kap. 8, 12): denn siehe, da sind „allerlei Bildnisse der Würmer und Thiere, eitel Scheuel und allerlei Götzen" des egyptischen Heidenthums, das dem Hause Israel nur zu wohl gefiel, „allenthalben umher an der Wand gemacht." (V. 10).

Wir wenden uns unter dem Geschrei der bettelnden Dorfbewohner und der bellenden Dorfhunde zwischen den armseligen Hütten von Karnak noch weiter links hinum und gelangen zu dem nordwestlichen Haupteingange des Haupttempels, in dessen Nähe wir noch einige Reste jener Widderallee entdecken, die einst vom Flusse dahinaufführte. Ueber gewaltige Trümmerhaufen hinwegklimmend, eilen wir nun durch zwei bethürmte Tempelthore, die einen säulenumgebenen und säulendurchschnittenen Vorhof einschließen, in die große Pfeilerhalle. Das steinerne Dach überdeckt einen Raum von 164 Fuß Tiefe und 320 Fuß Breite und wird von 134 Säulen getragen, deren zwölf mittlere je 36 Fuß im Umfange haben und bis unter den Bindebalken 66 Fuß hoch sind. Dieser Pfeilersaal ist das eigentliche Wunder von Karnak. Mit vollem Rechte nennt ihn Lepsius einen „Wald von Säulen", und ich möchte dem allgemeinen Bilde des Waldes nur noch die bestimmte Vorstellung von riesigen Buchen beigesellen, wie sie vielleicht in den skandinavischen Forsten gefunden werden. Es ist in der That „unmöglich den überwältigenden Eindruck zu beschreiben, den Jeder erfährt, der zum ersten Male in diesen Wald von Säulen tritt, und aus einer Reihe in die andere wandelt zwischen den von allen Seiten bald ganz, bald theilweise hervortretenden hohen Götter- und Kriegergestalten, die auf den Säulen abgebildet sind."

Ein drittes Thor, ähnlich wie die beiden erstern, begrenzt diesen mächtigen Pfeilersaal, und zwei Obelisken, von denen der eine zerbrochen daliegt, schließen sich daran. Von hier an verkleinern sich die Raumverhältnisse des Gebäudes bedeutend, und zwar ganz im Sinne der egyptischen Tempelbaukunst, die aus der Weite in die Enge zu führen liebt. Noch einige kleinere, jetzt fast gänzlich zerstörte Thore und Höfe, und dazwischen ein anderes Paar Obelisken, davon ebenfalls noch einer steht, der größeste von allen, und du trittst in das von zahlreichen Kämmerchen umgebene granitne Heiligthum mit sterngezierter Decke und skulpturgeschmückten Wänden von nicht mehr als 20 Fuß im Geviert.

Ein räumiger Säulensaal, eine Reihe kleinerer Hallen und Kammern und ein letztes Thor schließen nach dieser Seite den Haupttempel, der mit seinen verschiedenen Nebenanlagen, auf einen Flächenraum von einer Viertelmeile in der Länge und über zweitausend Fuß in der Breite, eine Tempelstadt bildet, zu welcher, außer acht kleinern Pforten, von den vier Weltgegenden her vier große Thore durch ebenso viele mit etwa zweitausend Sphinx- und Widderkolossen besetzte Straßen führten. Kein Wunder, daß, wie Denon berichtet, die französische Armee beim ersten Anblicke dieses wenn auch größtentheils zertrümmerten Riesengebäudes wie elektrisirt Halt machte.

Da alle Königshäuser in dem Ausbau, in der Verschönernng und Wiederherstellung dieses Heiligthums wetteiferten, so ist es zu einem großen National-, ja zu einem eigentlichen Reichstempel geworden. Fast ganz so, wie die einzelnen Königshäuser und Könige in der egyptischen Geschichte hervor oder zurücktreten, finden wir sie auch in und um den Tempel von Karnak mehr oder minder betheiligt, und so giebt denn dieser egyptische Reichstempel zugleich eine in Stein gearbeitete Skizze der egyptischen Geschichte.

Das ist denn also der große Reichstempel, wo Ammon Ra, der König der Götter, unter dessen besonderm Schutze die nach ihm benannte hundertthorige Thebe stand, von den Thebaiten verehrt wurde. Es ist unmöglich, die schönen Skulpturen alle, deren geschichtlich bedeutendste Gruppen hauptsächlich die Außenwände der großen Halle bedecken, in der Kürze irgendwie zu beschreiben. Die Kriegszüge Osirei I. und seines Sohnes Ramses I. (des vermuthlichen Sesostris der Griechen) bilden den eigentlichen Kern. Allenthalben Kriegswagen uud Kriegsrosse, Heeresmärsche, Handgemenge, Niedermetzeln, Flucht und Verfolgung, Kriegebeute und Triumphzüge, Friedensgesandtschaften und Opferung der Kriegsgefangenen, Weihungen und Beglückwünschungen! Solche und ähnliche Gebilde füllen die Wände des thebanischen Reichstempels. Wilkinson glaubt darunter auch die Cedern des Libanons, sowie jene 280 Ellen lange außen vergoldete und innen übersilberte Cedernarche erkannt zu haben, die, dem Diodor zufolge, Sesostris dem Götterkönige in Theben als Weihgeschenk darbrachte. Ganz besonders interessant war es mir, hier auch Scheschenk dem I., jenem Sisak der heiligen Schrift (1. Kön. 14, 25) zu begegnen, der im fünften Jahre des Königs Rehabeam wider Jerusalem hinaufzog. Unter den Kriegsgefangenen, die er dem Götterkönige vorführt, sind einige mit der allerentschiedensten jüdischen Gesichtsbildung.

Viele Tage reichen nicht hin auch nur die hauptsächlichsten Darstellungen mit einiger Genauigkeit zu besichtigen, und geistig abgespannt verlassen wir den überreichen Tempel und besehen noch ganz kurz die Salpeterwerke, die der Pascha auch hier neben den Trümmern der Vorzeit errichtet hat, um aus den unerschöpflichen

Vorräthen des Tempelschutts durch Aufweichen und Abziehen, Verdampfenlassen und Absieden seinen Gewinn zu ziehen. Wie gut doch, daß die alten Egypter so riesig gebaut, und die alten Feinde Egyptens so riesig zerstört haben. So kann doch dieses Zwerggeschlecht, das vom Bauen nichts versteht und auch im Zerstören stümpert, aus dem fertigen Schutt in aller Bequemlichkeit Salpeter machen.

Wir eilen nun unverweilt der Barke zu. Da gerade Mittwoch ist, so kommen uns die heimkehrenden Marktleute von Luxor zu Fuß und zu Esel über die Thebanische Ebene her entgegen und fügen zu den Beschwerden der Sonne die noch größere des Staubes Der Eine ißt mit sichtlichem Wohlgefallen ein gutes Stück Waizenbrodes zu einem grünen Rettig, während Andere lange Stangen Zuckerrohrs für die harrenden Kinder mit nach Hause tragen.

Die Memnonien.

Nachdem auch wir, wie Lepsius, in den Tempeln der Ostseite ein paar „staunensreiche" Tage verbracht hatten, ließen wir unsere Barke nach dem jenseitigen Ufer rudern und machten uns des andern Morgens früh auf, um die großen, von den Griechen Memnonia genannten und die eigentliche Blüthezeit des Neuen Reichs umfassenden Prachtgebäude zu besuchen, die sich zwischen Medinet Habu und Qurna hart am Fuße des lybischen Gebirges hinziehen.

Wir erreichten nach einem Stündchen ziemlich bequemen Weges die schwarzgrauen Häuserruinen von Medinet Habu, einer sonst ziemlich bedeutenden Christenstadt, neben denen die gelbgrauen Tempeltrümmer des egyptischen Heidenthums sehr vortheilhaft abstechen. Das Haupt des 20. Königshauses, Ramses III., der reiche Rhampsinit des Herodot, hatte sich hier einen Tempelpalast gegründet und auf den Wänden desselben seine großen Kriegszüge zu Lande und zur See verherrlicht. Auch diesen Prachtbau hat der rohe Arm des unsinnigen Kambyses schwer getroffen; doch ist für die bewundernde Nachwelt des Schönen genug geblieben. Von besonderem Interesse ist der weitvorgeschobene thurmartige Vorbau des Tempels, ein luftiger Pavillon mit vier übereinander gebauten Stockwerken: denn das ist einer jener wenigen Bauüberreste, die einem königlichen Palaste ähneln, — Beweises genug, daß die alten Egypter im Allgemeinen ganz wie die alten Römer gesonnen waren, von denen Sallust sagt, daß sie nur die Tempel der Götter groß und herrlich, die Wohnungen der Menschen aber klein und hinfällig bauten. Auf den Wänden dieses Pavillons ist der Pharao inmitten seiner Familie dargestellt, wie er, auf einem zierlichen Lehnstuhle sitzend, mit seinen ehrerbietig vor ihm stehenden Töchtern, „die durch den Seitenzopf als Prinzessinnen kenntlich sind“, traulich scherzt, eine Art Dame spielt und von ihnen Früchte und Blumen annimmt. Verzierte Altane zu beiden Seiten, jeder von vier afrikanischen und nördlichen Barbaren getragen, erinnern noch in ihrer Verstümmelung an gothischen Geschmack, und eine Reihe Schilde bildete die eigenthümliche Zinne dieses eigenthümlichen Pavillons.

Ein 265 Fuß langer Aufgang führt von hier aus zu den zwei pyramidenartigen Thürmen, die den Eingang zu dem eigentlichen Tempel einfassen, dessen zweiter innerer Vorhof mit seinen schönen Säulen- und Pfeilerreihen, seinem zierlichen Korridor und seinen wohlerhaltenen Wanddarstellungen unter den egyptischen Baudenkmälern seines Gleichen sucht.

Eine christliche Kirche, mitten in diesen Vorhof des heidnischen Tempels hineingebaut, sammelte einst die christlichen Bewohner von Medinet Habu zum Gottesdienste. Ansehnliche, aus dem Ganzen gearbeitete Granitsäulen, die im Innern des Vorhofs zerstreut umherstehen und liegen, bezeugen im Vereine mit den benachbarten Häuserruinen noch immer, daß die christliche Bevölkerung dieser Stadt, die vor dem nahenden Eroberer in die Nähe von Esne floh, nicht unbeträchtlich war, und daß Theben überhaupt zu den bedeutendsten Diöcesen der koptischen Kirche gehörte. Noch immer fehlt es hier nicht an Christen. Das kleine von einem Hofraum umgebene und von einer arabischen Kuppel überragte Kirchlein derselben liegt einsam in der großen kiesigen Ebene südlich von der verlassenen Stadt.

Der Alterthumsforscher blickt mit einem gewissen Bedauern auf die Reste der Chor-Nische, der zu Liebe ein altegyptischer Pfeiler fallen mußte, auf die zu Priesterhallen eingerichteten Kammern des Hintertempels, sowie überhaupt auf die Zerstörung, die „strenge Frömmigkeit oder häusliche Bequemlichkeit“ der ersten Christen in diesen und ähnlichen Ueberbleibseln altegyptischer Kunst angerichtet hat. Zuweilen aber fühlt er sich auch jenen ersten Christen zum Dank verpflichtet. „Nicht selten,“ — so läßt sich Lepsius am Ende selbst darüber aus — „dienten dieselben frommeifrigen Hände dazu, die alte Herrlichkeit auf die erfolgreichste Art uns zu erhalten, indem man es vorzog, die Darstellungen, statt sie mühsam mit dem Hammer zu zerstören, von oben bis unten mit Nilerde zu überziehen, die dann gewöhnlich noch einen weißen Abputz erhielt, um christliche Gemälde aufzunehmen. Mit der Zeit fiel dieser koptische Lehm wieder ab, und die alte Malerei trat dann mit einem Glanze und einer überraschenden Frische wieder hervor, wie sie sich auf den unbedeckten, der Luft und der Sonne ausgesetzten Wänden schwerlich erhalten haben würden. In der Nische einer alten Celle fand ich den heil. Petrus im altbyzantinischen Styl, den Schlüssel haltend und die Finger hebend; aus seinem Heiligenschein schauten aber unter dem herabgefallenen christlichen Mantel die Kuhhörner der egyptischen Venus hervor. Dieser galten ursprünglich der Weihrauch und die Opfer des danebenstehenden Königs, die nun dem ehrwürdigen Apostel dargebracht wurden. Oftmals habe ich der vergeltenden Zeit mit eigener Hand nachgeholfen und den meist völlig uninteressanten angepinselten Stuck noch weiter abgelöst, um den versteckten prachtvollen Sculpturen der egyptischen Götter und Könige zu ihren ältern und größern Rechten auf unser Studium zu verhelfen.“

Auch die Darstellungen auf den äußern und innern Wänden dieses durch die Granitsäulen der eingebauten Kirche entstellten Vorhofs verdanken die Erhaltung ihrer Schärfe und Frische jenen „fromm-eifrigen Händen.“ Festzüge des Friedens im vollsten königlichen Pompe und Schlachtscenen der wildesten Art wechseln mit einander. Dort auf dem königlichen Throne, den die Figuren eines Löwen, einer Sphinx und eines Falken zieren, sitzt der von fächernden Beamten unmittelbar umgebene Pharao in seinem Traghimmel, der auf den Schultern von 12 Prinzen ruht. Vorn und hinten ein langes Gefolge von Fürsten, Würdeträgern, Priestern, Trabanten, Kriegern, Herolden, Schreibern und Musicis mit Instrumenten, Waffen, Schreibrollen, Schirmen, Sceptern, Reichsinsignien, Standarten, heiligen Schreinen und Bildsäulen. Der Oberpriester opfert Weihrauch vor dem Monarchen, und dieser steigt von seinem Wagen, um als Priester vor der Bildsäule des Götterkönigs zu dienen, und, noch immer Helm-bedeckten Hauptes, an dem Blumen-bestreuten Altar zu opfern. Es handelt sich hier um eine Krönung des Königs mit der Doppelkrone des Ober- und Niederlandes. Vier Tauben fliegen in die vier Weltgegenden hinaus, um den Göttern des Südens und Nordens, des Ostens und Westens das wichtige Ereigniß zu verkünden. Weiterhin verliest der Vorsitzende der heiligen Versammlung eine lange Anrufung, und ein Priester streckt die sechs Kornähren, die der König mit goldener Sichel geschnitten, dem gegenwärtigen Gotte entgegen. Das Bild des weißen Stiers und die Bildnisse der königlichen Vorfahren werden in Gegenwart des Gottes Amun-Khem im Tempel niedergelegt, und ein wenig abseits erscheint die Königin selbst als Zeugin der heiligen Handlung u. s. w. u. s. w.

Reicher noch als diese friedlichen Umzüge sind die Schlachtscenen. Diese lassen zugleich einen Blick in die grausame Weise der damaligen Kriegsführung thun. Dort sitzt unter andern der siegreiche König auf der Rückseite seines Wagens, dessen feurige

Rosse von drei Knechten mit Mühe gehalten werden. Kriegstrophäen liegen vor ihm aufgehäuft, darunter auch ein Berg abgeschnittener Hände; ein Beamter zählt ihm eine nach der andern vor und ein Schreiber verzeichnet sie. Wilkinson ist geneigt, die Gefangenen, die hier reihenweise geordnet stehen, um ihres hieroglyphischen Namens „Rebo" willen für die von Ptolemäus erwähnten Rhibii in der Nachbarschaft von Assyrien zu halten. Daß sie einer asiatischen Nation zugehören, scheint ihr fliegendes Gewand mit blauen oder grünen Horizontalstreifen auf weißem Grunde, ihr langes Haar, ihre Adlernase, sowie der ganze Schnitt ihres Gesichts allerdings zu bezeugen.

Der Krieg mit diesem asiatischen Volke ist auf den Außenwänden des Tempels so ausführlich behandelt, daß die betreffenden Sculpturen ein vollständiges Kriegsdrama darstellen. Das Vorspiel dazu bildet ein Trompeter, der die Truppen zusammenruft. Diese begrüßen den vorüberfahrenden König, neben dessen Streitwagen wir dann im ersten Akte einen Löwen herlaufen sehen, — ganz so wie es uns von Osymandias berichtet wird. Der zweite Akt zeigt die Rüstung zum Angriff, der dritte eine mörderische Schlacht, in der 3535 Feindeshände und -Zungen erbeutet werden; im vierten zieht der König, Bogen und Schwert in der einen und die Peitsche in der andern Hand, durch das feindliche Land der Tochari, die vorher zum Theil wider die Rebo geholfen hatten, verfolgt nach einem andern mörderischen Gemetzel den Feind in die Moräste und vernichtet sodann die Gallonen der feindlichen Bundesgenossen. Vertheilung von Ehrenpreisen an seine siegreichen Truppen und ein glänzender Triumphzug bilden das Nachspiel des kriegerischen Dramas.

Ich habe eben nur aus der Masse der Darstellungen einige wenige Beispiels halber herausgegriffen. Wir verwandten zwei bis drei Stunden auf eine flüchtige Besichtigung derselben und begaben uns dann links hin zu den Gräbern der Prinzessinnen, die, allesammt der 18. bis 20. Dynastie angehörig, am Südende der Memnonien in einem kleinen Felsenthale beisammenliegen, dem gewöhnlichen Reisenden aber nichts besonders Merkwürdiges bieten. Die Mittagssonne brannte wie Feuer zwischen den öden Felsenwänden, und wir waren froh, als wir nach einem Viertelstündchen in dem gemüthlichen Schatten jenes kleinen ptolemäischen Venustempels ausruhen durften, in dessen Mauern dicht hinter dem Hügel von Qurnet Murrai sich die zu Medinet Habu gehörige Klosterschaft eingerichtet hatte.

Kaum hatten wir den Tempel hinter uns, als uns schon von der Ebene her „das Juwel aller egyptischen Prachtgebäude,“ anblickte, das Ramses Sesostris, der Stern der Pharaonen, dem König der Götter, als dem obersten Schirmherrn der königlichen Thebe, erbaute. Von der sanfterhöhten Terrasse, darauf es steht, schweift der Blick frei über die ganze Weite der thebanischen Ebene zu beiden Seiten des schönen Flusses. Schade nur, daß dieser Tempel Ramses II., den schon Diodor von Sicilien als das Grabmal des Osymandias besonders zu beschreiben für werth erachtete, so verstümmelt ist, daß der ursprüngliche Plan, der sich durch architektonisches Ebenmaß auszeichnete, nur mit Hülfe lang fortgesetzter Ausgrabungen von der preußischen Expedition ins Reine gebracht werden konnte. Aber selbst die wenigen gebliebenen Ueberreste lassen auch den flüchtigsten Beschauer die ehemalige Vollendung ahnen, und die Zierlichkeit der Sculpturen fällt noch heute deutlich genug in die Augen. Sie stellen natürlicherweise die Eroberungszüge des Königs dar, der nach einem langen Leben voll Kriegsunruhe den Rest seiner Tage zur Verschönerung seiner Hauptstadt durch die friedlichen Mittel der Kunst verwandte, und es kommt Einem bei Betrachtung einiger derselben fast vor, als wenn die Künstler die hehren Heldengestalten der Ilias hätten wiedergeben wollen: so mannichfaltig, so großartig und so harmonisch bewegt sich Alles. Auch die Sturmleiter und die Testudo, die in einer Gruppe von Wanddarstellungen auftreten, wecken in dem Beschauer klassische Erinnerungen.

Die große säulengetragene und von einem Sternhimmel überdeckte Festhalle, zu welcher drei Eingänge, jeder mit einem Sculptur-verzierten Thorweg aus schwarzem Granit, aus dem innern Vorhof führten, ist verhältnißmäßig am vollständigsten erhalten; „die Nebenhallen aber, sowie der hinterste Theil des Tempels sind verschwunden, und rings um diesen zerstörten Theil des Heiligthums sind noch die weitläufigen Ziegelhallen sichtbar, welche alle mit regelmäßigen und saubergebauten, zum Theil an 12 Fuß weit gespannten Tonnengewölben bedeckt sind“ und in die Zeit des ursprünglichen Baues gehören, indem jedem Ziegel in der königlichen Fabrik die Namensschilder des Königs Ramses aufgeprägt wurden.

Die größte Bildsäule der Welt, 60 Fuß hoch und zwei Millionen Pfund schwer, aus röthlichem Syenit, schmückte einst den äußern Vorhof des Tempels. Staunen ergreift den Beschauer, wie eine solche ungeheure Steinmasse aus den Brüchen von Assuan hierher geschafft und aufgerichtet werden konnte, und kaum ist dieses erste Staunen vorüber, so kommt das zweite fast nicht geringere mit der Frage: wie konnte es den Feinden Egyptens, seiner Kunst und Götter auch nur von fern in den Sinn kommen, ihre Zerstörungskraft an diesem steinernen Titanen zu versuchen? Denn von seinem königlichen Throne herabgestürzt und in der Mitte zerbrochen liegt er auf dem Rücken da, wahrscheinlich schon seit der Perserzeit — und die verschiedenen Glieder des untern Körpers, über eine weite Strecke ringshin verstreut, bilden einen eignen Trümmerhaufen um ihn her. Wie manchen Mühlstein haben die guten Araber, die sich die Trümmer der altegyptischen Kunst in jeder Weise zu nutze machen, aus diesem und jenem Gliede des alten Königs bereits herausgebrochen, und noch ließen sich bloß aus der einen Hand, davon nur etwa ein Drittel übrig geblieben, eine gute Anzahl Mühlsteine herausbrechen. Ich höre, daß Bruchstücke und Bruchstückchen dieses hartsteinigen Kolosses für den Gebrauch des Glasschneidens selbst bis Kairo hinabwandern.

Die Sonne neigte sich schon, als wir über Waizen-, Wicken- und Linsenfelder zu zwei andern Kolossen, den sogenannten Memnonssäulen, gelangten. Zwischen dem Tempelpalast Ramses III., und dem eben beschriebenen Heiligthume Ramses II., jedoch näher dem erstern zu und in das Fruchtland weit vorgeschoben, thronen sie an den Thoren einer einst mächtigen, jetzt aber unter den Saaten des steigenden Thalbodens begrabenen Tempelanlage in ruhiger Majestät. Lepsius neigt zu der Meinung, daß von hier aus eine alte Verbindungsstraße durch das Thal nach dem gegenüberliegenden Luxor führte. Die Höhe der Memnonsstatuen, deren Zwillingspaar bekanntlich Amenoph III. darstellt, unter dessen langer und glanzvoller Regierung der Tempel von Luxor erbaut wurde, belief sich nach des genannten Forschers Messung vom Kopf bis zum Fuß, den hohen Kopfschmuck, den sie einst trugen, ungerechnet, auf 45½ Fuß, und die als besondere Blöcke davon getrennten Gestelle waren 13′ 7″ hoch. So erhoben sich denn ursprünglich die Statuen nahe an 60′, mit dem Kopfschmucke vielleicht an 70′ über den Tempelboden. „Jetzt steht nun schon die Thalfläche 8 Fuß über diesem Boden, und die Ueberschwemmung steigt zuweilen bis an den obern Rand des Fußgestelles, also 14 Fuß höher, als sie zur Zeit der Erbauung steigen durfte, wenn sie nicht den Tempel erreichen sollte“.

Es ist bekannt, daß die Griechen, die wie die heutigen Engländer sich die ausländischen Namen mundrecht zu machen oder wohl gar in griechische umzusetzen suchten, die Amenophsäule in eine Memnonssäule umgeprägt, und daran die in der That wunderliebliche Sage von dem schönen Sohne des Titan und der Aurora geknüpft haben, der mit dem ersten Morgenstrahl seine himmlische Mutter begrüßt, während sie den frühgefallenen Helden mit Thauthränen netzt. Die nördlichste der beiden Amenophstatuen nämlich, die, schon früher zerborsten, durch ein Erdbeben im Jahre 27 vor Christo theilweise in sich zusammenbrach, gab seit jener Zeit bis zu ihrer Wiederherstellung durch Septimius Severus allmorgentlich einen auffallend hellen, zitternden Ton von sich, indem die Strahlen der Morgensonne den vom nächtlichen Thau erkälteten Stein plötzlich erwärmten und so die Losbröckelung kleiner klangsamer Steintheilchen bewirkten. Die Erscheinung springender und klingender Steine in der Wüste und auf großen Ruinenfeldern ist, wie Lepsius meint und ich auch selbst erfahren, in Egypten überhaupt nichts Seltenes; die Natur des harten Kieselconglomerats aber, daraus die Statue besteht, soll eine ganz besondere Neigung zum Springen und Klingen haben.

Wie mancher bewundernde Abendländer hat nicht schon seit Herodot am Fuße dieser Kolosse gestanden. Auch Strabo hat da staunend hinangeschaut, während der römische Statthalter Egyptens ihm zur Seite stand. Er war mit vielen Andern so glücklich den musikalischen Memnonsgruß zu hören, obschon er nicht versichern konnte, ob derselbe von dem Fußgestelle, von der Bildsäule oder sonst woher kam.

Uns immer wieder zurückwendend nach diesen Wundern der Alten, schritten wir über die grünen Felder, die zu den Füßen der Kolosse wie ein schmucker Teppich ausgebreitet liegen, langsam und immer langsamer unserer Barke zu.

Die altthebanischen Gräber.

Kaum hatte die Morgensonne des andern Tages den weißen Kalkstein des lybischen Gebirges zu röthen angefangen, so brachen wir von neuem auf, um die thebanische Todtenstadt im engern Sinne zu besuchen. Dicht am Ufer des Nils hinreitend, sahen wir nacheinander die Memnonien am Rande der Berge auftauchen und zogen dann links nach dem alten Qurna hinüber, wo Sethos I., der zweitberühmteste aller Pharaonen, den Tempel gründete, dessen minderbedeutende Trümmer die Reihe der Memnonien nach Norden zu abschließen. Die Bewohner von Qurna, die sich hier um eine koptische Kirche größtentheils im Innern der geräumigen Vorhöfe angebaut hatten, haben das alte Dorf längst verlassen und sich auf den Felsen und in den Felsengräbern der nahen Bergecke angesiedelt, um die wir, nach kurzer Besichtigung der altegyptischen Bautrümmer, in das sogenannte Königsthal hineinbogen. Eine ödere Oede als dieses Königsthal läßt sich nicht denken. Zu beiden Seiten starren die goldgelb erglänzenden Felswände mit ihren kahlen, von schwarzen Steinen bekappten Häuptern wildromantisch empor. Wir mochten etwa ein Stündchen in dem windungsreichen Thale hingezogen sein, als es sich in zwei Arme gabelte. Der rechte führt zu den ältesten Gräbern. Nur zwei derselben aus dem 18. Königshause sind zur Zeit geöffnet, und davon kommt das eine jenem Amenoph III. zu, dessen Statue die Griechen ihrem fabelhaften Memnon zugeeignet haben, während das andere jenem Ai zugehört, der, ein hochgestellter und hochgeehrter Beamter des Sonnenverehrers Amenoph III., später als Gegenkönig auftrat, aber in den monumentalen Listen der rechtmäßigen Könige keinen Platz fand. Diese Gräber des westlichen Thalzweigs, obschon die ältern, sind jedoch mehr nur für den egyptischen Alterthumsforscher von Interesse, und namentlich für denjenigen, der sich mit der Linie jener fremden Könige besonders befaßt, deren Baudenkmäler hauptsächlich in Tel Amarna auftreten. So wandten wir uns denn sogleich in den linken Thalzweig, der die Gräber fast aller Pharaonen des 19. und 20. Königshauses in sich hält.

Ein kurzer Aufweg führte uns an das Grabmal des Königs Osirei, das der Italiener Belzoni vor mehr als dreißig Jahren zuerst durchsuchte. Auf einem der Bergabhänge nicht gar hoch über dem Boden des engen Thals öffnete sich ein gähnender Schacht, in welchem eine verfallene Stiege von 24 Fuß senkrechter Tiefe, bei 29 Fuß wagerechter Länge, so ungewöhnlich jäh hinabfiel, daß wir unwillkührlich einen Augenblick zögerten, ehe wir uns ihr anvertrauten. Wir schritten durch die erste Pforte, und ein ziemlich zwanzig Fuß langer Gang nahm uns auf und zeigte an seinen Wänden die ersten gemalten Sculpturen, deren lebendige Frische in dieser Oede des Todes doppelt überraschte. Eine zweite Thür brachte uns zu einer zweiten Stiege von 25 Fuß wageregter Länge. Am Ende derselben öffneten sich zwei Thüren, und ein fast 30 Fuß langer Gang führte uns in eine längliche Kammer, wo ein nachher aufgefüllter Todtenschacht und die dahinter liegende bemalte Wand dem italienischen Alterthumsforscher sagen zu wollen schienen: Hier ist das Ende des Grabmals, bemühe dich nicht weiter! Allein der hohle Klang der Erdmauer und eine schmale Oeffnung verriethen das Geheimniß der verborgenen Todtenkammer. Belzoni durchbrach die hemmende

Mauer, und eine von vier Pfeilern getragene Halle mit den vollendetsten Sculpturen, so frisch als ob der Künstler erst gestern davongegangen wäre, umfing ihn. Dies ist der sogenannte goldene Saal, der sich in allen diesen Gräbern findet und seinen Namen von dem goldgelben Grunde hat, auf welchem die eingeschnittenen und übermalten Darstellungen in der Regel daherprangen. „Oft wenn der König," so sagt Lepsius in seiner allgemeinen Charakteristik der Königsgräber, „nach Beendung des Grabes in seiner ersten und nothwendigsten Ausdehnung seine Lebenskraft noch ungeschwächt fühlte, und sich eine fernere Reihe von Lebensjahren versprach, wurde der mittlere Gang dieses Pfeilersaals zum Anfang eines neuen in steiler Senkung ausgehauen; neue Corridore und Nebenkammern schlossen sich an. Zuweilen ward auch von der ersten Richtung in eine andere abgelenkt, bis der König sich zum zweiten Male ein Ziel setzte und den Bau mit einem zweiten Pfeilersaale, meist geräumiger und prächtiger als der erste, schloß; diesem wurden dann, wenn noch immer die Zeit ausreichte, kleinere Räume zu beiden Seiten hinzugefügt, zu besondern Opfern für den Todten, bis endlich die letzte Stunde schlug und die königliche Leiche nach siebzigtägiger Einbalsamirung in dem Sarkophag beigesetzt wurde. Dieser ward dann so künstlich verschlossen, daß der Granitkoloß von den später überall eingedrungenen Leichenräubern immer zerschlagen werden mußte, weil man den Deckel abzuheben nicht im Stande war."

Dieser allgemeinen Charakteristik entspricht auch der weitere Fortgang unsres Grabmals. Eine zweite Halle schließt sich der ersten an, und dann folgen in abweichender Richtung noch viele andere Thüren und Stiegen, Corridore und Kammern.

Es scheint aber, als ob der König Osirei sich sein Lebensziel das zweite Mal zu weit gesteckt habe; er muß über dem Ausbau der zweiten Halle verschieden sein: die Figuren sind nur vorgezeichnet, noch nicht eingegraben. Dennoch locken sie dem kunstverständigen Beschauer eine gerechte Bewunderung ab, indem ihre Umrisse eine Freiheit zu Tage legen, wie sie dem egyptischen Zeichner wohl selten zu Gebote stand.

Die Luft in diesem an 320 Fuß langen und etwa 180 Fuß tiefen Grabmale des Königs Osirei war zu dumpf, als daß wir uns bei den reichen Sculpturen desselben lange hätten verweilen mögen, die, an den Seitenwänden und an der Decke stetig fortschreitend, mit der Schärfe ihrer Umrisse, der Glätte ihrer Flächen und der Frische ihrer Farben beim Schein der Kerze sich gar gefällig ausnahmen. Ich gebe daher dem Leser nur eine kurze Charakteristik der Hauptgegenstände, die in den Königsgräbern im Allgemeinen angetroffen werden, und zwar abermals in den Worten unsres Lepsius, der in jenen Katakomben doch einmal besser zu Hause ist, als ich. „Der König erscheint anbetend vor verschiedenen Göttern und richtet an sie seine Gebete und Rechtfertigung über sein irdisches Leben; die friedliche Beschäftigung der gerechtfertigten Geister werden an der einen, die Höllenstrafen der Bösen auf der andern Seite dargestellt; an der Decke ist die Göttin des Himmels lang hingestreckt abgebildet, sowie die Stunden des Tages und der Nacht mit ihren Einflüssen auf den Menschen und ihren astrologischen Bedeutungen, — alles von erklärenden Inschriften begleitet.“

Sonderbar! Obgleich das Grabmal des Königs Osirei unter dem Schutt und Geröll so wohl versteckt gelegen, daß nur der von gelegentlichem Platzregen etwas eingesunkene Grund am Eingange des Schachtes seine Lage den benachbarten Bauern verrathen hatte; — die Leichenplünderer hatten doch bis in die geheimste Halle, wo der königliche Sarkophag stand, hinein ihren Weg gefunden, und zwar durch einen unterirdischen Gang von der entgegengesetzten Seite.

Der mit mehren hundert sorgfältig gearbeiteten Figuren verzierte Sarkophag von fast durchsichtigem Alabaster wurde leer gefunden, der gewaltige Deckel lag in zwei Stücken dabei, und ein Loch im Boden zeigte die Richtung des frevelhaften Einbruchs.

Nachdem wir uns von dem Dunst des unterirdischen Todtenpalastes an der reinen Luft der Wüste ein wenig erholt hatten, besuchten wir das Grabmal jenes Ramses III., dessen Tempelpalast wir Tags zuvor bewundert hatten. Die ersten Wanddarstellungen, die uns gleich in den Seitenkammern der zwei ersten Gänge begegneten, überraschten uns nicht wenig. Wer erwartet wohl am Eingange eines Grabes als eröffnendes Gemälde eine vollständige Küche, wo man Ochsen schlachtet, zerlegt und in Kesseln auf einen Dreifuß übers Feuer stellt, den Möser rührt, Brot knetet, Flüssigkeiten abzieht, Kuchen bäckt u. s. w. u. s. w. In einer zweiten Seitenkammer sahen wir nichts als Kriegswaffen, in einer dritten Schiffe, in einer vierten ackerbauliche Scenen, in einer fünften heilige Abzeichen und Götterbilder, in einer sechsten Thiere, Pflanzen und Früchte, und darunter abermals die Traube — u. s. w. Da jedes dieser Gemächer offenbar einen Sarkophag enthielt, königlichen Prinzen aber ihr stilles Plätzchen schwerlich am Eingang des Grabes angewiesen wurde, so waren sie wahrscheinlich für die Beamten und Diener des Königs bestimmt. Vielleicht daß dort der Oberküchenmeister, der Waffenträger, der Aufseher über die königlichen Schiffe, der Domänenverwalter, der Hauspriester, der Haushofmeister, der Hofgärtner u. s. w. beigesetzt waren. Das bei weitem interessanteste Gemälde aber in einem der letzten dieser Seitengemächer stellt zwei königliche Minstrels dar, wie sie frisch in die Harfe greifen, und das antike Interesse wird gar zum romantischen durch die Bemerkung, daß der eine dieser „Bringer der Lust" des Augenlichts zu entbehren scheint. Ja so groß ist die romantische Freude an der

Entdeckung der genannten Darstellung gewesen, daß man dieses Pharaonengrab das Grab des Harfners zu nennen beliebt hat.

Zuletzt besichtigten wir, schon leiblich müde und geistig satt, ganz kurz noch das Grab des Königs Ramses V., das sich durch seine sehr allmählige Absenkung und durch die Regelmäßigkeit seiner Zimmer und Corridore hervorthut. Mir aber war es hauptsächlich aus dem Grunde interessant, weil es schon zur Zeit der Römer offen stand und von Römern und Griechen häufig besucht und bewundert wurde, wie viele Inschriften beweisen. Darunter sind zwei ziemlich merkwürdige, davon die eine von einem Enthusiasten, die andere von einem Lakoniker herrührt. Ein gewisser Epiphanius nämlich bemerkt ganz trocken, daß er hier in dem Grabmale des Memnon (so nannten die Römer dieses Grabmal) nichts zu bewundern gefunden habe, als den Stein (er meint damit den Sarkophag), während ein Daduchus der eleusinischen Geheimnisse, der unter der Regierung des Konstantin Oberegypten besuchte, in etwas gefühliger Weise bezeugt, daß er diese Katakomben „lange nach dem göttlichen Plato" gesehen habe.

Nachdem wir am schattigen Eingange des fast ganz verschütteten Grabes, das dem König Ramses X. zugehörte, unser einfaches Mittagsmahl eingenommen und geruhet hatten, verließen die Damen das Königsthal auf demselben Wege, auf welchem wir gekommen waren. Ich selbst aber, als der einzige Fußgänger der ganzen Parthie, durfte den steilen Richteweg über die Berge einschlagen. Es war ein saurer, aber äußerst belohnender Pfad, indem er stets am Rande des majestätischen Gebirgskessels hinführte, an dessen untern Abhängen die weitmündigen Schachte der Königsgräber gähnen. Von der Höhe des Bergrückens, der das Vorgebirge von Qurna bildet, hatte ich die großartigste Aussicht. Hinter mir in der wilden Bergschlucht die Gräber der Könige und Rathsherren, die, „das Wüste bauen;“ vor mir in der grünen Thalebene zu beiden Seiten des majestätischen Flusses die Ruinen sämmtlicher pharaonischen Prachtbauten! Auf einem der Bergvorsprünge aber, der die beste Aussicht nach beiden Seiten gewährte, fand ich zwei arabische Führer wie zwei Geier auf der Lauer sitzen, bereit auf den ersten schaulustigen Europäer hinabzuschießen, der sich vorn auf der thebanischen Ebene oder hinten in dem Königsthale zeigen möchte.

Dicht neben der senkrechten Wand, unter welcher die ältesten, „noch dem alten Reiche angehörenden Gräber“ der thebanischen Todtenstadt liegen, kletterte und rutschte ich auf einem schwindelnden Vorsprung, den man durch hier und da eingehauene Stufen gangbar gemacht hatte, über Steingebröckel und Geröll in das Asasif-Thal hinab und fand mich beim nordwestlichen Ende desselben mit einem Male am Fuße „der ältesten Tempelanlagen des westlichen Thebens aus der Zeit des ersten mächtigen Aufschwungs des neuen egyptischen Reiches.“ Den Plan dieses merkwürdigen Gebäudes ließ die Zerstörung umher schwer erkennen.

Während ich auf den Ruinen des großen Tempels an der Nord-West-Ecke des Asasifthales, in denen sich gleichfalls ein christliches Kloster Deir el Bahri, d. i. das nördliche Kloster, eingenistet hatte, von dem beschwerlichen Marsche ausruhte, sammelten sich um mich die eingebornen Alterthumskrämer mit ihren Körben und Säcken voll menschlicher Glieder, verstockter Mumien-Leinwand, geprägter Lederfetzen, zerbrochener Götter-Figürchen, römischer Münzen u. s. w. Da es unmöglich ist, sich dieser, ich möchte sagen, Bremsen der thebanischen Ebene zu erwehren, so mußte ich sie gern oder ungern schon gewähren lassen, und während sie mir Bruchstücke der alten Egypter fast in die Tasche steckten, schritt ich heroisch jener Gräbergruppe „aus der 26. Dynastie des 7. und 6. Jahrhunderts v. Chr.“ zu, die hier auf der felsigen Ebene des

Asasifthales zwischen dem Memnonium und dem Dorfe Qurna in den Boden gehauen sind.

Bald traten mir aus schwarzen Ziegeln gefertigte Mauern entgegen, und näher hinzugehend schaute ich in einen vertieften Hof, den sie in länglichem Viereck umschließen. Gewölbte Thore führen in das Innere desselben. „Dieser unbedeckte Hof, in der größten jetzt zugänglichen Grabanlage, welche für einen königlichen Schreiber Petamenop ausgeführt wurde, ist 100 Fuß lang und 74 Fuß breit. Aus ihm tritt man durch eine Vorhalle in einen großen, von zwei Pfeilerreihen getragenen Felsensaal von 65 zu 52 Fuß Ausdehnung mit einigen Nebenkammern und Korridoren zu beiden Seiten, dann durch einen gewölbten Zugang in einen zweiten Saal mit 8 Pfeilern von 52 zu 36 Fuß und in einen dritten mit 4 Pfeilern, 31 Fuß tief und breit, endlich aber in eine Kammer von 20 zu 12 Fuß, welche mit einer Nische schließt. Aus dieser Kammer am Ende der ersten Zimmerreihe leitet eine Thür links zu einem mächtigen Raum und rechts eine andere zu einer fortlaufenden Reihe von 6 Korridoren mit 2 Treppen von 9 und von 23 Stufen und einer Kammer, in welcher ein senkrechter Schacht 44 Fuß tief zu einer kleinen Nebenkammer führt. Diese zweite Flucht von Kammern und Gängen, welche mit der ersten im rechten Winkel läuft, beträgt in ihrer Gesammtlänge 172 Fuß, während die erste, den äußern Hof mit gerechnet, 311 Fuß betrug. Von der Brunnenkammer geht endlich wieder nach rechts ein Korridor ab, welcher zu einer Querkammer leitet, zusammen 58 Fuß in dieser Richtung. Ehe man aber in der zweiten Flucht zu den Treppen gelangt, öffnet sich eine neue vierte Linie von Gängen nach rechts, 122 Fuß in ein und derselben Richtung fortlaufend, an welchen sich links ein großer viereckiger Umgang, von 60 Fuß an jeder Seite, mit andern Nebenkammern anschließt. In der Mitte unter diesem Viereck ruht auch in der That der Sarkophag des Verstorbenen, zu dem man aber erst vermittelst eines senkrechten Schachtes von 18 Fuß Tiefe in der vierten Flucht gelangt, welcher zu einem horizontalen Gange von 58 Fuß, dann zu einem dritten Schachte, durch diesen zu neuen Kammern, und endlich durch die Decke der letztern zu einem darübergelegenen Raume führt, welcher den Sarkophag enthält, und genau unter der Mitte des eben genannten Vierecks liegt. Die gesammte Grundfläche dieses einen Privatgrabes ist demnach auf 21,600, und mit den Schachtkammern auf 23,148 □ Fuß berechnet worden. Noch kolossaler erscheint dieses ungeheure Werk, wenn man bedenkt, daß alle Wandflächen, Pfeiler und Thüren von oben bis unten mit unzähligen Darstellungen und Inschriften bedeckt sind, welche durch die Sorgfalt, Schärfe und Eleganz der Ausführung in immer größeres Staunen versetzen."

Meine Zeit war leider zu kurz, die Spannkraft des Geistes zu abgenutzt und die Luft in den unterirdischen Kammern, die je weiter nach hinten um so dichter mit stinkenden Fledermäusen bevölkert waren, zu ungenießbar, als daß ich die genaue Schilderung unsres Lepsius genau mit der Wirklichkeit hätte zusammenhalten können. Ich begnügte mich mit dem allgemeinen Eindrucke dieses umfangreichsten aller egyptischen Grabmäler und wandte mich mit meiner unterdeß angelangten Gesellschaft dem benachbarten Hügel Abd el Qurna zu, wo einige wohlhabendere Bewohner des neuen Dorfes diesen und jenen Vorsprung mit einem ziemlich stattlichen Hause gekrönt haben.

Vor einer Bauerwohnung, die ihren Platz dicht vor dem Eingange zu einem der interessantesten Privatgräber genommen hatte, machten wir noch einmal einen kurzen Halt. Der Bauer öffnete uns mit einer Miene, als wollte er sagen: „Dieses Grab meines heidnischen Vorfahren ist mein!" die vorgeschobene Thür, und die schnell angezündete Kerze zeigte uns alsbald, daß die wohlerhaltenen Wanddarstellungen allerdings ein außerordentlich helles Licht auf die Sitten und Bräuche der alten Egypter werfen. Die äußere Kammer enthält unter andern einen feierlichen Aufzug afrikanischer und asiatischer Fürsten, die dem egyptischen Pharao Thotmes Tribut bringen. In der obersten Linie schreiten kurzgekleidete Männer von schwarzer und dunkelrother Farbe mit Affen, Leoparden, Elfenbein, Fellen und Früchten daher. Die zweite Linie zeigt uns hellrothe Leute mit langem geringeltem Haar, aber ohne Bart; sie bringen zierlich gearbeitete und mit Blumen verzierte Gefäße, Halsbänder und andere Kostbarkeiten. In der dritten Linie treten Ethiopier auf, mit ledernem Gürtel und auswärts gekämmtem Haar; ihre Gaben bestehen in goldenen Ringen, Häuten, Ebenholz, Straußen-Eiern und -Federn, Jagdhunden, langhärigen Stieren u. s. w. Die vierte Linie stellt offenbar Nordländer dar: das bezeugt die weiße Farbe im Verein mit den enganschließenden Aermeln und den langen Handschuhen, die Einige als Tribut dem Könige entgegenbringen. Ein blauberändertes Gewand von weißer Farbe fließt ihnen vom Nacken hernieder, und die unbedeckten Hauptes gehen, zeigen ein kurzes röthliches Haar, während die Andern eine ganz knappe Kopfbedeckung tragen. Alle haben kurze Bärte. Unter ihren Ehrengeschenken sind Rosse und Wagen, ein Bär und ein Elephant, In der fünften Linie endlich sehen wir Egypter vorantreten und ethiopische Frauen, die ihre Kinder in Körben auf dem Nacken tragen, hinterherschreiten u. s. w.

Das innere Zimmer führt uns in die altegyptischen Werkstätten. Da rühren sich Tischler, Zimmerleute, Seiler, Ziegelstreicher, Schmelzer u. s. w. — Am interessantesten aber ist die Gruppe der Stein-Künstler. Da bearbeitet man den Felsenblock aus dem Rohen, während Andere einer Sphinx und zwei kolossalen Königsstatuen die letzte Vollendung geben. Auf der Wand gegenüber aber stellt sich eine Scene häuslichen Behagens dar, wahrscheinlich ein Gastgelag.

Eine schlanke und frei dahertretende Dienerin füllt einer der Gastdamen den Becher mit Wein und giebt einer dahinterstehenden schwarzen Sklavin, die in der üblichen Weise ihres Volkes einen Teller auf der umgekehrten Hand hält, einen leeren Becher zurück. Dort ist selbst ein von Dompalmen und Dattelbäumen umgebener See, und der Eigenthümer des Grabes sitzt gemächlich in seinem vom Lande her gezogenen Lustboote.

Das letzte Bild war wohl geeignet, uns an unser eigenes Lustboot mit seinen Bequemlichkeiten und Erfrischungen zu erinnern. Wir brachen rasch auf, und vor dem benachbarten Memnonium am Rande des Fruchtgefildes und vor den beiden Kolossen mitten in den wogenden Saaten Abschiedshalber noch einmal vorüberziehend, gelangten wir mit Sonnenuntergang zu unserm schwimmenden Häuslein.

Abfahrt von Theben.
Der Venustempel von Dendera.

Noch heitrer als der oberegyptische Himmel, dessen ewige Wolkenlosigkeit in das Reich der schönen alten Fabeln gehört, liegen die sieben Tage in unsrer Erinnerung, die wir neben den interessantesten Trümmern des egyptischen Alterthums in Theben verleben durften. Die Ausflüge in die thebanische Ebene mit ihrer drückenden Sonnengluth und auf die thebanischen Berge mit ihrer ermüdenden Steile, das Umherklettern auf den gewaltigen Steinhaufen, das Aufsuchen der zerstreuten Reste, das Auffinden des ehemaligen Zusammenhangs, das Durchmustern, Anschauen und Genießen der überreichen Kunstproben einer der frühesten Kulturepochen des Menschengeschlechts, — das Alles hatte freilich des Anstrengenden und des Abspannenden zu viel, als daß jene sieben Tage in der Gegenwart selbst nichts als eine ununterbrochene Kette ruhigen Genusses hätten sein können; aber in der Erinnerung dient ja alles Trübe und Unangenehme, was die Vergangenheit mit sich führte, stets nur als hebende Folie für den hellen und schönen Kern. Außerdem aber sind wir nie in die Fußtapfen jener Reisenden getreten, die, selbst auf die Gefahr hin auch nicht Eines zu genießen, Alles sehen wollen. Wir hatten, wie stets so auch hier, uns Pausen der Ruhe zwischen den einzelnen Akten des großartigen Schauspieles von vornherein geordnet, und die unvergleichlichen Morgen und

Abende, die man dort bei Theben nie ausbewundern und ausgenießen kann, faßten selbst jene beschwerdevollen Tage, die zum Gehen, Suchen und Sehen bestimmt waren, in den heitersten Rahmen. Wo ist die Feder, die den Farbenreichthum thebanischer Morgen- und Abendscenen auch nur genügend andeuten könnte — wenn selbst der Pinsel dazu nicht ausreicht?

Unsere Barke lag gerade so, daß wir jenen großartigen Felsenkessel des Gebirges, der die thebanische Todtenstadt umschließt, von einem bis zum andern Ende übersehen konnten, und es interessirte uns zwischen einer vereinzelten Gruppe von Nilakazien hindurch nach dem Hügel Abd el Qurna auszuschauen, wo ein von Wilkinson und Hay durch erweiternde Ziegelbauten wohnlich gemachtes und nun mit dem Wartthurm am Ende des Hofes wie eine kleine Felsburg auf das Thal herabblickendes Grab der preußischen Expedition einen reizenden Aufenthalt gewährte. Da unser Sirian, wie gesagt, bei Lepsius Koch gewesen, so wurde es mir nicht schwer auch den „treuen" Burgwart Auad kennen zu lernen, und es freute mich, ihn mit sichtbarer Liebe von seinen alten Herrn sprechen und sich bitter beklagen zu hören darüber, daß manche Fremdenführer, den eifersüchtigen Engländern zu Liebe, alle neueren und oft selbst die allerältesten Verstümmelungen der Bau- und Kunstdenkmäler der preußischen Expedition ohne Weiteres zur Last legen. Lepsius selbst hat sich seitdem in dieser Beziehung zu rechtfertigen gesucht, und sehr wahr ist es jedenfalls, wenn er zuletzt sagt, daß es, „von einer gänzlichen Unwissenheit über die heutigen egyptischen Verhältnisse oder über das, was den Denkmälern des Alterthums überhaupt das eigentliche Interesse für uns verleiht, zeugen würde, wenn Jemand nicht wünschen sollte, daß von den eben so kostbaren, als in ihrer Heimath mißachteten und noch täglich in Masse zerstörten Schätzen jener Länder möglichst viel in die öffentlichen

Museen Europas gerettet werden.“ Der „treue“ Burgwart freute sich, als ich ihm davon sagte, und nickte mit dem ganzen Leibe Beifall zu, als ich auf die benachbarten zwei Kalköfen hinüberwies, in welchen noch immer „so oft der Bedarf eintritt, die ersten besten Blöcke der alten Tempel- und Felsengrotten mit ihren Bildern und Inschriften zermalmt und zu Kalk verbrannt werden, um wieder andere Blöcke, die aus diesen bequemen und unerschöpflichen Steinbrüchen gezogen sind, zu irgend einer Viehhalle oder andern Bauanlagen der Regierung zusammen zu leimen.“

Am Morgen des 23. Januar endlich glaubten wir die Zeit gekommen, um von der hundertthorigen Stadt Abschied zu nehmen, und schon am Nachmittag des 24. wanderten wir über einen schmalen Saum des nilbefruchteten Saatlandes, und dann über langhingedehnte Strecken Halfehgrases mit weidenden Schaf- und Kuhheerden, den Trümmerhaufen der Stadt Dendera zu, um den besterhaltenen aller egyptischen Tempel zu besuchen. Er war der egyptischen Venus geweiht, und obgleich er fast nur aus der spätern Zeit der Römer stammt und mit wenig anmuthigen und geschichtlich ziemlich bedeutungslosen Sculpturen, so wie mit übel angebrachten Hieroglyphen überladen ist, so nimmt er doch hauptsächlich wegen seiner Wohlerhaltenheit eine Stelle unter den anziehendsten Baudenkmälern des egyptischen Alterthums ein; ja und sein Portikus, an dessen Decke jener berühmte Thierkreis abgebildet ist, der zu so viel gelehrtem Streit Veranlassung gegeben, nimmt sich auch außerdem mit seinen an und für sich etwas schwerfälligen und an den Kapitälern allzusehr verzierten Säulen in der That gar stattlich aus. Das Interessanteste daran aber bleibt doch der Umstand, daß er fast so unversehrt dasteht, als ob es nur des Priesters, der Opfer, und der feiernden Menge bedürfe, um die zwischen der Zeit seiner Erbauung und der Gegenwart liegenden Jahre zu vergessen.

Auch von der Kapelle der Isis, welcher Strabo ihren Platz unmittelbar hinter dem Tempel der Venus anweist, sind noch einige Trümmer geblieben. Vor dem Bildnisse der Kuh in diesem Tempel sollen sich einst einige indische Soldaten der brittischen Armee anbetend niedergeworfen haben, und mehr als übereilige Gelehrte haben auf diese sandige Grundlage den kolossalen Schluß gesetzt, daß deßhalb zwischen den altindischen und alteg yptischen Religionen ein unmittelbarer Zusammenhang stattfinden müsse. Ich würde mich kaum wundern, wenn jene indischen Soldaten sich vor der ersten besten Pharaonengestalt mit gezücktem Schwert oder gespanntem Bogen als vor einem heiligen Wischnu Rama-Avatara irrthümlicher Weise in den Staub gelegt hätten, und kann mich mit dem besten Willen nicht wundern, wenn sie vor der wohlerkannten Kuh sich niederwerfen zu müssen glaubten, die als ackerbauendes Hausthier den beiden ackerbauenden Völkern der Hindus und der Egypter aus dem gleichen allgemeinen Grunde heilig wurde. Daraus daß einige katholische Matrosen Vasco di Gama's bei ihrer ersten Landung in Calicut vor den heidnischen Götzen als vor katholischen Heiligenbildern sich ehrerbietig verneigten, läßt sich doch sicherlich nicht darthun, daß der Katholicismus und Brahmanismus aus einer und derselben Wurzel entsprossen sind.

Ein kostbarer Abendschein leuchtete uns von den einsamen Trümmern über das grasbewachsene Ruinengefilde heim. Hinter uns die im dunkelsten Roth brennende Höhe mit den Tempeltrümmern, zu unsern Füßen die in's Goldige spielenden Halfefelder, und vor uns eine in dem ätherhaftesten Rosenroth wie zerrinnende Bergreihe der arabischen Wüste, hinter welcher, gerade in der Mitte, der Mond mit Einem Male so voll und so hoch orangegelb hervorquoll und hervorblühte, daß wir Alle für ein paar Augenblicke unwillkührlich still standen.

Die Felsengräber von Amarna und Benihassan, so wie die übrigen mittelegyptischen Alterthümer zwischen Keneh und Minieh.

In der Nähe von Dendera hatten wir noch einmal die Genugthuung, Krokodile in einiger Entfernung so ruhig schlafen zu sehen, daß selbst die arabischen Kehlen unserer Matrosen sie nicht zu erwecken im Stande waren.

Es gab eine Zeit, wo dieser amphibische Riese minder sorglos sich so des weichen Sandes, der lieben Sonne und der frischen Luft in dieser Gegend erfreuen durfte. Die Denderiten waren nämlich seine erklärten Feinde, und so groß war ihre Geschicklichkeit in der Befehdung desselben, daß sie selbst in der schauseligen Hauptstadt des römischen Reiches den guten Römern ihre kühnen Manöver in einem künstlichen Teiche vormachen mußten. Mit den Bewohnern von Ombos aber, denen das Krokodil ganz besonders heilig war, wurden sie gar in einen heiligen Krieg verwickelt, dessen Ende, — wenn wir dem Berichte des nach Egypten verbannten Juvenal trauen dürfen, — die siegende Parthei mit einem kannibalischen Mahle feierte.

Je tiefer wir nach Minieh hinunterkamen, desto günstiger gestaltete sich das Wetter für unsere Schiffer. Der Gegenwind wurde je länger je schwächer, und dann trug die Strömung des gütigen Flusses die Barke zuweilen so pfeilschnell hinab, daß die armen Ruderer aller Arbeit ledig sangen und sprangen, während der früher erwähnte Spielmann unter ihnen, zum großen Leidwesen für unsre Ohren, in die Saiten griff. Wo sie aber mit dem Ruder dennoch nachhelfen mußten, da kauerte das einäugige Männchen, dem eine schnelle Beendigung der Fahrt den meisten Gewinn brachte, vor ihnen hin und dichtete und sang ihnen so angenehme Dinge über sich und über sie selbst, über den Hawadje (den Herrn) und die Sitti (die Dame), über Abbas Pascha und über El Masr (Kairo), und vor allen Dingen über die Hauptsache, den „Bakschis" vor, daß ihre Arme noch einmal so schnell das Ruder handthierten, während sie vor lauter Lachen kaum noch zu singen vermochten.

Uns selbst wollte unsere Barke, seitdem sie die Natur des Vogels gegen die der Spinne umgetauscht hatte, nicht mehr so wohlgefallen, besonders wenn ein etwas stärkerer Gegenwind dem spinnenfüßigen Gang derselben entgegenarbeitete und sie dann zuweilen wie einen Kreisel umdrehte. Schon lange vor Minieh aber, das wir noch am Abend des 3. Februar erreichten, hörte aller Gegenwind vollkommen auf, und endlich stellte sich gar ein so leiser Hauch zu unsern Gunsten ein, daß es eine wirkliche Lust war, sich von dem Doppelelement des Stromes und des Windes so hinabspielen zu lassen.

Doch ich muß meinen Lesern die Alterthümer zeigen, denen wir auf dem Wege von Keneh nach Minieh begegneten. Bei Bellianeh,, dem letzten großen Orte vor Girgeh, führt ein Ritt von zwei Stündchen nach den ausgedehnten, aber vom Sande der Wüste fast verschlungnen Ruinen von Ebot oder Abydus hinüber, das unter den vielen fabelhaften Gräbern des Typhon-gemordeten Osiris neben Memphis die erste Stelle einnahm und wie dieses, als eine der geheiligtsten Begräbnißstätten, die Leichen derer, die mit dem geliebten Gotte an dem gleichen Orte ihrer künftigen

Wiedergeburt entgegen zu träumen begehrten, selbst aus der Ferne an sich zog.

Die Gräber dort gehen nach Wilkinson auf die Zeit des sechzehnten Königshauses hinab, und der von Ramses dem Großen vollendete Tempel des hier in seiner heiligsten Eigenschaft verehrten Osiris mit dem Alabaster-überkleideten Heiligthum zeigt noch jetzt eine Tafel mit den Namen der egyptischen Pharaonen vor jenem Ramses, die den egyptischen Alterthumsforschern, trotzdem daß sie in ihrem verstümmelten Zustande über die Reihenfolge der allerersten Pharaonen im Dunkel läßt, zu einem wahren Leitsterne auf dem Ocean ihrer monumentalgeschichtlichen Forschungen geworden ist. Auch von dem sogenannten Palaste „des Memnon," einem Gebäude, das schon von Osirei, dem Vater des großen Ramses, begonnen wurde, sind noch Reste vorhanden, und die eigenthümlich bogenförmige Ueberdachung desselben, die auf eine Zeit zu deuten scheint, wo man den Bau des eigentlichen Bogens in Egypten noch nicht kannte, nimmt als eine besondere Erscheinung unter den altegyptischen Baudenkmälern das Interesse des Alterthumsforschers besonders in Anspruch.

Bei alle dem konnten wir uns nicht entschließen, die süße Ruhe auf der Barke, deren wir nach einem erst ganz kürzlichen, ziemlich bittern Verdruß mit unsern Schiffsleuten auch in geistiger Beziehung so sehr bedurften, gegen den heißen Ritt nach dem „ehrwürdigen" Abydus mit seinen sandbegrabnen Ruinen zu vertauschen. Wir ließen daher unsere Reisebegleiterinnen über die sonnige Ebene allein ziehen.

Bei Abutig dann später suchte uns die gastfreundschaftliche Liebe der „alten Muhme," die herzustürzend den Damen mit ungestümer Freude um den Hals fiel und uns Alle zu einer Tasse Kaffee fast bei den Händen in ihr Lehmhaus zog, für die versäumten

Alterthümer möglichst schadlos zu halten. So wenigstens konnten wir es nehmen. Die Besichtigung der sehr verwüsteten Felsengräber aber, die sich in der Thalwand hinter dem benachbarten Siut öffnen und in denen Lepsius schon von weitem den großartigen Styl der 12. Dynastie wiedererkannte, ersparten uns die Schiffer, die uns wider unser Wissen und Willen in der folgenden Nacht weit darüber hinausfuhren. Ich hatte, da ich's am Morgen erfuhr, kaum ein Bedauern dafür.

Als wir bald nachher zur Einnahme von einigen Mundvorräthen bei Manfalut Halt machten, verspürte Niemand von uns Allen auch nur die geringste Lust in die berühmten Krokodilgräber bei dem jenseitigen Maabdeh hinabzugleiten, mochte nun die Geschichte von den zwei darin erstickten Führern Dichtung, Wahrheit, oder aber Dichtung und Wahrheit sein. Da indeß dieser oder jener Leser, der etwa in seinem bequemen Schlafrock auf dem gemüthlichen Studirzimmer sehr gern beschwerliche Reiseabentheuer bestehen mag, mir's vielleicht im Herzen verdenkt, daß ich nicht doch ihm zu Liebe die schwerern Kleider abgelegt, mir ein Tuch um den Kopf gewunden, einen leinenen Kittel angezogen, und so auf Händen und Füßen die unterirdische Reise gemacht habe, so lasse ich ihm die Sache von einem der wenigen Engländer, die, mit einer besseren Lunge als ich versehen, der bösen Luft jener Höhle getrotzt haben, von Anfang bis zu Ende vorerzählen:

„Nachdem die nöthigen Lichter angezündet waren, legte sich der Führer aufs Gesicht und kroch durch eine außerordentlich enge Felsenspalte. Die Uebrigen folgten seinem Beispiele, und auf Händen und Füßen eine Strecke hinrutschend, erreichten sie eine drei oder vier Fuß hohe Gallerie, die so entsetzlich heiß und dabei mit so ekelhaften Dünsten angefüllt war, daß man es zuerst kaum aushalten konnte. Nachdem man sich an die bösen Dünste, in welchen übrigens das Licht ungehindert fortbrannte, ein wenig gewöhnt hatte, ging man weiter, und an dem Leichnam eines Mannes, der, der Aussage des Führers zufolge, vor einigen Jahren daselbst erstickt war, vorbeischreitend, gelangte man an das Ende der Gallerie. Hier that sich eine noch niedrigere Oeffnung auf. Einer nach dem Anderen legte sich flach auf das Gesicht und ließ sich so in eine hohe Naturhöhle voll langer und schöner, aber von dem Dunst und Rauch der Jahrtausende mit einer dicken schwarzen Kruste überzogener Tropfsteingebilde hineinschieben und schleppen. Da am Eingange der Höhle eine tiefe Kluft gähnte, über die man nothwendigerweise hinweg mußte, so hatte man die größte Vorsicht nöthig. Der Führer band nun den Endfaden eines Knäuels an einen großen Stein und ließ ihn, vorwärtsschreitend, hinter sich abrollen. Man kletterte über rauhe Felsenmassen in eine zweite Gallerie hinein, die von stinkenden Fledermäusen so wimmelte, daß die gestörten Nachtvögel bei ihrem gesenkten Fluge die Lichter mehr als einmal auslöschten. Nun ging es eine lange Weile über sehr unebene und mit einzelnen Theilen von Menschen- und Krokodilmumien bestreuten Boden, bald in aufrechter, bald in kriechender Stellung. So erreichte man endlich die äußerste Höhle von nur sechs Fuß Höhe, aber ziemlicher Breite und bedeutender Länge. Obgleich hier die Luft ganz faul war, so fand doch die ermüdete Gesellschaft einige Augenblicke der Ruhe für unerläßlich. Man ließ sich auf den mit Palmblättern ziemlich hoch überdeckten Boden nieder und fand umhertastend bald, daß man auf einer festen Masse von Krokodilmumien saß, die mit Palmblättern umwickelt und dicht zusammengepreßt waren.

Es war eine sehr eigenthümliche Scene. Rings umher kauerten die malerischen Gestalten der Araber; jeder hielt eine Kerze in seiner Hand und wischte sich mit der anderen den niederströmenden Schweiß von Stirn und Gesicht. Die Höhle aber, mit dürren Blättern und Knochen überstreut und von langen Tropfsteingebilden überhangen, war so matt beleuchtet, daß sich das Ende derselben in völlige Nacht verlor. Die Führer eilten in einen der dunklen Seitengänge und legten, zurückgekommen, dem Herrn der Gesellschaft die ausgedorrte Mumie eines Kindes von etwa acht Jahren als Geschenk zu Füßen. Das äußerste Ende dieser schauerlichen Grotte aber fand sich bis an die Decke mit Krokodilen ausgestopft, deren kleinere Exemplare zu sechs, acht und zehn Stück in eine grobe Leinwand niedlich zusammengebunden waren. Niemand wußte zu sagen, wie weit dieses Todtenmagazin sich nach hinten noch ausdehnen möge."

Ich lasse nun den englischen Reisenden für sich allein an die freie Tagesluft zurückkriechen, rutschen und klettern, und führe den Leser flugs nach den tiefer abwärts liegenden Trümmern von Amarna.

In dem öden Bereich derselben zwischen den nackten Felsen der Wüste und dem fruchtbaren Nilgelände stießen wir im Abendschein zum ersten und zum letzten Male auf eine junge Hyäne. Wir begaben uns am andern Morgen in aller Frühe zu den dahinterliegenden Bergen, wo sich die merkwürdigen Grabgrotten Amenophs IV. finden, jenes Gegenkönigs der 18. Dynastie, der „ein ausschließlicher Verehrer der Sonnenscheibe" seinen Namen in den des „Bechenaten" umänderte, die einheimischen Götter verfolgte und an der Stelle des egyptischen Götterkönigs Amon Ra den Atin Ra, d. i. die strahlende Sonne, gesetzt wissen wollte. Strahlende Sonnen sind denn auch die hervorstechendsten Figuren in den dortigen Wandgebilden, und man sieht nicht selten die ganze königliche Familie bis auf die Kinder herab vor einer solchen Sonne beten und opfern, während diese mit ihren in menschliche Hände auslaufenden Strahlen ihren treuen Verehrern das Zeichen des Lebens spendet.

Wir verweilten nur kurze Zeit in diesen Felsengräbern, die

der Pyramidenmesser Perring, aller geschichtlichen Zeitfolge zum Trotz, den Hirtenkönigen zugeschrieben hat. Die absichtliche Verwüstung derselben von offenbar rechtgläubiger Hand deutet nur auf zeitweilige Herrschaft einer sehr verhaßten Sekte, die aber immerhin mit dem Osten irgendwie in Verbindung gestanden haben könnte. Jedenfalls ist dieses Zurückgehen zu einem nacktern Naturdienste äußerst merkwürdig, und auffallend ist der Contrast zwischen den herkömmlichen Götterformen, wo die Menschengestalt in eine sinnbildliche Thiergestalt auszulaufen pflegt, und dieser, die ein zum Menschengebilde in sehr äußerlicher Weise anstrebendes Naturgebilde aufzeigt.

Einige Stunden tiefer hinab schritten wir über Zuckerpflanzungen, strauchbewachsene Weideplätze, Saat- und Grasgefilde dem dürren Sandgürtel am Saume der Berge zu, in dessen Mitte das koptische Kloster Dair e Nakl in der Sonne gleichsam röstet, während das dazugehörige Dorf, das von den Dattelbäumen den Namen hat, in einem kühlen Palmenwalde am äußersten Rande der Nillandschaft geborgen liegt.

Wir erkletterten nicht ohne Mühe die Höhe der Berge, die dicht hinter dem vorgenannten Kloster mit seinem ausgedehnten Begräbnißplatze ziemlich keck emporsteigen, und suchten uns in der dortigen Reihe prächtig ausgeführter Felsengräber der 12. Dynastie, von denen die meisten leider durch späteres Steinbrechen verstümmelt sind, das Grab des „königischen" Ki-si-Tuthotep auf, in welchem unter andern der Transport einer kolossalen Bildsäule aus Kalkstein dargestellt ist. Der Koloß selbst ruht auf einer Art Schlitten, der von 172 Leuten, zum Theil offenbar fremdländischen Sklaven, in vier Linien gezogen wird. Auf dem Knie der Bildsäule steht der Dirigent, der ganz im Sinne der heutigen Egypter, die jede taktmäßige Arbeit mit einem Gesange zu begleiten pflegen, zu dem gemessenen Gange eines Liedes in die Hände klatscht, und auf dem

Fußgestell der Bildsäule postirt, gießt Jemand eine Flüssigkeit auf den wahrscheinlich mit Planken belegten Boden aus, offenbar damit der Koloß, welcher der Inschrift zufolge 13 egyptische Ellen, d. i. etwa 27 Fuß hoch ist, desto leichter dahingleite. Unten schreitet eine Anzahl von Leuten mit Gefäßen und allerlei Maschinenwerk, gefolgt von stabbewaffneten Werkmeistern, nebenhin, und hinterher kommen zwölf Männer in vier Reihen, vielleicht die Steinmetzen, die den Koloß gefertigt und nun die Oberleitung des Transports übernommen haben. Dicht an der Bildsäule spendet zu Ehren des dadurch vorgestellten Mannes ein Schreiber von der Priesterkaste Weihrauch, und oben in der Spitze der Darstellung sieht man Leute mit Palmzweigen in sieben Abtheilungen nach einer entgegengesetzten Richtung hin abmarschiren; sie sind vielleicht soeben abgelöst worden und ziehen nun nach vollendetem Frohndienste wieder heimwärts. Weiter hin metzgert man ein Rind und bringt die einzelnen Stücke an die Thür des Hauses, wohin die Bildsäule gezogen wird. Dort sitzt der Eigenthümer des Grabes unter einem Thronhimmel.

Nachdem wir auch die übrigen nicht uninteressanten Darstellungen durchmustert hatten, verließen wir das reiche Grab dieses „Freundes des Königs" wie er in der Inschrift genannt wird, und versenkten Herz und Aug' in die noch reichere Nillandschaft, die nach dem Grabeseingang dicht unter der Höhe des unfruchtbaren Felsens so wunderlieblich hinauflachte, als wenn der Tod, den man da oben mit der Farbe des Lebens übertüncht hat, in der That keine Schrecken hätte.

Wir stiegen diesem unendlich schattirten Farbenmeer, dem zur Vollständigkeit nichts als das brennende Roth fehlte, entgegen langsamen Schrittes wieder hinab, und wurden unten von einem neuvermählten koptischen Christen angehalten, den der leidige Aberglaube, dieser Alp der koptischen Kirche, uns um ein kleines Geschenk ansprechen hieß. Auf einem der lieblichsten und gemüthlichsten Umwege über stille Felder und Auen voll arbeitender Menschen und weidender Heerden gelangten wir kurz vor Sonnenuntergang wieder zu unserer Barke, und als das Gestirn des Tages die letzten Strahlen warf, standen wir auf den mächtigen Trümmerhaufen von Antinoe, dicht am Rande eines im Abendwinde ersäuselnden Palmenwaldes.

Am andern Morgen richteten wir neugestärkt unsere Schritte über ziemlich wüste Gegenden dem Tempel der Pascht, d. i. der egyptischen Jagdgöttin zu, der nicht weit vom Eingange einer einsamen, tiefen Bergschlucht ein wenig südöstlich von dem verrufenen Benihassan in den Felsen gehauen ist. Nachdem wir uns dort ein wenig erholt und ein zufällig aufgefundenes Felsen-Echo mit glockenheller Stimme, das mit dem Tempel der Jagdgöttin in diesem wüsten Revier vortrefflich harmonirte, mehrmals erprobt hatten, eilten wir immer am Rande des Gebirges in der vollen Mittagssonne den berühmten Felsengräbern zu, die sich etwa ein Stündchen von Benihassan am Abhange des Gebirges öffnen.

Lepsius verweist diese in mehr als Einer Beziehung merkwürdigen Grotten in die zwölfte Dynastie. Er glaubt den plötzlichen Sturz der blühenden Stadt Nus, zu der diese Todtenstadt von Benihassan gehörte, noch jetzt darin zu erkennen, daß von den vielen Felsengräbern nur elf überhaupt mit Sculpturen u. s. w. versehen und von diesen wiederum nur drei vollendet wurden. Zu den letzteren leiten unmittelbar von dem Ufer des Flusses her breite Straßen, die sich an den Steinen zu beiden Seiten erkennen lassen, und am oberen Ende, wo der Hügel steiler wird, in ausgemauerte Stufen auslaufen.

Ich führe meine Leser sogleich in das zweitletzte Grab nach Norden zu, und stelle sie unmittelbar vor das allerinterressanteste Gemälde an der nördlichen Wand desselben. Dort sitzt der hohe Beamte, dem die Gruft gehört, und der königliche Schreiber Nefruhotep überreicht ihm ein Papyrus-Blatt des Inhalts, daß eine fremdländische Familie von 37 Personen im sechsten Jahre des Königs Sesurtasen II. nach Egypten gekommen ist. Diese Familie selbst wird von einem andern Egypter unmittelbar bei jenem königlichen Beamten eingeführt. Zwei aus ihr treten vor und bringen der eine eine wilde Ziege und der andere eine Gazelle zum Geschenk. Vier Männer mit Keule und Bogen folgen, voran ein von einem Knaben und vier Frauen begleiteter Esel, auf dessen Rücken zwei Kinder in Körben hangen. Dann kommt ein Lastesel, — und zwei Männer, der eine wieder mit Keule und Bogen und der andere mit einer Art Leier, beschließen den Zug.

Wer sind diese hellfarbigen Leute? Sie haben entschieden semitische, ich möchte fast sagen zum Theil jüdische Gesichtsbildung; die Männer tragen Sandalen und die Frauen eine Art Halbstiefel; die Kleidung der einen wie der andern aber ist zierlich gestreift. Champollion, der keine Ahnung von dem hohen Alterthume der vorliegenden Denkmäler hatte, hielt sie für Griechen. Andere nehmen sie für asiatische Kriegsgefangene; aber dem widerspricht ihre ganze Erscheinung von Anfang bis Ende. Kriegsgefangene kommen nicht so geschmückt und so geordnet, so hoch und so frei dahergeschritten, — zumal mit Keule, Bogen und Leier. Noch andere endlich glaubten gar den Erzvater Jakob, wie er in Egypten einzieht, vor sich zu haben. Lepsius dagegen hält die Fremdlinge, wie mich dünkt mit der größten Wahrscheinlichkeit, für eine einwandernde Hyksos-Familie, die um Aufnahme in dem gesegneten Lande bittet, und deren Nachkommen dem stammverwandten semitischen Eroberer vielleicht die Thore Egyptens geöffnet haben; wie es denn überhaupt scheint, daß das Völkerdrängen von Nordosten her schon damals begann und viele Auswanderer in dem fruchtbaren Egypten ein Dienstunterkommen suchten. Bei den Fechtspielen, die in den

Felsengrotten von Benihassan so sehr in den Vordergrund treten, und selbst im Dienertrosse der Großen, deren hochgetriebener Luxus die anziehendsten Gemälde liefert, finden sich in der That unter den rothen oder dunkelbraunen Menschen der egyptischen oder der südlicher wohnenden Racen sehr hellfarbige Leute, die gewöhnlich eine von jenen verschiedene Tracht und meistens rothes Haupt- und Barthaar und blaue Augen haben, bald einzeln, bald in kleinen Abtheilungen.

Nun noch ein paar Worte über die sonstigen Wandgemälde in den großartigen Felsenhallen von Benihassan, deren keuscher Styl auch dem ungeübtesten Auge sogleich angenehm auffällt. Neben den Fechterspielen nehmen die Gewerbe, Künste und Genüsse des Friedens den ersten Platz ein, und wenn auch der Styl und die Verhältnisse der Figuren mit einigen Ausnahmen viel zu wünschen übrig lassen, — ihr hohes Alter läßt diese Mängel leicht übersehen, und das Licht, das sie auf die Sitten und Bräuche des alten Egyptens werfen, hebt den Beschauer vollends darüber hinweg. Es ist als ob man die alten Egypter leiben und leben sähe, so reich und mannichfaltig sind die Darstellungen, die sich auf das häusliche und gesellige Leben derselben beziehen. Ackerbau und Viehzucht, Jagd, Vögel- und Fischfang, Weben, Schlachten und Backen, Garten, Küche und Salon, Tanz und Spiel u. s. w. u. s. w., alles, was das natürliche Bedürfniß erheischt und die verfeinerte Sitte zum Bedürfniß macht, ist den Wänden jener Todtenhallen eingebildet worden, und glänzt dir zum Theil mit so frischen Farben entgegen, als wenn die Jahrtausende, die darüber hingestrichen, nur eben so viele Tage wären.

Was mich unter andern ganz besonders interessirte, war die Wahrnehmung, daß die Viehhirten, die bei den ackerbauenden Egyptern um ihres halbnomadischen Charakters willen in so tiefer Verachtung standen, auch demgemäß gezeichnet sind, — alles lange, dürre, gezerrte, krankhafte, und zuweilen fast gespenstische Gestalten, die gegen die vollen und kräftigen Handwerker, Ackerbauer und Krieger unverkennbar abstechen. Unwillkührlich traten mir als schlagende Parallelen dazu die verkommenen Gestalten jener indischen Kasten vor die Seele, die in einem ähnlichen Gegensatze gegen die ackerbauliche Gesittung des brahmanischen Staates mehr oder minder befangen blieben.

Ungern trennte ich mich von diesen eben so anziehenden als belehrenden Wandgemälden, und das um so mehr, als die umgebenden Räume ungewöhnlich licht, kühl und sauber waren und so selbst zum Bleiben einluden. Die letztern Eigenschaften scheint auch schon ein alter griechischer Schulmeister wohl zu schätzen gewußt zu haben, denn an der Wand einer der geräumigsten Grotten hat er seiner lieben Schuljugend das griechische Alphabet in mannichfach versetzter Ordnung hingemalt, und somit diese egyptische Grabeshalle zu einer griechischen Stoa umgeschaffen.

Nur noch eine flüchtige Bemerkung, und ich verabschiede auch meine Leser bis auf Weitres. Lepsius sagt, daß die vornehmen Priester und hohen Beamten es liebten, ihren ganzen Reichthum an Pferden und Wagen, an Heerden, Barken und Geräthschaften, ihre Jagdreviere und Fischteiche, ihre Gärten und Gesellschaftssäle, ja selbst die von ihnen beschäftigten Künstler und Handwerker auf den Wänden ihrer Gräber darstellen zu lassen. Ganz wahr, und ich möchte darauf hin die Frage stellen: Was mag sie im tiefsten Grunde dazu bewogen haben? Ich meine, ganz dieselbe Neigung, vermöge deren sie den Tod in ihre lachendsten Festgelage hineinzogen, trieb sie zu dem entgegengesetzten Bestreben, das volle Leben in ihre einsamen Todtenkammern mit hinüberzunehmen. Und was war die gemeinsame Wurzel dieser Neigung? Ich denke tiefe, ungesättigte Lust am Leben, das auf dem vaterländischen Boden mit seiner unerschöpflichen Fülle, unter dem vaterländischen Himmel mit seiner durchsichtigen Bläue, und in der vaterländischen Luft mit ihrer elastischen Reine „so zephyrleicht, so spiegelklar und eben" dahinfloß. O wie gern hättest du da die strenge, schauerliche Grenze zwischen Tod und Leben verwischt und vergessen, du Sohn Egyptens! — Vergebener Wunsch! Stelle den Tod noch so dicht an die Seite des Lebens und das Leben noch so dicht an die Seite des Todes, — die gähnende Kluft läßt sich nicht beseitigen. Grenzen doch auch dein lachendes Nilthal und deine grinsende Wüste so unmittelbar aneinander, daß du den einen Fuß auf jenes und den andern Fuß auf diese setzen kannst, und doch lassen sie sich nimmer versöhnen. Sie mögen sich nur verschlingen. Ach daß du Den nicht kanntest, in welchem der Tod in das Leben verschlungen wurde!

Das Labyrinth und der Möris-See.

Da ich die Pyramiden bereits vor meiner Abreise nach Oberegypten besucht hatte, so blieben mir nur noch zwei der großartigen Denkmäler des egyptischen Alterthums zur Besichtigung übrig, das Labyrinth und der Möris-See. Beide hatte Vater Herodot zu seiner Zeit „selber gesehn“, und obschon nach seiner Meinung die Pyramiden über „alle Beschreibung“ waren und jede derselben eine Menge der größesten hellenischen Werke aufwog, so übertraf doch das Labyrinth, das alle hellenischen Bauten zusammengenommen, „an Mühe und Geldaufwand“ überwog, noch die Pyramiden, und der Möris-See, an dem das Labyrinth gebaut war, hinwiederum das Labyrinth. Ich hatte mir daher gleich von vorn herein fest vorgenommen, dieses zwei- und dreifache Wunder der Alten nicht zu übergehen, und demgemäß unsern Kapitän beordert, bei Benisuef, der letzten größeren Stadt vor Kairo, von wo eine Straße nach dem Labyrinth hinüberführt, Halt zu machen.

Ein gewaltiger Sturm trieb uns schon den nächsten Vormittag bis in die Nähe von Benisuef. Wir konnten leider die Freude unsers Schiffsvolkes über den günstigen Wind nicht theilen. Die leichte Barke drohte jeden Augenblick umzuschlagen, und als ein plötzlicher Windstoß den Matrosen, der das Hauptsegel in der Hand hielt, zum augenblicklichen Loslassen unvorbereitet fand, — er hatte sich mit der Hand darin verwickelt und träumte in arabischer Weise, ich weiß nicht wovon — so standen wir abermals am Rande eines schnellen Todes, denn schon schlugen die Wellen über das Vordertheil des jach herüber und hinübergeworfenen Schiffleins zusammen, und nur die treue Fürsorge des Hüters Israel, der nicht schläft noch schlummert, errettete uns von dem feuchten Grabe, das bereits nach uns gähnte. Meine arme Frau konnte sich von dem Schreckensanblick, den das Angstgeschrei der Matrosen selbst noch schrecklicher machte, bis zum Ende der Reise nicht wieder erholen, und ich selbst, der ich, Gott Lob! von Natur nicht zur Verzagtheit neige, war herzlich froh, als ein fern daherfahrender Wirbelwind, der die nachkommende Nachbarbarke in eine undurchdringliche Staubwolke hüllte und sie so den Blicken ganz entzog, unsern Kapitän nöthigte, das Schifflein schleunigst an das Ufer rudern zu lassen. Wir schlossen auf die Mahnung des einäugigen Männchens Thür und Fenster und ließen so den ungeschlachten Riesen der Luft mit seiner staubigen Beute aus der Wüste laut jauchzend vorüberziehn.

Noch vor Sonnenuntergang erreichten wir mit Gottes Hülfe ohne weitere Gefahr die Provinzialstadt Benisuef, und am folgenden Morgen (5. Febr.) bestieg ich in Begleitung unsres Sirian einen mit großer Mühe herbeigeschafften ziemlich struppigen Baueresel, der nicht bloß an allem Fett, sondern auch an dem nöthigen Sattelzeug Mangel hatte. Kaum waren wir zu Benisuef hinaus, so umfing uns eine segentriefende Nillandschaft. Die üppigen Waizen-, Bohnen-Reis- und Kleefelder, die sich hier zu beiden Seiten der Straße unabsehbar hin erstreckten und gerade jetzt in ihrem saftigsten Grün prangten, versetzten mich ganz nach den reichen Auen und Fluren meiner geliebten Vaterstadt Görlitz zurück, und zwar zur Zeit des freundlichen Pfingstfestes; denn ein frischer Nordwind wehte darüber hin und ermäßigte die Gluth des egyptischen Wintertages zur deutschen Frühlingswärme. Die zwitschernden Vögel und die summenden Insekten sangen mir die süßen Lieder jener schönen Zeit wieder vor, davon der Dichter sagt: „Ein unbegreiflich holdes Sehnen Trieb mich durch Feld und Wiesen hinzugehn, Und unter tausend heißen Thränen Fühlt' ich mir eine Welt entstehn"! Nur vereinzelte Palmengruppen in der Ferne, die auf dem weißlichen Gebirge der lybischen Wüste ihre fremdländische Gestalt so scharf hinzeichneten, als wären sie in der That drauf gemalt, brachten mich immer und immer wieder in das Land der Pharaonen zurück.

O wie die guten Büffel in den strotzenden Kleefeldern sich gütlich thaten! Sie waren just so rund und glatt, wie ich mir in meiner kindlichen Phantasie die sieben fetten Kühe gedacht hatte, die der biblische Pharao im Traum dem Nil entsteigen sah, und die Bauern, die uns zu Fuß und zu Esel theils begleiteten theils begegneten, hatten in der That auch ein viel behäbigeres Ansehen, als ich es bisher gefunden. Sie kamen meist von, oder gingen nach dem Faium, dem „Garten Egyptens," dessen Westsaum wir nach einem Ritt von etwa drei Stunden durch das ebenbeschriebene Fruchtgelände und einen daranstoßenden schmalen Wüstengürtel dicht bei der Pyramide von Illahun erreichten.

Hier an der Mündung des Faium nahm uns abermals die unwirthliche Wüste auf, und ein anderer Ritt von wieder drei Stunden brachte uns, an dem Ufer des schmalen, aber tiefgegrabenen Nilkanals, den die Araber Bahr Jussuf nennen, entlang in die Nähe von Howara, dessen Backsteinpyramide mir schon lange vorher „die Nordecke, wo das Labyrinth ein Ende hat" bezeichnet hatte. Hier legten uns die kleinen Bewässerungskanäle, die mit dem Bahr Jussuff in Verbindung stehen, einige Schwierigkeiten in den Weg, und da wir zufällig auf einen früheren Wächter der preußischen Expedition stießen, so nahmen wir ihn zum Führer durch dieses Naturlabyrinth, das uns den Weg zu dem steinernen dahinter verschließen wollte. Wir ließen unsere hungrigen Thiere auf einem frischen Kleefelde und eilten der benachbarten Pyramide zu.

Zwanzig bis dreißig Fuß hohe Ruinenhaufen umschließen ein an 600 Fuß langes und an 500 Fuß breites Viereck in einer Ausdehnung von 300 Fuß an drei Seiten, während eine 300 Fuß im Geviert haltende Pyramide die vierte Seite nur zum Theil begrenzt. Diese Trümmer hatten keinen Cicerone nöthig, um sich mir sogleich als die Ueberreste jenes Tempellabyrinths anzukündigen, davon Herodot voll Bewunderung sagt: „Das hab ich selber gesehn und ist über alle Beschreibung." Noch ist ein von Lepsius an mehreren Orten bloßgelegter und der steinplündernden Araber wegen meist wieder verschütteter Knäuel von jenen labyrintisch verwirrten über- und unterirdischen Kammern und Kämmerchen übrig, deren Gesammtzahl sich nach Herodot auf 3000 belief, und inmitten liegt der große Platz, den, wie Lepsius vermuthet, eine lange Mauer in zwei Hälften theilte, welcher zwölf Hallen an beiden Seiten so angelehnt waren, daß die Zugänge nach entgegengesetzter Seite ausliefen. Wo die französische Expedition vergebens nach Kammern gesucht hatte, fand die preußische Expedition sogleich hunderte neben- und übereinander, kleinere, oft winzige, neben größern und großen, von Säulchen unterstützt, mit Schwellen und Wandnischen, mit Säulenresten und einzelnen Bekleidungssteinen, durch Corridore verbunden, ohne regelmäßige Ein- und Ausgänge, so daß die Beschreibung von Herodot, der von einem Hofe in die Gemächer, und aus den Gemächern in die Halle, und aus der Halle wieder in eine Zimmerreihe und dann abermals in einen Hof kam, so wie die Beschreibung von Strabo in dieser Beziehung vollkommen gerechtfertigt ist.

Ich selbst fand nur noch eine einzige Gruppe jener über- und unterirdischen Kammern und Kämmerchen bloßgelegt und hatte auch so in Einer Beziehung etwas voraus vor Vater Herodot, dem man die unterirdischen Gemächer als die Begräbnißplätze von Königen und von heiligen Krokodilen durchaus nicht zeigen wollte. Ich begnügte mich gern damit, ohne die sonnigen Trümmerhaufen weiter zu durchsuchen, und auch auf die dazu gehörige Pyramide mochte ich nicht steigen, die sich Amenemha III., der sechste König des zwölften Königshauses, zum Grabmale errichtete, und die nun dem trägen Geschlechte der Gegenwart ihre fertigen Backsteine in den Schooß schütten muß. Vergebens lockte mich mein Führer mit der schönen Aussicht über das ganze Faium und den Birket el Qorn in dem fernsten und tiefsten Theil dieser fruchtbaren Halboase.

Ein neuer Kanal, nur ein paar Schritte breit aber sehr tief gelegen, zieht sich dicht an der Westseite der Pyramide schief durch den viereckigen Hof des Labyrinthes hin. Ich wußte erst auch nicht, ob ich mir die „Füße benetzen sollte" oder nicht, da der besterhaltne Theil der Ruinen eben auf der zuerstgesehnen Westseite sich befindet; aber Führer und Koch luden mich ohne Weiteres auf ihre Schultern und zogen mich mühsam an das jähe Ostufer hinauf. Man zeigte mir den Palmenwald, wo die benachbarte Hauptstadt Faiums mit den Hügeln der alten Krokodilsstadt liegt, und in weiter Ferne denjenigen Theil des lybischen Gebirges, der den Birket el Qorn mit seiner „von weißen Pelikanen gebrochenen Azurruhe" von Westen her begrenzt.

Diesen Birket el Qorn hat man lange für den sogenannten Möris-See gehalten, der nach Herodot, 50 Klafter tief gegraben und 3600 Stadien im Umfange, durch einen Kanal aus dem Nil gespeist wurde und durch seine ausgedehnten Fischereien zur Zeit der Anschwellung jeden Tag zwanzig Minen, zur Zeit des Abflusses aber ein Silbertalent in den königlichen Schatz abwarf. Von allen diesen Eigenschaften besitzt der Birket el Qorn fast nicht eine; dieser ist offenbar ein Natursee, und obschon sein brakiges Wasser, das, beinahe fischlos, nicht einmal dem Pflanzenwuchse an seinem Ufer hold ist, bei hohem Nil ein wenig zu schwellen pflegt, so müßte „doch erst die ganze Provinz unter den Fluthen begraben sein, ehe diese ihren Rückweg nach dem Thale finden könnten, da der künstlich vertiefte Felspaß, über den der an 40 Meilen südlicher am Nile abgezweigte Bahr Jussuf hereingeleitet ist, höher als die ganze Oase liegt."

Erst ganz in neuester Zeit ist auch das Dunkel, das über dem sogenannten Möris-See lag, gelichtet worden, und zwar zunächst durch den Franzosen Linant, herrschaftlichen Wasserbaumeister in Egypten, der die ungeheuren meilenlangen Dämme desselben auffand, die den vorderen Theil des muschelförmigen Faiumbeckens gegen die tiefer liegenden hintern Theile abgrenzen, und keine andere Bestimmung haben konnten, als einen großen künstlichen See künstlich zurückzuhalten, den man, wie Lepsius meint, nur darum verfallen ließ, weil die alljährlich sich häufenden Erdniederschläge seine Brauchbarkeit allmählich verringerten.

Wie aber Linant die wahre Lage des sogenannten Möris-Sees antiquarisch aufgefunden, so hat Lepsius den Namen desselben philologisch berichtigt, denn nach ihm nannten ihn die Egypter Phiom en Mere d. i. See der Nilüberschwemmung (zum Unterschied von jenem natürlichen), und die Griechen, die sich nur zu leicht vom Klang der Worte leiten ließen, machten aus „Mere", der koptischen Bezeichnung für „Ueberschwemmung, den König Möris."

Es mochte etwa 3 Uhr des Nachmittags sein, als ich mich zum Aufbruch rüstete. Unser Sirian hörte mit haarsträubendem Entsetzen, daß ich noch an demselben Tage zur Barke zurück zu reiten im Sinne hatte, um meiner armen Reisegefährtin, die den ganzen Abstecher für das Werk von 5 bis 6 Stunden hielt, keine unnöthige Besorgniß einzuflößen. Er konnte sich mit diesem Gedanken durchaus nicht befreunden und erzählte mir flugs eine Schreckensgeschichte von den Beduinen nach der andern, bis ich mit den Worten: „Gut Sirian, bleib du hier bis Morgen und laß mich allein gehen!“ seinem Ehrgefühl einen so kräftigen Stoß gab, daß er eilends aufpackte und, ohne mir eine Tasse Kaffee, geschweige denn ein Mittagsessen zu bereiten, mit mir davon trabte, immer hinter mir her reitend und meinen trägen Esel, der sich an dem grünen Klee nur halb satt gefressen hatte, mit allen Mitteln der Güte und des Ernstes vor sich hintreibend. Wir kamen ziemlich nahe an einem Lager von Beduinen vorüber, die in einzelnen Horden den Saum der Wüste bewohnen und von da in das Nilthal hinein streifen. Ein ängstlicher Seitenblick, ein stummes Hinzeigen und ein dreifach verstärkter Schlag auf meinen Esel zeigten mir die Erbfurcht des Egypters vor dem alten Erbfeinde in ihrer ganzen Stärke, und kaum hatte er wieder den nöthigen Athem beisammen, so erzählte er mir abermals eine Schreckensgeschichte und schloß mit den Worten, daß wir in dem ersten Dorfe übernachten oder aber ein paar Wächter zu unserm Schutze miethen müßten. „Sirian,“ sagte ich, „wenn uns ein Beduine mit der Flinte zu nahe kommt, was meinst du, werden die zwei Wächter thun? Sie werden sich eiligst in den Schutz ihrer Beine begeben. Nicht wahr?“ Er lachte, denn er kannte seine lieben Landsleute nur zu wohl.

Schon hatten wir einen großen Theil der Wüste hinter uns, und noch versprach die Sonne, nach der er unaufhörlich blickte, ein Stündchen Tageslicht. Da hub er an: „Herr wie geht es mit Ihrem Auge? (es war mir nämlich ein Stäublein Wüstensandes, das mir feurige Schmerzen bereitete, schon auf der Hinreise hineingeflogen) Herr, wie geht es mit Ihrem Auge? Ich will doch im nächsten Dorfe zum Scheikh gehen und nach Rosenwasser fragen, —

vielleicht giebt er uns auch einen Wächter mit. „Sirian," erwiederte ich, „sind wir denn Heiden oder Türken? Wir nehmen den lieben Gott zum Wächter, der uns nicht im Stiche läßt wie dein Wächter, wenn ein Beduine mit einer Pistole kommt; einen Führer aber, falls du den Weg nicht weißt, magst du schon nehmen." Die Erregung seines christlichen Ehrgefühls hatte die besten Folgen. „Herr, ich weiß den Weg", sprach er ruhig, und ritt um vieles langsamer hinter mir her, und noch ehe die Sonne ganz unterging, erreichten wir das erste Dorf am Rande des bebauten Landes. Kurz vorher war mein schwaches Thier mit mir gestolpert, und da ich nicht wieder aufsitzen mochte, so ließ ich den Koch vor mir herreiten und machte seinen Eseltreiber, während er mir das letzte Restchen Wein und Wasser, das ich mir für das beschwerliche Ende der Reise aufgespart hatte, Schluck für Schluck in aller Bequemlichkeit austrank.

Die Finsterniß brach mit Macht herein, und wir tappten 2 bis 3 Stunden auf schmalen holprigen Feldwegen umher. Plötzlich erglänzte es dicht zu unserer Rechten wie eine hellerleuchtete Stadt. Ich glaubte schon Benisuef vor mir zu sehen, und alle Glieder, besonders aber der müde Fuß, der leere Magen und das schmerzende Auge überließen sich den wonnigsten Vorgefühlen. Aber mein guter Sirian kniff stillschweigend seinen Esel mit aller Macht und flüsterte mir das Wort: „Herr, wieder ein Beduinenlager"! mit sichtlichem Grauen in's Ohr. Es fehlte wenig so hätte ich die Söhne der Wildniß um ein gastliches Dach unter ihren Zelten angesprochen, denn das Weitergehen wurde mir fast zur Unmöglichkeit, und als wir uns nun noch gar verirrten und der Koch in dem nächsten der dünngesäten Dörfer, aus Furcht seine Fremdlingsschaft zu verrathen, auf mein Geheiß: Sirian, geh, und frag' nach dem Weg! mir die halbironische und durch und durch lakonische Antwort gab: „Herr, wir haben den lieben Gott zum Führer", so wurde mir das endliche Nachhausekommen in dieser Nacht mehr als zweifelhaft. Um zehn Uhr jedoch standen wir wohlbehalten vor den Thoren von Benisuef, die sich auf den Ruf „ein Franke" unverzüglich öffneten, und bewaffnete Straßenwächter geleiteten uns von Gasse zu Gasse der heißersehnten Barke zu.

Wir verließen Benisuef am folgenden Morgen, und sahen nun wieder die Pyramiden zu unserer Linken eine nach der andern auftauchen und verschwinden.

Bei Mitrahenny machten wir abermals Halt und wanderten über lachende Gefilde den Ruinen von Memphis zu. Der Armenier, der dort im Auftrage und auf Kosten (?) der egyptischen Regierung für die geographische Gesellschaft in London gräbt und forscht, hatte seit meinem ersten Besuch manchen Alterthumsfund mehr gethan; ich sah, außer mehreren, zum Theil nicht übel erhaltenen Bildsäulen, auch eine Tafel mit einer griechischen Inschrift, in der ich bei flüchtiger Durchsicht mehrere historisch unbedeutende Namen las. Die meisten dieser Kunstreste haben hieroglyphische oder demotische Inschriften. Dr. Brugsch bemerkte bei einem um etwa zwei Monate späteren Besuch „auf dem Schooße einer Priesterstatue einen altegyptischen Festkalender in solcher Vollständigkeit, wie er ihn noch nirgends glaubte gesehen zu haben." Auch hatte ich dießmal die Genugthuung, Ramses II., dem bei meiner frühren Anwesenheit die Nilüberschwemmung ein tiefes Grab bereitet hatte, in das Gesicht zu schauen. Er liegt umgestürzt auf der rechten Seite, und der Ausdruck seines Gesichts ist so sanft, als wenn er über die Unbill lächelte, die ihm die rauhe Hand der Zeit oder der Barbaren angethan. Es verlautet, daß man den alten Pharao nach London zu transportiren nicht übel Lust hat.

Wir hatten eigentlich im Sinne gehabt, noch einmal bei Giseh anzulegen und von dort den Pyramiden einen zweiten Besuch abzustatten, so recht con amore und sans façon, indem der erste ein wenig zu kurz und zu „steif" ausgefallen war. Allein je näher unsre Schiffer dem geliebten El Masr kamen, um so stärker wirkte die Anziehungskraft der großen Stadt mit ihren schönen Bazaren, auf denen sich die erregten Geister in dem Sonnenscheine des „Bakschis" bereits ergehen mochten, — und um so weniger waren sie zu halten. Wir gaben daher unsern ursprünglichen Plan auf und segelten stracks nach El Masr.

Schon am 9. Februar saßen wir wieder in unsrer Herberge zum Nil. Unsre vom Bakschis beglückten Matrosen machten uns bald nach unsrem Einzuge ihre unterthänigste Aufwartung, — ich weiß nicht, ob von Dankbarkeit, oder aber von stiller Hoffnung nach einer nachträglichen Vermehrung der Ursache dazu getrieben.

Unsere Reise nach Ober-Egypten hatte gerade zwei Monate gedauert.

III.

Reise nach dem Sinai.

Von Kairo nach dem Rothen Meere.

Wir wären nun am liebsten der Heimath zugeeilt; aber noch war die Jahreszeit zu wenig vorgerückt, als daß wir nicht noch immer hätten fürchten müssen, dem deutschen Winter quer in den Weg zu laufen. Ja, den letzten europäischen Nachrichten zufolge hatte derselbe noch nicht einmal recht begonnen, und da nun ein derber Nachwinter aller Wahrscheinlichkeit nach in Aussicht stand, so beschlossen wir, uns mit dem nächsten Dampfschiffe nach Athen zu begeben, um dort auf dem klassischen Boden von Hellas weitere Nachricht abzuwarten. Da mit einem Male öffnete sich die Thür, und herein trat mein lieber Universitätsfreund Professor Tischendorf, der auf einer neuen biblisch-kritischen Entdeckungsreise nach der reichen Bibliothek des Sinaiklosters begriffen war. Man hatte uns vor dem feuchten März in Griechenland bange gemacht; um so freudiger stimmten wir der Aufforderung des Freundes bei, ihn nach dem Sinai zu begleiten, an den wir schon vorher gedacht, und den wir hauptsächlich nur deshalb nicht zu unserm nächsten Ausfluge gewählt hatten, weil eine angemessene Reisegesellschaft fehlte. Freund Tischendorf dagegen, der in voller Kraft soeben erst von Europa gekommen war, erbot sich gern, nicht bloß die Reise-Vorbereitungen, sondern auch das Oberkommando der Karavane auf seine Schultern zu nehmen und uns so die unangenehmen Anhängsel, die im Gefolge einer solchen Reise sind, möglichst zu ersparen.

Es war am Morgen des 18. Febr., als ein gewaltiger Lärm vor der Thür unserer Herberge uns vergewisserte, daß die Beduinen mit den Kameelen angekommen waren. Der Scheikh vom Stamme der Sawalihah-Araber, die hauptsächlich im Westen des sinaitischen Gebirges wohnen, hatte schon bei Abfassung des Vertrags im Konsulate Schwierigkeit auf Schwierigkeit, Bedingung auf Bedingung gehäuft, und sich dann, so oft er damit durchfiel, vor dem koptischen Konsulatsbeamten allergehorsamst verbeugt. Jetzt nun, wo er uns zum Aufbruche fertig fand, machte er den letzten verzweifelten Versuch, uns zu der vertragsmäßigen Siebenzahl der Kameele noch ein achtes, als durchaus nothwendig, aufzuzwingen; er riß sich den Turban vom Haupte und warf ihn wie entrüstet auf die Erde. Da aber seine ungeschlachten Vorstellungen keinen Eindruck machten, sondern nur eine Bedrohung mit dem Polizeisoldaten hervorriefen, so ließ er auch diesen letzten Versuch eilends fallen, und das Jammergeschrei der Kameele, die sich auch nicht die geringste Last ohne eine große Anzahl unartikulirter Gegenvorstellungen auf den Rücken packen lassen, verkündete bald, daß sich ihr Herr gefügt hatte.

Wir ließen die Karawane üblicher Weise allein zur Stadt hinausziehen, und folgten ihr in einiger Entfernung auf Eseln nach. Vor dem Schubrathore bestiegen wir unsere Wüstenschiffe und hielten dann unser erstes Nachtlager dicht bei den Ruinen des alten Heliopolis am Saume der Wüste. Dort stattete uns einer unserer landsmännischen Mitgäste in dem Gasthause zum Nil von Anfange an und unser treuester, hülfebereitester Freund in ganz Kairo, noch einen Abschiedsbesuch in dem unterdeß aufgeschlagenen Zelte ab. Wir begleiteten den lieben jungen Mann eine kleine Strecke zurück und sahen bei dieser Gelegenheit den lieblichen Garten Matarijeh noch einmal, an dessen Eingange die in zwei Stämme sich gabelnde Sykomore gefunden wird, unter deren Schatten die Jungfrau mit dem Jesuskinde der Sage nach gerastet hat. Wie ein gebeugter und doch nicht erdrückter Greis stand der jedenfalls uralte, knorrige Baum von ziemlichem Umfange da; rings um ihn her aber blühten Pfirsichbäume und Rosensträuche, von duftenden Hecken eingehegt, so lieblich, als wollten sie die fröhliche Kinderwelt darstellen, die zu den Füßen des ehrwürdigen Greises spielt.

Am andern Morgen erst sollten wir unsere eigentliche Wüstenreise antreten. Wir sahen unter dem Haufen unserer Beduinen auch einen jungen Mann, der, eine Art Associé unsers Scheikhs, sich auf dem Konsulate alle erdenkliche Mühe um die Anführerschaft unserer Karawane gegeben hatte, trotzdem daß wir ihm in Folge seines beigebrachten Zeugnisses, eines wahren Uriasbriefes, und seines noch schlimmern Gesichts zu wiederholten Malen bedeutet hatten, wir würden ihn auf keinen Fall zu unserm Schutzritter für die Wüste machen. Glücklicherweise entfernte er sich bald auf unsere Mahnung; aber der Sturm, der unter unsern eigenen Leuten ausbrach, die sich wie immer über ihren gegenseitigen Pflicht- und Rechtsantheil sehr schwer verständigten, war nicht sobald beschwichtigt, und erst als unser Koch-Dragoman, dem sonst leider ein allzu großes Maaß von Geduld beiwohnte, bei plötzlich überlaufender Galle sein Angesicht nach Kairo umwendete, trat ein augenblicklicher Waffenstillstand ein. Wir saßen rasch auf, und den grünen Feldern um uns und den süßen Brunnen in der Nähe ein schmerzliches Lebewohl sagend, ritten wir in die Wüste hinein.

Die Wüste zwischen Kairo und Suez mit ihren eintönigen Flächen, ihren niedrigen Sand- nnd Kieshügeln, ihren flachen Wadis, ihrem dünngesäeten und verkrüppelten Gestrüpp ist an und für sich nichts weniger als romantisch, und der „hingestürzten Dromedare ausgedörrte weiße Knochen“ nehmen sich in dem Dämmerscheine der Poesie auch gefälliger aus, als in der grellen Sonne der Wüste. Seitdem aber auf den Betrieb der Engländer die egyptische Regierung eine Kunststraße hindurchzuführen angefangen hat, ist vollends aller poetische Zauber gewichen und fast vergebens beschwörst du selbst die ältesten biblischen Erinnerungen herauf, um der tiefen Prosa dieser Wüste eine poetische Seite abzugewinnen, falls du nämlich, wie wir, den Derb el Hamra, d. i. die Transit-Straße, ziehest. Während du dir nach Anleitung deiner Bibel sagst: „Hier nach aller Wahrscheinlichkeit zog der Herr des Tages in einer Wolkensäule und des Nachts in einer Feuersäule vor den Kindern Israel her", so redet vielleicht dein Reisehandbuch dazwischen und meldet dir, daß sich in Nr. 8 der funfzehn Stationsgebäude des Transit „eine große Flur, ein Damenzimmer, ein Badezimmer, eine Küche, eine Anzahl von Bettzimmern, Stallung" u. s. w. findet und daß das Mittagsessen 4 Schilling, das Frühstück 2 Schilling, eine Flasche Champagner 8 Schilling, eine Flasche Porter 2 Schilling u. s. w. u. s. w. kostet. Noch prosaischer aber muß und wird diese Prosa werden, wenn erst, der französisch-russischen Eifersucht zum Trotze, am Ende doch die Eisenbahn, die in nicht gar langer Zeit Alexandrien mit Kairo zu verbinden verspricht, sich bis an das Rothe Meer erweitern und die heilige Straße mit ihren Dampf- und Glutsäulen bedecken wird.

Nach einem Ritt von etwa 4 Stunden erreichten wir die Poststraße, die sich im Süden von Heliopolis zwischen dem sogenannten Rothen Berge und dem Pilgersee hinzieht. Das Wadi Abu Hailezon, zu deutsch das Schlangenthal, das durch die darüber hin verstreuten Bruchstücke versteinerten Holzes, unter denen Wilkinson einen Palmenstamm von 25 bis 30 Fuß Länge entdeckte, sowie durch die Fülle seiner nett geformten Kiesel unsere Aufmerksamkeit zuerst in Anspruch nahm, führte uns auf jene Heerstraße des anglobritischen Indiens, die wir nun bis Suez nicht wieder verließen. Leider hauchte uns die Wüste schon früh um 8 Uhr mit nicht weniger als 18 Grad Reaumür an und gegen 1 Uhr mit 28. Am andern Morgen aber stand das Thermometer zwischen 6 und 7 Uhr gar auf 23 Grad. Glücklicherweise drehte sich der Wind, der bisher aus Süd-Osten geblasen hatte, bald darauf nach Nord-Westen und begleitete uns von dieser Seite her bis Suez. So ließ es sich doch in der freien Wüste wieder frei athmen.

Noch am Vormittag des zweiten Tages unserer Wüstenreise sahen wir, etwa 27 englische Meilen von Kairo, die Straße, die von der jährlichen Mekka-Karawane eingeschlagen wird und daher die Pilgerstraße heißt, sich von der linken Seite her mit der unsrigen vereinen. In der Abenddämmerung kamen wir ziemlich dicht vor der arabischen Akazie vorbei, die, nicht fern von der Mittelstation der Poststraße, die Stelle bezeichnet, wo die Mekka-Karawane auf ihrem Wege nach Ajrud zu rasten pflegt (40 englische Meilen von Kairo). Ein Lustschloß des Abbas Pascha, der die Wüste liebt, sah von den wüsten Bergen zur Linken wahrhaft feenhaft auf uns herüber.

Als wir am späten Abend auf der großen Ebene el Mukrih, die von den Webera-Hügeln zur Rechten begrenzt wird, unser Zelt aufschlugen, zogen sich so finstere Wolken am Himmel zusammen, daß es zweifelhaft war, ob wir gebadet oder ungebadet zu Bette gehen würden. Wir beide waren vor etwa vier Monaten in ziemlich derselben Gegend von einem so heftigen Regengusse überrascht worden, daß sich die Wüste hier und da in einen See verwandelte. Diese Erinnerung aus dem sichern Postwagen machte uns beim Hinblick auf unser hinfälliges Zelt doppelt ängstlich; wir waren daher herzlich froh, daß wir dießmal mit einigen Tropfen davonkamen.

Der Morgen des dritten Tages unserer Wüstenreise hüllte die

ganze Umgegend in so dichte Nebelschleier, daß wir lange nur ein paar Schritte weit vor uns hinzusehen vermochten. Unser Weg führte uns noch immer über den breiten Rücken der Mukrih-Ebene hin, die als der höchste Punkt der Suezstraße von zahlreichen Wadi's durchschnitten wird, welche sich auf der Ostseite dem Rothen Meere, auf der Westseite dem Nil zuwenden. Hier fanden unsere Thiere eine verhältnißmäßig gute Weide, und unsern Beduinen wuchs sichtlich der Muth, besonders unserm Scheikh, der sein Kameel so zärtlich liebte, daß er stets die leckersten Pflanzen und Pflänzchen, welche die Wüste bietet, oft ziemlich weit herbeiholte, und sich zum Danke dafür dann und wann ein Küßchen von ihm geben ließ. Es hatte auch in der That schöne kluge Augen und konnte seinen Scheikh fast schmachtend ansehn. Nun lösten sich die Zungen und Kehlen unserer Beduinen vollständig, und als ich Scherzes halber ihre eigenthümliche Gesangweise nachzuahmen versuchte, so sahen sich Alle hoch verwundert um, und die schlichte Freude erreichte ihren Gipfel.

Es mochte etwa 4 Uhr des Nachmittags sein, als wir die Südstraße (Derb e Tarabin), die von Besatin im Süden Kairos über den Mukattam geht, zu unserer Rechten herüberkommen und mit der Poststraße sich verschmelzen sahen (59 englische Meilen von Kairo), und noch ehe die Dämmerung hereinbrach, hatten wir zu beiden Seiten Hügel ziemlich dicht am Wege. Das zärtliche Kameel des Scheikh, das meine liebe Reisegefährtin trug, scheute bei dem matten Schimmer des Mondes, der unterdeß aufgegangen war, und warf durch einen hastigen Seitensprung seine arme Last sehr unritterlich auf die Erde, der Dragoman aber, der meiner fallenden Frau zu Hülfe eilen wollte, fiel dabei auch selbst von seinem Kameele. Wir kamen indeß, Gott Lob, alle mit dem bloßen Schrecken davon und schlugen bald darauf unser letztes Nachtlager vor Suez in einem

Wadi auf, das durch einige baumartige Gesträuche ein verhältnißmäßig romantisches Ansehen gewann.

Nach einem kurzen Ritte am folgenden Morgen betraten wir den felsigen Engpaß El Muntula, der in früherer Zeit mancher Räuberbande einen gelegenen Hinterhalt bot. Da wo der Paß sich allmählich erweiterte, fiel der Blick zuerst auf den mit einem türkischen Forte befestigten Bitterbrunnen Ajrud in der zum Rothen Meere sich abdachenden großen Ebene. Dieß ist die zweite Station auf der Pilgerstraße, die von dort aus sich ostwärts wendet und um das Ende des Rothen Meeres in die sinaitische Halbinsel hinüberstreicht. Uns selber immermehr südostwärts wendend, erreichten wir Bir Suweis, zwei tiefe, von Mauern und Thürmen umgebene Brunnen, gegen Mittag. Das ziemlich salzige Wasser, das mittelst eines von Ochsen gedrehten Rades geschöpft wird, hatte eine Menge von Kameelen und Kameelstreibern um den steinernen Trog gesammelt, in den es außen hineinläuft; man tränkte die durstigen Thiere und füllte die leeren Schläuche. Wir selbst zogen dießmal die Schale dem Kerne vor, ich meine, wir machten uns den kühlen Schatten zu Nutze, den die hohen Mauern des für uns ungenießbaren Brunnens gewährten; doch ließ uns die unmittelbare Nähe von Suez nicht lange rasten. Den düster darein blickenden Djebel Atakah stets zu unserer Rechten, zur Linken die eintönige Ebne und vor uns das bunte Farbenspiel des Rothen Meeres, so wie das graue, in Folge der Luftspiegelung wie von frischen Seen umgebene Suez — so zogen wir, durch die kurze Ruhe an dem Brunnen von Suez neugestärkt, noch eine gute Stunde weiter, und schlugen dann neben Trümmerhaufen des alten Klysma dicht am Busen des Rothen Meeres unser Lager auf.

Wir hatten von Heliopolis am Rande der Wüste bis Suez im Ganzen ein wenig mehr als 30 Stunden auf dem Kameele gesessen.

Vom Rothen Meere bis ans sinaitische Urgebirge.

Es war eigentlich unsere Absicht gewesen, statt den Golf zu umgehen, ihn bei eingetretener Ebbe zu durchreiten; allein unsere Beduinen, die, wie alle Söhne der Wüste, am Tage zwar nie gern ruhten, des Morgens und Abends aber nur sehr schwer in Bewegung zu bringen und darin zu erhalten waren, versäumten am andern Morgen den richtigen Augenblick. Wir schickten daher unsere Kameele um den Meeresbusen hinum, während wir selbst in einer Barke von Suez stracks nach Ayun Musa hinüberzusetzen beschlossen.

Zu dem Ende begaben wir uns sämmtlich in das Haus des Herrn Costa, eines arabisch-redenden griechischen Christen, der den österreichischen Konsul in Suez zu vertreten übernommen hat. Ich hatte ihn sammt seinem Sohne, der ganz vortrefflich französisch spricht, schon bei meinem ersten Aufenthalt in Suez kennen gelernt. Der Alte, dessen Erscheinung ebenso ehrwürdig als behäbig ist, führte uns sogleich in das beste Zimmer und bewirthete uns in der landesüblichen Weise. Hier hörten wir, daß das stets anwachsende Suez gegenwärtig etwa 7000 Einwohner und darunter 70 Christen zählt, trotzdem daß die Cholera vor drei Jahren täglich an hundert Leben wegraffte.

Da wir die prächtigen Divans, auf denen wir saßen, von andern lästigen Gästen in großer Masse besetzt fanden, so freute ich mich sehr, als es hieß, das Boot, das uns nach Ayun Musa ren sollte, stehe bereit, und obschon mir der Preis außerordentlich hoch vorkam (Konsuln, und Konsular-Vertreter haben selten billige Taxen), so pries ich mich doch glücklich, der peinlichen Lage, oder vielmehr dem peinlichen Sitze um einen so wohlfeilen Preis zu entkommen. Leider ging es von dem Regen in die Traufe: das Boot, das wir bestiegen, war ein arabisches, und wo es Araber giebt, da fehlt es nimmer an jener egyptischen Plage.

Nach einer Fahrt von ziemlich vier Stunden lagen uns die grünen Gärten von Ayun Musa gerade gegenüber auf dem östlichen Ufer des Meerbusens. Aber noch trennte uns ein zehn Minuten breiter ziemlich flacher Wasserstrich von dem Festlande; die Bootsleute boten ihre Schultern an, ich selbst aber zog es vor hindurchzuwaden, während die Uebrigen auf die angedeutete Weise hinüberritten. An dem sandigen Ufer angekommen, setzten wir uns auf unsere unterdeß herbeigeeilten Reitkameele und erreichten nach etwa 20 Minuten das Landhaus des Herrn Costa, wo wir bis zum folgenden Morgen zu rasten beschlossen hatten.

Dieses Ayun Musa (das ist Moses Quellen) ist eine kleine Kunst-Oase mitten in der Wüste. Das Wasser, das dort quillt, ist zwar nicht salzig, wie Robinson behauptet, hat aber wohl einen etwas faden milchigen Geschmack. Es läßt sich immerhin trinken. Am besten schmeckt einer der Brunnen in dem Garten des Herrn Lewick, des Agenten für die ostindische Kompagnie in Suez. Dieser Herr, der früher im Auftrage der Kompagnie meine Ueberfahrt von Suez nach Bombay zu vermitteln die Güte hatte, ist der einzige Europäer, der sich hier ein Landhaus errichtet hat; außer ihm haben aber auch noch vier bis fünf wohlhabende Nicht-Europäer, und darunter eben unser Costa, sich in Ayun Musa niedergelassen. Auch unterhält die europäische Welt von Suez hier ein gemeinschaftliches Waschhaus. Die dicht nebeneinanderliegenden Gärten mit den betreffenden Landhäusern nehmen sich in dieser unwirthlichen Oede wahrhaft romantisch aus. Die Wüsten-Tamariske findet hier natürlich ihr Eden; sie wird zu einem mächtigen Baume und ist deshalb zur Einfassung der Gärten verwendet worden. Kohl und Rettig, Möhren und Melonen, Gurken und Salat, Spinat und Erdäpfel, — alle diese Gartenerzeugnisse gedeihen hier mehr oder minder. Nur die Fruchtbäume gefallen sich nicht, mit Ausnahme der Pomgranate, deren Apfel zuckersüß wird, aber fast ganz saftlos bleibt, — und der Olive, die mit ihrem dunklen Grün eine Hauptzierde jener künstlichen Gärten bildet.

Robinson fand zu seiner Zeit nur sieben Brunnen vor und dabei etwa zwanzig ungepflegte Palmbäume, ein kleines Stück Gerste und einige Kohlpflanzen. Jetzt ist die Zahl der wieder in Stand gesetzten Brunnen, die in der Regel ausgemauert sind, bereits auf 19 bis 20 gestiegen, und 50 bis 60 ließen sich nach der Meinung des Herrn Lewick unter dem Röhricht und Palmgebüsch, das darüber zu wachsen pflegt, noch sehr leicht herausgraben. Sollten einmal die Engländer wirklich in den Besitz von Egypten gelangen, so würden die verborgenen Schätze von Ayun Musa ohne Zweifel vollständig ausgebeutet und dieses selbst in eine leidliche Campagna umgeschaffen werden.

Es war mir ein mehr als wonniges Gefühl, mich am Abend in dem Garten des Herrn Costa beim Scheine des Vollmonds still zu ergehn und dem Gedanken nachzuhängen, daß hier auch die Kinder Israel auf ihrem beschwerlichen Zuge nach dem Sinai werden gerastet haben; denn mögen dieselben oberhalb oder unterhalb Suez das Schilfmeer durchschnitten haben, an diesen Brunnen, den einzigen bedeutenden Quellen mit trinkbarem Wasser am Saume der Wüste weit und breit, konnten sie unmöglich vorübereilen, nachdem der Stab des egyptischen Treibers zerbrochen war.

Die Nacht in Ayun Musa war eine der peinlichsten, die wir je auf unsern Wanderzügen verbrachten. Da das Landhaus des Herrn Costa seit langer Zeit unbewohnt gewesen, so hatten sich die lebendigen Plagen Egyptens so gemehrt, daß die beständigen Stiche und Bisse alle Glieder wahrhaft fiebern machten, und schon war die Mitternacht herangekommen, als wir den schnellen und einmüthigen Beschluß faßten, unsern Verfolgern in die Wüste hinaus zu entrinnen; nur der arme etwas erkrankte Freund, der, in Decken und Mäntel gewickelt, auf dem Divan zu schwitzen suchte, mußte Stich halten. Unser Zelt war im Nu aufgeschlagen, aber auch dorthin begleitete uns ein großer Theil unserer Peiniger, und selbst die ersten Strahlen der Morgensonne fanden unser Auge noch ungeschlossen.

Da uns diese nächtlichen Vorgänge an einem frühen Aufbruch hinderten, so kamen wir überein, unsere Weiterreise erst in den Nachmittagsstunden anzutreten. Ich benutzte diese Gelegenheit, die Spuren der alten Wasserleitung, die in geringer Entfernung von Ayun Musa 4 bis 5 Fuß breit bis an das Meeresufer hinablaufen, sowie die Ziegel- und Scherbenhaufen am Nordende der Quellen zu besehen, die offenbar die Lage eines alten Ortes bezeichnen und unter denen die Frau des Herrn Lewick unter andern eine Scarabea gefunden hat.

Der Meerbusen von Suez, ein langer dunkelgrüner Streifen, nahm sich am Rande der nackten, aber erhaben gestalteten Hochlande, die ihn im Westen begrenzen, ganz besonders malerisch aus. Auf den unzähligen Spitzen und Breiten des nördlichen Djebel Atakah und des südwestlichen Kuweib (so nannten unsere Beduinen den Djebel Abu Deraj) spielten wunderbare Lichter und Schatten. Minder großartig schaute der Djebel Er Rahah drein, — eine lange Reihe kreidiger Hügel, die in einer Entfernung von 1½ bis 2 Stündchen die östliche Wüste gürten und wahrscheinlicher Weise den Quellen Mosis ihren Wasservorrath zusenden.

Noch vor 2 Uhr verließen wir Ayun Musa, und auf der großen, von Sand und Kieshügeln durchsetzten Fläche zwischen dem Rahahgebirge zu unserer Linken und dem Meere zu unserer Rechten durchzogen wir nach einander die Wadis Reiyaneh, Kardhiyah und Ahtha, die, wie auch die folgenden Wadis, von dem östlichen Gebirge her mehr oder minder gerade ihren Lauf nach dem Meere nehmen, und deren Bett so flach ist, daß es sich fast nur an dem weichen Sand, an den umherliegenden Rollsteinen und an einer großen Menge meist ziemlich elenden Gestrüpps erkennen läßt. Wenn das die Wüste Sur ist, in welcher die Kinder Israel drei Tage ohne Wasser umherwanderten, so konnte sie als der Anfang des eigentlichen Sinai-Weges ihrer Neigung zum Murren allerdings den besten Vorschub leisten. (2. Mos. 15, 22. 23.)

Nach einem ziemlich harten, aber vom klaren Schein des Mondes erheiterten Nachtlager auf der kiesigen Ebene zwischen Wadi Ahtha und Wadi Sadr erreichten wir des andern Morgens bei guter Zeit das letztgenannte Wadi von beträchtlicher Breite, wo sich neben etwas üppigern Kräutern und Sträuchern zum ersten Male einige verkommene Tamarisken einstellten, und kamen nach einem abermaligen Ritt von 2 bis 3 Stunden in das nicht minder breite und fruchtbare Wadi Wardan, an dessen Mündung ins Meer die Quelle Abu Suweirah liegt, die, mehrern Reiseberichten zufolge, zur Regenzeit ein wenig Süßwasser enthält, von unsern Beduinen aber mit zweideutigem Achselzucken behandelt wurde.

Hier in dem Wadi Wardan, wo ziemlich hohe Sträucher aus einer dichten Umhüllung von Treibsand hervorschauten, hatten wir im Sinne eine längere Mittagsrast zu halten. Unsere Beduinen machten uns unter einem solchen halbversandeten Strauche ein leidliches Lager zurecht und breiteten besserer Beschattung halber einen Theil des Zelttuches darüber. Allein der Wind, der unglücklicher Weise aus Süden wehte und von Minute zu Minute an Heftigkeit zunahm, spielte mit dem Treibsand der Wüste so muthwillig, daß wir uns trotz der drückenden Schwüle Kopf und Gesicht vollständig verhüllen mußten. Ein Stündchen etwa hielten wir es in unserer Vermummung aus, dann aber weckten wir unsere Beduinen, die wie ebenso viele Waarenballen, in ihre Decken gehüllt, regungslos um uns her am Boden lagen, und schnell aufsitzend ritten wir mit geschloßnen Augen in dem unheimlichen Sandgestöber vorwärts.

Es dauerte nicht lange, so hatten wir zur Linken und zur Rechten niedrige Kalksteinhügel, die allmählich immer höher wurden; wir betraten das Wadi Amarah in den spätern Nachmittagsstunden und machten nach einem abermaligen Ritt von mehr als 1½ Stunde, nachdem schon die Sonne gesunken und der peinliche Wind gefallen war, ganz in der Nähe von Ain Hawarah Halt. Wir hatten von Ayun Musa bis Ain Hawarah im Ganzen etwas weniger als 16 Stunden zu Kameele gesessen, und hätte uns nicht der leidige Wind über Kraft und Lust vorwärtsgetrieben, so würden wir, wie die Israeliter, gewiß auch erst am dritten Tage bei Ain Hawarah, welches man für das biblische Marah hält (2. Mos. 15, 22, 13), angekommen sein.

Am andern Morgen untersuchten wir die auf einem mäßigen Hügel dicht am Wege gelegene Quelle und fanden ihr Wasser allerdings der Bezeichnung unserer Beduinen mit „Marah, Marah“ (Bitter, bitter!) vollkommen entsprechend. Es war in der That bitter, doch nicht in so hohem Grade, daß nicht die Terabin-Araber, die den ganzen Strich von Ain Naba bis Wadi Useit inne haben, in Ermangelung bessern Wassers davon tränken. Zwei umfangsreiche Palmverbuschungen auf der Südseite des Hügels aber, in gleicher

Linie mit der offen liegenden Quelle an der Nordseite, sowie mehrere Gruppen grünen Röhrichts, machen es mehr als wahrscheinlich, daß hier noch mehrere Quellen verborgen liegen.

Auch wir fanden hier den dornigen Gharkad-Strauch, der die salzigen Quellen zu lieben scheint. Mit der saftigen, aber etwas säuerlichen Beere desselben soll Moses das bittere Wasser dieser Quelle für die murrenden Kinder Israel trinkbar gemacht haben, wie uns Burkhardt wunderbarer Weise einreden möchte. Abgesehen davon, daß die Gharkad-Beere viel später reift, als der Aufenthalt der Israeliten stattfand, so wußten auch unsere Beduinen nichts von einem so wichtigen, ja unschätzbaren Verfahren, das bittere Wasser der Wüste in süßes umzusetzen.

Wir mochten am folgenden Morgen etwa drei Viertelstunde über Höhen und Breiten hingezogen sein, als wir zu unserm Erstaunen und Entzücken an einer mit grünen Gerstenfeldern bedeckten Niederung vorbeiritten, deren auffallende Fruchtbarkeit in Folge sich ansammelnder Regengüsse auf uns den Eindruck machte, daß wir bereits in die Nähe des biblischen Elim mit seinen zwölf Brunnen und siebzig Palmbäumen gekommen seien. (2. Mos. 15, 27.). Wirklich erreichten wir auch nach einer andern halben Stunde das tiefe, zum Theil selbst steil abschüssige und von hohen Tamarisken, einer Art Lilie und andern lieblichen Blumen und Blümchen allenthalben bedeckte Wadi Gharandel, das man für jene glückliche Ruhestätte der Israeliten hält.

Wir zogen eine ganze Stunde in diesem fruchtbarsten aller bisher gesehenen Wadis, wo sich fast allenthalben mit Leichtigkeit Wasser aus dem Sande graben läßt, meerwärts hinunter, und bogen dann, noch ehe wir die eigentliche Oase mit den Palmbäumen am fließenden Bächlein erreichten, für dießmal links in die Hügel und Berge hinein, die uns nach abermals zwei Stunden in das Wadi Useit führten. Auch dort sahen wir ein freilich etwas sehr salziges Bächlein rinnen, und rings umher etwa funfzehn große Palmbäume und siebzehn Palmverbuschungen, theils einzeln, theils in Gruppen bei einander stehen, während ich an vierzehn abgestorbene Palmstämme zählte. Wir machten dieses romantische Thal, dessen blendend weiße Kreidefelsen die grüne Oase nur heben, zu unserm Elim. Unter dem Schatten einer jener größern Palmengruppen, in deren Nähe die Kinder der Wüste ganz schmale und flache Brünnlein in dem salpeterbekrusteten Boden gegraben oder vielmehr gescharrt hatten, lagerten wir uns zum ersten Male wieder mit Lust seit Ayun Musa. Eine in der Nähe weidende Kameelheerde der Terabin-Araber hatte uns sogar mit frischer Kameelsmilch versorgt, und zwei von Ayun Musa mitgenommne Kohlköpfe machten unser dießmaliges Mittagsessen zu einem wirklichen Festmahl im Sinne der Wüste. Es wurde uns in der That schwer, nach ein- bis zweistündiger Rast das schattige Plätzchen mit der sonnigen Wüstenstraße abermals zu vertauschen.

Hier legte sich uns der wüstromantische Djebel Hammam in den Weg, der sich bis an das Meer erstreckt und mit seinen steil in die Fluth hinabfallenden Felsenwänden dort den Küstenweg versperrt. Wir waren daher genöthigt weiter nach Osten auszubiegen, und erreichten nach weniger als einer Stunde das Wadi Thal, dessen spätere Hauptrichtung von Osten nach Süden quer durch das Hammamgebirge hindurchgeht, und das sich in demselben Maaße, als es sich dem Meere nähert, verengert.

Auch unsere Beduinen murmelten ein paar Gebetsformeln her, als wir vor der sogenannten „Braut von Themman" vorüberzogen, einem zum Andenken an einen Todesfall errichteten und mit bunten Lappen bestreuten Steinhaufen in einer engen Schlucht des windungsreichen Wadi Schabeikeh. Wer doch hat hier in der einsamen

Wüste seine einsame Seele ausgehaucht! Die Oertlichkeit selbst, sowie die hereingebrochene Abenddämmerung gaben dem Ganzen etwas Schauerliches. Unsere Beduinen eilten mit sichtbarer Hast hinweg, und nach drei Viertelstunden schlugen wir abermals unser Nachtlager auf, und zwar gerade am Scheidepunkte des obern und untern Wegs. Rechts nämlich führt das Wadi Tayibeh stracks ans Meer hinab, wo die Israeliten, nach ihrem Durchgang durch das Schilfmeer, zum dritten Male lagerten (4 Mos. 33, 10); links fördert das Wadi Hamr den Reisenden nach Sarabut el Chadim hinauf.

In dem angenehnen Gefühle, daß nun der unangenehmere Theil der Hinreise nach dem Sinai hinter uns lag, streckten wir uns auf unser sandiges und — leider auch windiges Lager.

Nach dem Sinaikloster über Sarabut el Chadim.

Wir wählten am andern Morgen für unsere Weiterreise den obern Weg und schlugen uns daher links in das breite, von weidenden Heerden der Aleyat-Araber besuchte Wadi Hamr hinein, dessen senkrechte Kreidewände uns die anprallenden Sonnenstrahlen so heiß zurückgaben, daß wir schon nach einem Ritte von drei Stunden uns nach einem Ruheplätzchen umschauten. Wir hatten kurz zuvor den Sarabut el Gemel, dessen kegelförmiger Pik uns schon seit gestern Mittag von Zeit zu Zeit in die Augen gedunkelt hatte, zu unserer Linken steil emporschießen sehen, und waren bald nachher aus der Region des Kalksteins in die des Sandsteins eingerückt. Die ersten überhangenden Felsen zu unserer Rechten luden uns nun zur Mittagsruhe. Wir konnten uns von den gemachähnlichen kühlen Räumen, die uns diese ersten Vorläufer des sinaitschen Urgebirges zur Verfügung stellten, erst nach ziemlich vier Stunden wieder trennen.

Nach weniger als einem Stündchen verwandelten sich die hohen Felsenwände zu unserer Rechten in niedrige Hügel; wir ritten bald darauf über einen flachen Bergrücken, wo grüne Pflänzchen und weiße und gelbe Blümchen eine größere Fülle des feuchten Elements verriethen, und bogen nach etwa drei Stunden in das Wadi Nasb hinein, wo wir nach aber einer Stunde uns zum Nachtlager anschickten. Da uns die in dieser Gegend weidenden Heerden der

Sawalihah-Araber Milch für unsere Abendtafel geliefert hatten, so war es uns, als ob wir die Wüste schon halb im Rücken hätten, und dieses Gefühl der Behaglichkeit steigerte sich, als wir unsere Beduinen unter einander davon reden hörten, daß Einer derselben noch an diesem Abend süßes Urgebirgswasser von einer nur eine halbe Stunde entfernten Quelle holen sollte.

Wir setzten am folgenden Morgen (28. Febr.) unsern Weg in dem Wadi Nasb fort, unsere Blicke an dem Reichthum und an der Mannichfaltigkeit der Gebirgsformen und -Farben rings umher weidend. Schattige Gummibäume vollendeten den lieblichen Eindruck des interessanten Thales, das wie lauter Sonntag aussah. Nach Verlauf einer Stunde nahm uns das Wadi Suwack auf, und aber eine Stunde und wir lagerten am Fuße des Sarabut el Chadim mit seinen altegyptischen Denkmälern.

Eben hatten wir's uns in unserm Zelte gemüthlich gemacht, als ich mich erinnerte, daß wir die von Wilkinson erwähnten „Inschriften", „Steinhütten" und „Kupferschlacken" im Wadi Nasb außer Acht gelassen. Wir Männer bestiegen daher bald wieder unsre Dromedare und trabten in der Richtung unsers letztnächtlichen Lagerplatzes zurück. Sobald wir das Wadi Nasb erreicht hatten, stiegen wir ab und gingen umhersuchend zu Fuß weiter. Dicht bei unserer alten Lagerstätte endlich entdeckten wir die Inschriften in den bekannten sinaitischen Charakteren, und zwar die Hauptmasse derselben auf losgelösten Blöcken eines etwas rechts von der Straße inmitten des Thales freistehenden Felsens, dessen überhangende Wände die Söhne der Wüste auch heute noch zu einer gelegentlichen Karawanserei machen, wie die vielen rohen Feuerstätten an Ort und Stelle bezeugen. Spuren von Kupferschlacken fanden wir auch; nur die Steinhütten der egyptischen Bergleute konnten wir nicht entdecken, ausgenommen auf dem Wege der Phantasie, die ein paar übereinander gestülpte Steine mit Leichtigkeit in eine Steinhütte umzusetzen im Stande ist.

Sobald wir das Gewünschte gefunden, schickten wir den Koch, der uns begleitet hatte, nach Sarabut el Chadim zurück, damit wir bei unserer Rückkunft auch etwas für den leidigen Magen finden möchten. Als ich beim Labyrinth die meinen Lesern wohl noch erinnerlichen Schwierigkeiten mit seiner Erz-Feigheit hatte, sagte ich ihm zur Ermuthigung unter anderm auch, daß wir in der Wüste nie einen bewaffneten Schutz gehabt hätten. Darauf antwortete er damals mit großer Bravour: Ei, in der eigentlichen Wüste will ich allenfalls ganz allein reisen. Er mochte diese heroische Antwort vergessen haben, denn sobald ich ihm unsern Wunsch eröffnete, er möchte nach Sarabut el Chadim allein zurückreiten, so entsetzte er sich sichtlich und forderte einen unserer beiden Kameeltreiber zum Begleiter. Kaum jedoch kam ich seinem Gedächtniß ein wenig zu Hülfe, so schloß ihm die Scham den Mund und gute Miene zum bösen Spiel machend, trabte er davon.

Zu unserm Zelte zurückgekehrt, bestiegen wir eine Stunde vor Sonnenuntergang den Sarabut el Chadim mit seinen hieroglyphischen Stelen, die bis auf Amenemha III. im alten Reiche zurückgehen. Hier wurde vorzugsweise die egyptische Venus als „Herrin des sinaitischen Kupferlandes" verehrt, das schon jene Pharaonen, welche die Pyramiden von Giseh bauten, durch egyptische Arbeiterkolonien auszubeuten anfingen. Ein schwindelnder und zum Theil halsbrechender Pfad führt aus dem Wadi Suwak auf die in das räumige Thal weit hinausgerückte Terrasse, von wo die alten Denkmäler in die großartigste Gebirgsumgebung hinabschauen. Schauerliche Bergkessel und jähe Bergsteilen wechselten mit einander, und es wollte uns sonderbar bedünken, daß die alten Egypter ihrer Venus einen so rauhen Wohnort zugemuthet hatten. Wir kletterten eine volle Stunde, und als wir die oberste Terrasse erreichten, war die Sonne bereits hinabgesunken. Wir hatten daher wenig Zeit zum Sehen; unsere beiden Führer trieben uns im Angesichte der hereinbrechenden Nacht alsbald wieder hinunter. Ich werde diesen Weg, den ich mehr rutschend und kriechend als gehend zurücklegte, mein Lebtage nicht vergessen. Schon schimmerte die freundliche Lampe unsers Zelts aus der Tiefe des Thales in unsere dunkle schauerliche Einsamkeit herauf, als uns unsere Führer, die des Wegs gefehlt zu haben schienen, aufforderten still zu stehen. Der Eine sprang einen jähen Absatz von mehr als Manneshöhe hinab, und der Andere half von oben her uns, Einem nach dem Andern, auf die lange nicht herauf reichenden Schultern desselben. Die Ungewißheit über die Breite des Felsenrandes, auf den die Füße zu stehen kamen, sowie die vollständige Finsterniß umher vermehrten das Peinliche der Lage und entlockten mir einen unwillkührlichen Laut des Entsetzens. Da wir unsern Weg fortwährend zu ertasten hatten, so brauchte es nicht weniger als 1½ Stunde, ehe wir uns im Zelte wieder einfanden.

Unsere Beduinen hatten unter den Awarmeh-Arabern, die in jener Gegend hausen, gute Freunde gefunden. Sie ließen uns daher des andern Morgens einen kleinen Umweg zu den Zelten derselben machen. Ich zählte deren 17, in der Mitte das geräumige Zelt des Scheikhs, der mich auf eine Tasse Kaffee einzuladen nicht anstand, — wahrscheinlich seinen arabischen Freunden zu Liebe, die hier gar zu gern einige Stündchen verplaudert und verraucht hätten. Ich lehnte die höfliche Einladung eben so höflich ab. Eine sandige und sonnige Fläche führte uns nach etwa 2 Stunden in das Wadi Khamila, wo wir uns erst lange umsonst nach einem überhangenden Felsen für unsere Mittagsrast umsahen. Das steinige Wadi Barak, das an sinaitischen Inschriften ziemlich reich ist, beschenkte uns gleichfalls mit einem ziemlich heißen Nachmittagsritt. Auf dem Bergsattel, der aus diesem Wadi in das Wadi Lebweh hinüberleitet, genossen wir dann aber auch eines prachtvollen Anblicks. Hinter uns tief dunkle Bergmassen, vor uns eine Felsenparthie fast in Form eines Alpenschlosses, vom Abendroth überglüht, um uns interessante Bergformen mit moosgrünem und goldbraunem Geäder.

Als wir am folgenden Morgen nach Wadi Berah hinüberritten, trat uns zur Rechten der Serbal mit seinen sieben kegelförmigen Gipfeln in so eigenthümlicher Majestät entgegen, daß man diesen Fürsten des sinaitischen Gebirges kaum verkennen konnte. Dort, wo das Wadi Sehab und Wadi Scheikh sich schneiden, hielten wir unsre Mittagsrast abermals unter einem überhangenden Felsen, und zwar offenbar an einer altklassichen Lagerstätte: denn auf einem der Felsblöcke, die am Wege lagen, traten uns die wohlbekannten sinaitischen Charaktere entgegen. Wir waren nun unserm Ziele bereits ziemlich nahe gekommen; das bezeugte stillschweigend die vor uns hingekauerte arabische Klostermagd in ihrem schmuzigen blauen Gewande.

Es bot sich hier eine doppelte Möglichkeit für die Weiterreise. Das Wadi Scheikh versprach uns auf einem bequemern, aber längern Wege dem Sinaikloster zuzuführen. Wir wählten jedoch für dießmal die beschwerlichere, aber kürzere Straße durch das Wadi Sehab und Selaf über den sogenannten Windsattel (Nabk el Haua). Nach einem ziemlich dreistündigen Ritt betraten wir das letztgenannte Wadi am Fuße des Windsattels, und eine dort weidende Heerde der Djebeliyeh, d. i. der klosterhörigen Fellahs, bezeugte uns abermals, daß wir unserm Ziele schon ganz nahe gerückt waren. Den Paß über den Windsattel, in den wir nach einer Viertelstunde einlenkten, fanden wir so eng, so steil, so windungsvoll und so rauh, daß wir es für das Beste hielten, unseren Kameelen, die sich auf dieser allzu kunstlosen Kunststraße mit Mühe fortbewegten, zu Fuß zu folgen. Konnten wir uns doch auf diese Weise dem gewaltigen Eindrucke ganz überlassen, den dieser sinaitische Alpenpaß auch auf den gedankenlosesten Reisenden zu machen nicht verfehlen kann. Die schwarzen, zerrissenen, nahe an tausend Fuß hohen Granitwände stehen ziemlich dicht einander gegenüber, und eine Unmasse herabgestürzter Felsblöcke liegt wildromantisch auf dem Boden umher. Zur Zeit der jährlichen Regen, wie mag da der Gießbach, der diese Schreckensschlucht als seinen Pfad in Anspruch nimmt, hinabstürzen und hinabtosen! Einige verkrüppelte Palmen sowie einige grasbewachsene Fleckchen bezeugten auch jetzt das Vorhandensein eines feuchten Grundes, und gegen die Mitte des Passes sahen wir selbst zwei kleine Quellen in einiger Entfernung von einander den Sand durchsickern, während sieben bis acht sinaitische Inschriften auf den am Weg umherliegenden Felsblöcken das hohe Alterthum des Passes bezeugten.

Da uns die mondlose Nacht überraschte, so mußten wir schon nach einer Stunde mitten in dem Engpaß Halt machen, der uns wieder einmal mit einer windlosen Nacht beschenkte, was wir als dermalige Zeltbewohner wohl zu schätzen wußten. Am andern Morgen brachen wir so zeitig als möglich auf, um noch vor der englischen Karawane, die wir am Fuße des Passes in drei bis vier Zelten hatten lagern sehen, die klösterliche Herberge zu erreichen. Wir gewannen nach einer guten Stunde den Gipfel des Passes, zu dessen höchstem Punkte eine noch engere Schlucht führte. Von da an aber erweiterte sich die Bergstraße allmählig, und plötzlich umfing uns die lange und räumige Ebene Rahah, von deren äußerstem Ende uns die hohe senkrechte Wand des Horeb in unbeschreiblicher Majestät entgegenragte. Nun wurde die uralte Oede mit jedem

Schritte gefälliger: hier eine weidende Ziegenheerde, da ein grünender Garten, dort ein quellender Brunnen, und endlich nach etwa zwei Stunden (von der Höhe des Passes an gerechnet) das gastliche Kloster selbst hinter blühenden Fruchtbäumen und schwermuthsvollen Cypressen.

Nachdem die Klosterbrüder unser Beglaubigungsschreiben an einem herabgelassenen Tau hinaufgezogen und gelesen hatten, öffnete sich das Hinterpförtchen des Klosters, und wir schritten durch die labyrinthisch verworrenen Räume, die uns mehr an eine Festung als an ein Kloster erinnerten, der Reihe der Fremdenzimmer zu, die in einem obern Stock gelegen sind. Das freundlichste und bequemste derselben wurde mit Rücksicht auf unsre Dame uns zu Gebote gestellt. Wir versuchten sogleich den langentbehrten Divan, der an drei Seiten des durch ein Doppelfenster wohlverwahrten Zimmers herumlief, während ein wohlbehäbiger Klosterbruder uns mit Kaffee, Dattelbrot und Dattelwein bewirthete.

Aufenthalt im Kloster.

Kaiser Justinian hätte für seine sinaitische Klosterfeste eine geschütztere und zugleich angenehmere Lage, als die ist, deren sie sich in der That erfreut, nicht wählen können. In dem Wadi Schueib oder dem „Thal des Jethro" (2 Mos. 3, 1), das sich als ein südlicher Ausläufer der großen Ebene Rahah betrachten läßt, erhebt es sich mit seinen über 40 Fuß hohen granitnen Mauern, seinen von Schießscharten durchbrochenen Thürmchen und seinem allerliebsten Garten, wo Feigen und Granaten, Mandeln und Aprikosen, Aepfel und Birnen, Oliven und Cypressen mit einander wetteifern, das aus dem verwitterten Urgebirge gewonnene und mit großer Kunst und Mühe befruchtete Erdreich in das mannigfaltigste Grün zu kleiden und so die granitne und sandige Oede umher zu beleben.

Welch eine Aussicht von der Klosterterrasse! Nach vorn hinaus schweift der Blick in die von hohen Gebirgsmauern eingefaßte Ebene Rahah frei hinaus, ganz dicht zur Linken erhebt sich der Djebel ed Deir; an dessen steilen Wänden eine schlanke Cypresse einsam dunkelt, zur Rechten schießt die finstere Masse des Djebel Musa im weitern Sinne auf, mit drei dem Thale zugekehrten kegelförmigen Gipfeln, und nach hinten zu begrenzt der porphyrhaltige Djebel Monajah die Aussicht und erzeugt dadurch, daß er das Klosterthal nach dieser Seite hin schließt, das angenehme Gefühl sicherer Geborgenheit.

Das Innere des Klosters läßt sich seiner Unregelmäßigkeit wegen schwer beschreiben. Es ist ein wahres Chaos von Gebäuden, Höfen und Gängen, das hier und da von einem grünen Baume, von einer blühenden Blume, von einer saftigen Küchenpflanze, von einer klammernden Rebe angenehm belebt und durchwebt wird. Leider macht sich unter den Gebäuden das muselmännische Minaret, das eine Schlangenklugheit ohne Taubeneinfalt dem herrschenden Halbmond zu Liebe errichtet hat, viel breiter als die Klosterkirche selbst. Denn während jenes Minaret sich auf den ersten Blick als solches zu erkennen giebt, und dem nahenden Wanderer schon von außen her in die Augen fällt, läßt sich die in Form eines länglichen Vierecks erbaute und mit einem schwerfälligen Dache versehene Kirche, selbst wenn man dicht davor steht, eher für alles andere, als für ein kirchliches Gebäude ansehen. Während aber das Innere der Moschee, die jetzt von Muhamedanern nur selten bewallfahrtet wird, des Schmuckes so gut wie entbehrt, zeigt die Kirche ein bis zur Ueberladung verziertes Innere, und es bedarf nicht gerade eines schottischen Presbyterianers oder eines amerikanischen Dissenters, um sich darin ein wenig unwohl zu fühlen, zumal während das Lippengeplärr und Schaugepränge des griechischen Gottesdienstes dieser Ueberladung seine Leere zugesellt. Die übrigen 24 Kapellen und Kapellchen, in denen sich sonst die Syrer, Armenier, Kopten und Lateiner gesondert zu erbauen pflegten, liegen in den verschiedenen Abtheilungeu der Klostergebäude so versteckt, daß sie sich auch in keiner Weise bemerklich machen. Interessant war es uns zu sehen, wie die (spätern?) Mönche jene zweideutige Politik, die auch dem Muselmanne eine heilige Stätte innerhalb des christlichen Klosters vergönnte, dadurch gut zu machen gesucht haben, daß sie den stolzen Halbmond der Moschee durch überragende Kreuze auf ringsumher aufgestellten Stangen in den Hintergrund zu drängen sich bemühten.

Ich hatte auch nicht das geringste Verlangen, mir von den Mönchen hinter dem Altar der Kirche die Stelle zeigen zu lassen, wo der „brennende Busch“ gestanden, oder nahe dabei den Brunnen, aus welchem Moses die Heerde seines Schwiegervaters getränkt hat. Ebenso wenig zog es mich nach dem Beinhaus des Klosters, das an der lebenvollsten Stelle der ganzen Umgebung inmitten des Gartens liegt, und in zwei gesonderten Gewölben die, mit Ausnahme der Schädel, kategorienweis aufgeschichteten Gebeine jener Priester und Laienbrüder aufbewahrt, die hier während eines Zeitraums von mehr als tausend Jahren dem Tode in die Arme gesunken sind.

Interessanter war mir die Büchersammlung, die in handschriftlicher Beziehung zu den reichsten der Welt gehört. Da das Kloster seine Entstehung dem Lieblingsgedanken eines christlichen Kaisers aus dem 6. Jahrhundert verdankt, und an einer der interessantesten und entlegensten Stellen biblisch geheiligter Oertlichkeiten liegt, so wird man diesen handschriftlichen Reichthum, den mein gelehrter Freund auf 500 bis 1000 Stück schätzen zu müssen glaubt, ganz in der Ordnung finden, und nur bedauern, daß die Mönche mit eben derselben Gleichgültigkeit, mit der sie ihre gewöhnlichen Todten in dem vorhinerwähnten Beinhaus ansehen, oder vielmehr mit noch größerer Gleichgültigkeit, an diesen großen Todten vorübergehen. Wollten sie dieselben aus dem allgemeinen Beinhaus der Bibliothek erlösen und zu sich auf ihre Zellen nehmen, — vielleicht daß dann in ihren Tod ein wenig Leben käme. Die werthvollsten Sachen liegen in den staubigen Winkeln der düstern Bibliothek zum Theil auf dem nackten Boden umher. Nur ein mit großen Goldbuchstaben prachtvoll geschriebenes Evangeliarum, — angeblich das Geschenk eines christlichen Kaisers, — und einen, der Ueberlieferung nach von Frauenhand, auf zwölf Duodez-Seiten zusammengepreßten Psalter verwahrt man auf das sorgfältigste als die eigentlichen pergamentnen Kleinodien des Klosters!

Das Sinaikloster soll reicher sein als sämmtliche Klöster des Berges Athos. Leider sind die von Justinian den Mönchen zu Dienst und Schutz beigegebenen Fellah's, die unter anderm auch die über verschiedene Thäler verstreuten 40 bis 50 Klostergärten gegen eine jährliche Abgabe an Früchten unter sich haben, mit der Zeit sämmtlich der Fahne des Islams zugefallen. Ein trauriges Zeugniß für ein christliches Kloster, dessen Sittenverderbniß mit der Zunahme der besuchenden Fremden noch zu steigen scheint. Aergere Preller als in dem Sinaikloster wird man auch in den verrufensten Hotels der Schweiz nicht leicht antreffen. Und wenn es dabei nur sein Bewenden hätte! Eine englische Reisegesellschaft, die mit uns zugleich im Kloster herbergte, erzählte mir, daß der Klosterbruder, den man ihnen als Führer auf die Spitze des Sinai beigegeben, über die Maßen betrunken gewesen sei, und wir selbst mußten einen Andern, der den Dollmetscher des Klosters macht, um derselben Ursache willen geradezu aus unserm Zimmer weisen. Der letztere ist beiläufig derselbe, der auf die Reisegesellschaft des Dr. Wilson den ganzen Tag gewartet hatte, um „in die Arme ihrer Liebe zu hüpfen". Nun, wenn die offenen Schäden der Art sind, wie mag es da um die verborgenen stehen! Glücklicherweise hat auch hier die Regel ihre Ausnahmen. Ich selbst lernte zwei der Klosterbrüder kennen, die einen entschieden bessern Eindruck machten. Einer derselben, jetzt wohlbestallter Kloster-Bibliothekar und Kloster-Dichter auf eigne Hand, war zu seiner Zeit einmal (russischer?) Schiffskapitän und ein andermal Organist an einer lutherischen Kirche Deutschlands! Was für schneidende Lebens-Kontraste in der Stille dieser Klöster sich auszugleichen haben.

Zwei Dinge besitzt diese Abgeschiedenheit, die nicht mit Gold zu bezahlen sind: eine reine stärkende Luft und klares frisches Wasser. Beides scheint auch den guten Mönchen (etwa 20 an der Zahl) wohl zu gedeihen, dafern sie sich nicht etwa an dem später erfundenen Dattelwein für die sonstige Strenge ihres Ordens allzu schadlos halten. Derer, die erst nach vollbrachtem Jahrhundert ihre einsame Zelle mit jenem noch einsamern Hause im Garten vertauschen, sind in der That nicht Wenige: erst unlängst war wieder Einer gestorben, der sein Leben auf beiläufig 110 Jahre gebracht hatte.

Mir selbst wollte es in der Klosterherberge nicht recht gemüthlich werden. Diejenigen Klosterbrüder, welche die Fremdenpflege unter sich haben, waren nicht darnach, daß man sich unter ihren Händen hätte behaglich fühlen können, und der mitherbergenden Fremden waren zu viel, als daß man so viel Stille und Ordnung gehabt hätte, als man sich, nach einer Wüstenreise in Gesellschaft von Beduinen, zur Erholung wünschen mußte. Dazu kam der beengende Umstand, daß man den Klosterregeln zufolge selbst am Tage des freien Aus- und Eingangs entbehrte. Ich für meine Person bedauerte sehr, daß wir nicht in unserm Zelte draußen geblieben waren, und nur die Rücksicht auf den geschwächten Zustand meiner lieben Frau, der die kalten Nächte der Wüste nicht zusagten, versöhnte mich mit der unangenehmen, aber wettersichern Klosterherberge.

Die heiligen Umgebungen des Sinai.

Es war am Morgen des 5. März als wir, von unserm Dragoman, einem Kloster-Beduinen und einem dienenden Bruder begleitet, uns auf den Weg machten, um diejenige Spitze des Djebel Musa zu besuchen, die in der Klosterüberlieferung für den Berg der Gesetzgebung gilt. Wie Alle, wurden auch wir durch das nordwestliche Thor hinausgefördert und dann, uns links hinter dem Kloster hinwendend, fingen wir an langsam zu steigen. Wir waren eine gute Viertelstunde hingegangen, als wir bei einer kühlen Quelle unter einem überhangenden Felsen einen Augenblick Halt zu machen aufgefordert wurden. Nach einem neuen Marsche von etwa 24 Minuten erreichten wir die Kapelle der Jungfrau, die, wie die lächerliche Klosterüberlieferung mit großem Ernst behauptet, die armen Mönche, bei denen schon keine Pilger mehr einkehren mochten, zur rechten Zeit von der Plage gewisser blutdürstiger Thierchen befreite. Von da an wurde der mit losen Steinen kunstlos ausgelegte Bergpfad ziemlich steil; wir passirten nach einander zwei steinerne Portale, an denen sonst die Priester das Gewissen der beichtenden Pilger zu entlasten pflegten, und betraten in aber 25 Minuten eine kleine von Gießbach-durchfurchten Bergmassen umschloßne Ebene, wo, in geringer Entfernung von den beiden etwas höher liegenden Kapellen des Elias und des Elisa, eine sechzig bis siebzig Fuß hohe Cypresse neben einem ausgemauerten Brunnen ihr stattliches Haupt erhebt. Hier ist der eigentliche

Wendepunkt der sinaitischen Bergfahrt. Ein Pfad geht in westlicher Richtung nach dem Kloster der vierzig Märtyrer in Wadi el Ledja hinab, ein anderer führt mehr nördlich nach den majestätischen Felsengruppen, welche die Ebene Rahah im Norden des Klosters kühn überragen, und von den Mönchen Horeb genannt werden. Wir aber schlugen die südliche Richtung ein und erklommen auf immer steilerm Pfade den Djebel Musa im engern Sinne, dessen Kapellegekrönten Gipfel wir nach 34 Minuten langsamen Steigens erreichten.

Was für ein An-, Um- und Ausblick! In der That ein wahrer Berg Gottes! ein mehr als salomonischer Tempel der Natur! Diese breiten Massen, diese tiefen Klüfte, diese schauerlichen Schluchten, diese steilen Wände, diese schießenden Gipfel! Und rings umher ein wahrer Ocean dunkler Urgebirgsmassen, die durch ihre Höhe den Horizont im Osten, Süden und Westen zwar beschränken, den Eindruck aber in keiner Weise verkürzen. Nur nach Norden hin schweift der Blick frei aus über die große Sandebene Ramleh, hinter welcher die lange Gebirgsreihe des Djebel et Tih mit ihren weißen Flecken und düstern Gipfeln lagert, und in südöstlicher Richtung dämmert aus weiter Ferne der blaue Schein des Meerbusens von Akaba in die starren Gebirgsmassen herein. Dicht hinter dem Djebel Musa aber erhebt der höhere Katharinenberg seine zwei granitnen Kegel, und nach vorn, über die Schlucht hin, wo die Elias-Kapelle steht, thürmen sich ganz eigenthümlich gestaltete Gipfel auf. Sie begrenzen im Norden des Klosters die Ebne, wo die Israeliten in aller Wahrscheinlichkeit „gegen den Berg" (2 Mos. 19, 2) gelagert waren.

Wir hatten glücklicherweise eine so krystallreine Atmosphäre, wie man sie zum Genuß einer solchen Naturumgebung nur wünschen kann, und während an dem majestätischen Gebirge, das im Wiederschein der biblischen Geschichte und im Zwielicht kindlicher Erinnerung „unbekannt, wohlbekannt“ vor uns lag, Auge und Seele sich labte und füllte, schürte der Dragoman ein Feuer an und der Kloster-Beduine that seinen Quersack auf. Es dauerte nicht lange, so kam auch der leibliche Mensch, dessen Ansprüche nach der mühevollen Bergfahrt in der frischen Höhenluft nicht übersehen werden durften, zu seinem vollen Rechte. Das arabische Getränk mundete hier besser, als irgendwo, und das helle Bergwasser, das frische Klosterbrot und der würzige Ziegenkäse waren auch nicht zu verachten. Ich hatte unter allen Pflanzen und Kräutern, die den Djebel Musa spärlich bekleiden, nur ein einziges Gewächs gefunden, das nicht duftete. Mehr oder minder ähnlicher Beschaffenheit ist der Pflanzenwuchs hier allenthalben. Kein Wunder daher, daß das letztgenannte Erzeugniß der Ziege ein solches Aroma hat.

Die Trennung von diesem Berge der Berge wurde uns schwer. Doch wir hatten noch ein gut Stück Weges vor uns, und so brachen wir nach anderthalbstündigem Verweilen wieder auf und kletterten zu der Schlucht hinab, wo die schöne Cypresse einsam trauert. Als der Klosterbruder hörte, daß wir von hier aus nicht nach dem Kloster zurück, sondern ins Wadi el Ledja hinab wollten, so bemühte er sich uns einzureden, daß kein gangbarer Weg dorthin vorhanden sei. Wir entließen ihn nicht sehr gnädig; er aber, als er sahe, daß wir den richtigen Pfad einschlugen, folgte uns Schande halber.

Nach zehn Minuten standen wir auf der Höhe, von wo es zum Wadi el Ledja ziemlich steil, aber ungefährlich hinabgeht, und in einer Stunde waren wir unten. Schwarze Ziegenheerden grasten auf den grauen Felsen umher, und tief unten im Thale umfingen uns die Oliven- und Fruchtgärten des verlassenen Klosters Arbain. Die Aepfelbäume standen gerade in voller Blüthe, und da ich seit vier Jahren derlei nicht gesehen hatte, so heimelte es mich nicht wenig an.

Das Wadi el Ledja ist eine enge, steinige, theilweise von einem rieselnden Bächlein bewässerte Schlucht, deren nackte Felsblöcke, in unmittelbarster Nähe der vorerwähnten Gärten und einer benachbarten Pappel-Pflanzung, gegen das frische Grün des Anbaus wunderbar kontrastiren. Von dem Kloster Arbain hatten wir noch gute anderthalb Stunde bis zu unserer Herberge. Wir brachen daher bald wieder auf und gelangten nach 15 bis 20 Minuten zu einem vereinzelten Granitblock mit acht bis zehn halb natürlichen, halb künstlichen Spalten, den die Klosterüberliefrung für den Felsen hält und ausgiebt, aus dem Moses für die durstenden Israeliten Wasser schlug, während der Herr „auf einem Fels in Horeb“ (2 Mos. 17, 6) stand.

Wir hatten schon kurz vorher an einem der losen Felsblöcke, die am Wege liegen, eine sinaitische Inschrift gesehen; bald nachher fiel unser Auge noch auf zehn bis elf andere, die bis zum Ausgang des Wadi el Ledja, über eine Strecke von 10 bis 15 Minuten, in geringer Entfernung von einander verstreut sind. Eben da, wo das Wadi el Ledja in die Ebene Rahah mündet, bezeichnen zwei andere Gärten die Stelle früherer Klöster, und ein wenig später uns rückwendend, schauten wir in ein Thal, das, von lieblichen Gärten gefüllt, allmählich anstieg. Natürlich zeigte man auch uns die Stelle, wo die Erde sich aufthat, um die Rotte Korah, Dothan und Abiram zu verschlingen (4 Mos. 16); das Felsenloch, das Aaron beim Guß des goldnen Kalbes als Form benutzte; den Ort, wo derselbe dem Tanze des Volkes zusah, während Moses hinter ihm vom Berge herabstieg; und endlich den Fleck, wo der unwillige Knecht Gottes die Tafeln des Gesetzes auf den Boden warf. Der Klosterbruder, der uns begleitete, wußte fast nie den Namen eines Wadis oder eines Berges, jene Oertlichkeiten aber kannte er ganz genau und verfehlte nicht uns die betreffende Ueberlieferung von den Vätern her mitzutheilen.

Die egyptische Regierung unterhält des zunehmenden Fremdenbesuchs wegen, hauptsächlich aber wohl aus Rücksicht auf die in ihrer loyalen Gesinnung allzuwankelmüthigen Söhne der Wüste, seit einiger Zeit einen Unterstatthalter hier am Sinai. Da hat sich denn durch die Familie und durch das Gefolge desselben in einiger Entfernung vom Kloster eine Art Dorf gebildet. Wir begrüßten dasselbe als den Vorboten der nahen Herberge mit Freuden und eilten im Vorgenuß der ruhigen Zelle über das rauhe Felsenbett des Klosterthales der Thür zu, die dem Zurückkommenden sich noch schwerer öffnet als dem Hinausgehenden.

Es mußte mir mit Rücksicht auf die Sinaifrage daran liegen, die Ebne sammt dem Wadi Sebayeh, so wie die übrigen Raumverhältnisse am Südostfuße des Djebel Musa genauer kennen zu lernen: denn wenn dort, als an den einzigen Stellen, wo die Spitze des Djebel Musa von der Ebene her sichtbar ist, sich nicht wenigstens so viel Raum fand, daß Mose das Volk „Gott entgegen führen konnte" (2 Mose 19, 17), so war ich von der gänzlichen Unhaltbarkeit der Klosterüberlieferung in Bezug auf den Gesetzesberg im Voraus überzeugt. Ich machte mich daher am zweitfolgenden Tage ganz allein auf den Weg dahin. Das Ende des Klosterthals in der Richtung des hintenangelagerten Hutberges verfolgend und an dem schön nüancirten blauen, grünen und rothen Gestein desselben mich ergötzend, gelangte ich, langsamen Schrittes, nach etwa einer Stunde auf die Höhe des Bergsattels, und eine gute Viertelstunde brachte mich zu dem Garten hinab, den ich von der Spitze des Djebel Musa aus bereits wahrgenommen. In einer engen Schlucht, die dem Wadi el Ledja zuzuführen schien, schlug ich mich nun zunächst rechts hin, stieg aber sehr bald links über die Vorberge, die dem Djebel Musa nach dieser Seite hin angelagert sind, und gelangte nicht ohne Beschwerde in die Thalebne Sebaiyeh, die sich in der Nähe bei weitem stattlicher ausnahm, als sie mir von der Spitze des Djebel Musa erschienen war. Ich wandte mich rechts hinauf mit dem guten Vorsatze, meine Wanderung so lange fortzusetzen, bis die Spitze des Djebel Musa verschwinden würde. Da ich aber so ziemlich nüchtern ausgegangen war und die Sonne sehr heiß brannte, so wandte ich auf einer Stelle um, wo noch lange keine Aussicht dazu vorhanden zu sein schien; der Weg stieg immer höher hinauf zwischen den Bergen. Von da zurückkehrend, zählte ich 1500 Schritte auf theilweis hügligem und stets sanft ansteigendem Thalboden, und dann andere 4500 Schritte auf ebenem Boden bis zu dem Punkte, wo das Wadi Sebaiyeh den Djebel ed Deir umbiegt, und die Spitze des Djebel Musa auf eine kleine Strecke verschwindet. Ich ging, nachdem sie wieder frei hervorgetreten, noch etwa 1500 Schritte in dem Wadi Sebaiyeh hin, und noch immer ließ sich nicht absehen, wo sie sich wieder verbergen würde. Das Wadi hat eine Breite von 2 bis 400 Schritten, die sanfte Lehne der östlichen Bergeinfassung ungerechnet.

Diese Beobachtungen genügten mir für meinen Zweck*) und ich kehrte daher auf dem kürzesten Wege nach dem Kloster zurück, wo mein unerwartet langes Ausbleiben bereits Besorgniß erregt hatte.

---

*) Siehe Anhang I. 4.

Rückreise nach Kairo.

Dieselben Beduinen, die uns von Kairo nach dem Sinai gebracht hatten, sollten uns auch wieder zurückgeleiten. Sie hielten am 8. März in aller Frühe mit ihren Kameelen vor dem Kloster, und sobald wir unsere Rechnung mit den Mönchen zu ihrer Zufriedenheit geordnet hatten, saßen wir auf. Pechschwarze Wolken, von einem eisigen Winde gepeitscht, kamen die Ebene Rahah heraufgefegt, und noch hatten wir nicht aus dem Klosterthale in das Scheik-Thal eingelenkt, als wir, o Wunder! von einem Schneegestöber überrascht wurden, das mich lange nicht so angenehm als die Apfelblüthe im Wadi el Ledja an die liebe Heimath erinnerte. So war uns denn wieder einmal ein kleiner Vorschmack von den Licht- und Schattenseiten des mitteleuropäischen Klimas geworden.

Es schien, als wollte der Sinai mit seinen winterlichen Drohungen vollen Ernst machen; das Schneegestöber, das zuweilen die Gestalt des Hagels annahm, verfolgte uns mit geringer Unterbrechung mehre Stunden lang. Schneiete es doch vor vier Jahren sieben Tage hintereinander fort, sodaß die Klosterfellahs den sonderbaren Gast aus dem Kloster hinauszuwerfen beordert werden mußten.

Nach etwas mehr als fünf Viertelstunden sahen wir das S e b a i y e h - T h a l, das ich Tags zuvor untersucht hatte, in das S c h e i k h - T h a l münden, und zwei Stunden nachher ließen wir das Grab des von den sinaitischen Beduinenstämmen als Prophet hochgefeierten

Scheikh Salih, von dem das letztere Thal den Namen hat, links liegen. Hier war es, wo mein Freund Tischendorf bei seiner ersten Reise nach dem Sinai dem interessanten Salihfeste beiwohnte, das die wilden Stämme der Wüste eben so „froh vereint", als sonst der „Kampf der Wagen und Gesänge" auf der Landenge von Korinth die Stämme der Griechen. Da saß er in dem großen gemeinschaftlichen Zelte auf seinem Tigerfelle inmitten der Häuptlinge, die selbst dem Arme Mehmed Alis ihre Faust entgegenzuballen gewagt hatten. In der Mitte des nur an zwei Seiten geschlossenen Zeltes loderte ein Feuer; dort war man eifrig beschäftigt mit der Bereitung des Getränkes, ohne das der Araber — und der Deutsche dazu — kein Fest feiern kann, und dabei saß als Generalwirth der Oberhäuptling mit braunen Augen und dunklem Barte im langen weißen Gewande. Nach der entgegengesetzten Richtung fiel der Blick hinaus auf die Heerde, die Dromedare und Kameele. Nach Verlauf einer Stunde, die mit Dampfen, Trinken und Plaudern hingebracht wurde, bereitete man sich zum feierlichen Umgang um das frisch übertünchte Grabmal des Propheten, — voran die Frauen tief verhüllt und in unnachahmlicher Weise mit dem Munde musicirend; 50 bis 60 Lämmer wurden geopfert, und während die besten Stücke am Feuer bereitet wurden, ging es an ein Wettrennen auf Dromedaren, die mit Gehängen von Perlmutter und schönen Teppichen geschmückt waren. Wenn so vier bis sechs Wüsten-Ritter auf einmal an dem Zelte vorbeisprengten, so übernahmen die Frauen hinter den Zeltvorhängen die Rolle der Ritterdamen auf „hohem Balcone" — und zugleich der Turnier-Spielleute: sie musicirten ihren Helden Beifall zu. Darauf folgte die Hauptsache — die Festmahlzeit. In einer großen hölzernen Mulde wurde das Fleisch servirt und ohne Weiteres auf ausgebreitete Lammfelle hingeschüttet, um die sich die verschiedenen Tisch-Cirkel in erzväterlicher Einfachheit gruppirten. Ein heftiger Sturm brachte meinen Freund um das Finale, wobei die Beduinen-Frauen reigen sollten; uns aber benahm das fortdauernde Schneegestöber selbst die Lust, das Grabmal des Beduinen-Propheten in nähern Augenschein zu nehmen. Wir suchten dem Hochgebirge so schnell als möglich zu entrinnen.

Nach anderthalb Stunden waren wir an dem Punkte, wohin Robinson Raphidim, die letzte Lagerstätte der Israeliten vor dem Sinai, zu legen geneigt ist. Dort biegt das Scheikhthal in die dunkeln Vorberge der Granit-Region hinein, die hier wie zu Pforten des „Berges Gottes" an beiden Seiten eng zusammentreten. Schon nach 10 Minuten kamen wir wieder in's Weite, und bald darauf kündigte sich der Serbal als der Fürst der Berge an, die auf unserm weitern Wege lagen. Noch eine halbe Stunde, und wir traten durch ein Felsenthor in das Gebiet der mannatragenden Tamarisken. Die lehmigen Erdniederschläge, die ich, wenn ich nicht irre, stets mit jenen Tamarisken vergesellschaftet sah, nahmen sich am Fuße der schwarzen Berge, welche sich links wie Vormauern des granitnen Gebirgscentrums hinziehen, aus der Ferne so eigenthümlich aus, daß ich zuweilen Tempel, Schlösser und Städte vor mir zu haben wähnte. Die mannatragenden Tamarisken wurden später zu förmlichen Wäldern, nach denen unsere Kameele mit sichtbarem Verlangen hinüberblickten; aber schon nach einer halben Stunde hörten sie wieder auf. Sieben Stunden hatten wir ununterbrochen zu Kameel gesessen, — Wind und Schnee hatten die Treiber gemacht, — da ließen wir, noch immer im Scheikhthale, das in weitem Bogen die mittlern Gebirgsmassen umzieht, unser Zelt aufschlagen. Eins der Klosterkameele, die hier weideten, mochte sich an den schönen Kräutern, die im Scheikhthale gedeihen, und namentlich an den Zweigen des Manna, den Kameels-Leckerbissen, allzu üppig gefressen haben; es machte den unsrigen den Krieg, in den wir selbst fast hinein verwickelt wurden, und erst nachdem unsre Beduinen es blutrünstig geschlagen und geknebelt hatten, wagten wir von den Bergen, auf die wir uns geflüchtet, in das unterdeß errichtete Zelt hinabzusteigen.

Es brauchte des andern Tages (9. März) noch mehr als zwei Stunden, ehe wir den alten Lagerplatz erreichten, von wo das Wadi Sahab auf dem kürzesten Wege über den Windsattel nach dem Sinaikloster hinaufführt. Ein neuer Ritt von zwei Stunden brachte uns zu dem Punkte, wo das Wadi Solaf sich links hin unmittelbar dem Fuß des Serbal zuwendet, und zwanzig Minuten später ritten wir durch eine Felsenpforte in ein Thal ein, dessen bunte Berge mit rothbraunem und schwarzblauem Geäder unsere ganze Aufmerksamkeit in Anspruch nahmen.

Hatte uns der Sinai mit Schneegestöber entlassen, so begrüßte uns hier der Serbal mit einem Regenschauer. Sein dunkelumwölkter Gipfel drohte mit einer größern Ladung. Doch blieb es glücklicherweise bei dem Drohen. Die mannatragende Tamariske hatte sich schon kurz zuvor wieder eingestellt; später gruppirte sie sich zu einem förmlichen Baumgang, in dessen Schatten wir hinritten, und nach einem Ritt von ¾ Stunden (von der Felsenpforte an gerechnet) ließen uns die schmucken Palmenhaine des Wadi Firan mit einigen zwischengestreuten Araber-Hütten die Wüste gar vergessen. Vergebens zwar lauschte ich nach dem Bache, den andere Reisende zwischen „Gras und Blumen“ hinrauschen hörten; er hatte kein Wasser mehr, aber der Wind säuselte so anmuthig in den Palmenkronen, daß ich bei mir selber sprach: Hier ist gut sein, hier laß uns Hütten bauen. Nachdem wir 50 Minuten lang in diesem Garten der sinaitischen Halbinsel hingeritten waren, schlugen wir unser Zelt am Ende der großen Oase, zum ersten und leider auch zum letzten Male im Schatten einiger Nebek-Bäume auf grünem Teppich, auf.

Lepsius, der den Serbal für den Sinai ansieht, verlegt in dieses Thal das schließliche Lager der Israeliten, und das Wadi Aleyat, das ganz in der Nähe unsres Ruheplatzes auf einen der Gipfel des Serbal führt, nimmt er für den Weg, auf welchem Moses die Kinder Israel „Gott entgegenführte". Wir Männer benutzten die Zeit der Ruhe, um uns die jedenfalls interessanten Oertlichkeiten ein wenig näher zu besehen. Dicht am Eingange des Wadi Aleyat erhebt sich ein Hügel mit dem ehemaligen Kloster des Wadi Firan, und an der Bergwand gegenüber liegen die verlassenen Häuser der altberühmten Stadt. Wie Natur-Vesten schießen die Berge auf dieser Seite gen Himmel.

Auch unsere Beduinen dünkte es hier am Brunnen von Wadi Firan gut sein. Unser Scheikh beschenkte uns mit wurstartig zusammengekneteten und in eine Haut genähten Datteln, als wollte er damit ein längeres Bleiben von uns erkaufen. Wir brachen aber schon nach einigen Stunden süßer Rast wieder auf, und noch ehe eine Stunde verging, erreichten wir bei einer plötzlichen Thalbiegung die kleine Voroase El Hessue. Nach zehn Minuten waren die Palmengruppen wieder zu Ende, und die stachlichte Gummi-Akazie trat für zwanzig Minuten an die Stelle des Dattelbaums. Wo auch diese verschwand, da machte das Thal eine zweite, stärkere Biegung nach Westen. Obgleich wir noch ziemlich zwei Stunden auf den Rücken der Kameele hingen, so brauchte es doch auch am folgenden Morgen (10. März) noch fast drittehalb Stunden, ehe wir das Wadi Firan, das sich zuletzt dem Meere zuwendet, verlassen durften.

Ein langer Bergsattel trug uns in das Wadi Mukatteb (das beschriebene Thal), und nach einer guten Stunde sahen wir links am Wege die erste Reihe jener sinaitischen Felsen-Inschriften, die sich zwar auch an andern Orten des sinaitischen Gebirges finden, hier aber wie in einem Brennpunkte zusammenlaufen. Bei der zweiten größern Reihe machten wir für ein paar Stündchen Halt; die überhangenden Felsen boten hier den räumigsten und schattigsten Lagerplatz, den wir auf unserer ganzen Wüstenreise bisher gefunden. Die schattige Stelle unten an den beschriebnen oder doch beschreibbaren Felsen hatte gegen 2 Uhr eine Länge von beiläufig zweihundert Schritten.

Unter den Inschriften in sinaitischen Charakteren finden sich bekanntlich auch griechische. Eine derselben in sehr alten Schriftzügen lautet: „Gedenke Herr des Knechtes Hiob, des Diaconen.“ Andere damit in Verbindung stehende Namen, zum Theil wahrscheinlich von derselben christlichen Reisegesellschaft, waren nicht wohl leserlich. Daneben aber hatte eine sehr feste Hand geschrieben: „O über dieses schlechte Volk! Ich, Kriegsmann, habe es mit meiner Hand geschrieben.“ Scheint es doch fast, als hätte der rohe Soldat mit dieser persönlichen Kritik, die zugleich einen schlechten Witz enthält (vergl. 1. Cor. 16, 21 und Galat. 6, 11.) seiner Galle gegen den geistlichen Stand hier in der freien Wüste wollen Luft machen. Die Worte „Ich Soldat“ scheinen sich dem „Diaconen“ schroff gegenüberzustellen. Vielleicht daß dem guten Manne die frommen Ergüsse zuwider waren.

Professor Tuch hat, wie mir scheint, unwiderleglich nachgewiesen, daß die ältesten Inschriften des sinaitischen Gebirges von arabischredenden Anhängern eines heidnischen Sterndienstes, die hauptsächlich nach Wadi Firan und Djebel Serbal wallfahrteten, aus den nächsten Jahrhunderten sowohl vor als nach Christo herrühren.

Ganz eigenthümlich ist die Erklärungsweise des englischen Geistlichen Forster, der die Ansicht des ältesten Zeugen für die sinaitischen Inschriften, des „Indienfahrers“ Cosmas, aus der ersten Hälfte des sechsten Jahrhunderts, als rührten sie von dem wandernden Volke Israel her, in seinem Schriftchen: „Die Stimme Israels aus den Felsen des Sinai" aufzuwärmen kein Bedenken trägt. Im Lichte dieser Voraussetzung liest er dann das häufig wiederkehrende Anfangswort „Shalam" (d. i. „Es grüßt", nämlich Der und Der) getrost „Am" („das Volk") und versteht nun darunter natürlich das israelitische. Da er ferner die von müßiger Hand zuweilen daneben gekritzelte Figur eines Esels oder eines Dromedars ohne Weiteres als Hieroglyphe faßt und mit Beziehung auf Stellen wie Jesaias 1, 3, Hoseas 8, 9 u. s. w. nun auch auf die Kinder Israel bezieht, so kommen meist gar wunderliche Selbstbekenntnisse des israelitischen Volkes heraus, rechte Muster von Selbstbekenntnissen „unschöner Seelen". Da heißt es unter andern: „Das Volk, stoßend wie ein Esel, reizt Moses zum Zorn" u. s. w. „Das Volk, ein wilder Esel, gefüllt mit Wasser" u. s. w. Eine Inschrift macht den „Mann mit der schweren Zunge", der „je und je nicht wohl beredt gewesen" (2 Mos. 4, 10), gar zu einem beredten Sprecher. Denn so stehet geschrieben: „Der beredte Sprecher schlägt die Felsen, und hervorströmt das Wasser niederfallend."

Diese drolligen Einfälle des Herrn Forster, der übrigens die egyptischen Hieroglyphen, so wie alle ältern Inschriften in der ganzen Welt mit demselben arabischen Schlüssel liest, haben in England ein solches Aufsehn gemacht, daß ich ein triumphirendes: „Er hat's gefunden!" selbst in Ostindien vernehmen durfte. Doch ich habe meine Leser schon allzulange bei dem wunderlichen Herrn aufgehalten. Wir müssen unsres Weges weiter ziehen.

Ein neuer Ritt von einer Stunde brachte uns an das Ende des Wadi Mukatteb. Bald darauf bog das Wadi Maghara links hinein, wo hoch oben in der nördlichen Sandsteinwand die merkwürdigsten egyptischen Felsen-Stelen sich befinden, die „zu den frühesten Denkmälern gehören, die uns überhaupt aus dem griechisch-egyptischen Alterthume bekannt sind." Hier stießen wir auf eine englische Reisekaravane, der sich zwei Russen in orientalischer Kleidung angeschlossen hatten.

Wir mochten das Wadi Mukatteb etwa eine Stunde hinter uns haben, als sich das Wadi Badra vor uns weitete. Dieses verengte sich nach aber einer Stunde zu einem wildromantischen Bergpasse, dessen schwefelgelbes, rosenrothes, grünes und lilafarbenes Gestein in mannichfaltigster Gestaltung unsern Blick fesselte. Wie bunte Riesenmuscheln nahmen sich die Hügel am Wege zuweilen aus, und an manchen Stellen war es, als ob Schmelzöfen der Natur farbige Schlacken gehäuft hätten. Was für Kräfte müssen da gehoben, geschmolzen, geknetet und geformt haben!

Nach einer guten halben Stunde erreichten wir die Höhe des Passes. Nun ging es für fünf Minuten so eng und steil hinab, daß die Kameele gar ängstlich traten und wir selbst vorzogen zu Fuße nachzufolgen. Wenn hier die Israeliten vom Meere bei Ras Zelime aus heraufkamen, so brauchte der ungeheure Zug sicherlich eine geraume Zeit, ehe er sich durch diese enge Pforte hinaufwand.

Wir übernachteten bald darauf an einer sehr romantischen Stelle dieses Bergpasses und traten am nächsten Morgen (11. März) nach kurzem Ritt in das Wadi Schelal mit fast noch buntern Farben. Namentlich fielen uns die moosgrünen Berge und die rothen Spitzen derselben auf. Einer unserer Beduinen stieg in eine wilde Bergschlucht hinauf nach einem Labetrunk frischen Wassers (Ain Asmar); wir selbst stießen in dieser Gegend zum ersten Male auf ein schmuckes Pflänzchen, das, mit der Eigenschaft unsres Sauerampfers begabt, für die durstige Wüste trefflich paßt.

Wir waren in dem Wadi Schelal über eine Stunde hingeritten, als wir in eine von verkrüppeltem Palmengebüsch an einigen Stellen begrünte Felsenschlucht (Wadi Ledjam) einbogen und den ersten Blick auf das blaue Meer gewannen. Noch eine sehr gute

Stunde in der Meeresebne und wir waren so dicht am Ufer desselben, daß wir uns an den bunten Muscheln erfreuen konnten, an denen bekanntlich das Rothe Meer so reich ist.

Anderthalb Stunde führte uns nun der Weg mit einigen Unterbrechungen ganz knapp am Rande des Meeres hin, und oft traten die Berge gar in das Meer hinein und zwangen unsere wasserscheuen Kameele, sich die Füße in der salzigen Fluth zu netzen. An einer Stelle nöthigte uns das allzuweit vorspringende Gebirge den Bergrücken selbst zu überklimmen. Wir waren froh, als wir wieder landeinwärts über die Sandebene biegen durften, und so frisch und keck wehte uns der Hauch des Meeres, das im prächtigsten Farbenspiel vor uns lag, ins Gesicht, daß wir Indienfahrer uns Glück wünschten, als uns nach 2¼ Stunde das Wadi Tayibeh in seinen Schutz nahm.

Da Lepsius dieses für das Elim der Bibel hält, so widmete ich demselben bei unserm Durchzuge eine besondere Aufmerksamkeit. Das tiefgefurchte Bett eines Gießbaches sowohl, als die Häufigkeit grüner Sträuche und Fläusche, selbst an Bergesabhang, zeugten allerdings von der Thatsache, daß das Thal des feuchten Elements nicht entbehrt. Ja nach einem Ritte von 25 Minuten stießen wir selbst auf eine nette Oase im tiefen Thalgrund: zuerst hochstämmige Tamarisken, dann 30 bis 40 verbuschte Palmen neben grünem Röhricht, und dann wieder Tamarisken. Das Wasser floß neben den Palmen eben so reichlich als im Useit-Thale auf dem Boden hin; es roch aber so stark nach Schwefel, und sah so schmutzig aus, daß ich mich nicht überwinden konnte, es zu kosten. Selbst unsere Beduinen machten eine tief verächtliche Geberde. Die ganze Oase nahm nach 35 Minuten ein Ende. Nun fesselten die eigenthümlichen Bergformen des Wadi Tayibeh meine ganze Aufmerksamkeit; einmal glaubten wir in der That Schanzen und

Festen zu sehen, ein andermal erweiterte es sich zu einem mächtigen Amphitheater. Noch andere drei Viertelstunden, und wir hatten das wohlbekannte Wadi Hamr vor uns, an welches das Wadi Schabeikeh diejenigen Sinaireisenden, die wie wir zur Hinaufreise den obern Weg erwählen, abliefert.

Ich habe unsern Rückweg bisher so ausführlich beschrieben, weil er der gewöhnlichen Annahme zufolge die Straße war, welche die Israeliten zogen. Von dem Ausgange des Wadi Tayibeh an kamen wir nun auf unsere eigne Spur zurück. Ich bitte daher diejenigen Leser, die von dem muthmaßlichen Wege der Israeliten ein Gesammtbild wünschen, jenes Stück meiner Reisebeschreibung, das sich auf den Weg von Ayun Musa bis hierher bezieht, an das soeben gelieferte anzusetzen. Ich selbst werde mich nun über den weitern Verlauf der Rückreise kurz fassen dürfen und müssen.

Nur in Bezug auf das Wadi Gharandel noch eine längere Bemerkung. Wie sich meine Leser erinnern werden, so waren wir auf der Hinreise bei der eigentlichen Oase desselben nicht vorbeigekommen. Wir beorderten daher unsere Beduinen uns aus dem Thale Useit auf dem kürzesten Wege stracks dorthin zu führen. Zuerst stieg der Weg, dann senkte er sich in ein windungsreiches Wadi seewärts hinab, dessen weiße Kreidefelsen uns die Sonnenstrahlen so heiß zurückgaben, daß uns das Athmen schwer wurde. Zuletzt lief er über Kiesebenen und zwischen Kieshügeln dem Wadi Gharandel zu.

Nach 2 Stunden und 25 Minuten (von der Oase im Wadi Useit an gerechnet) hielten wir bei den Dattelbäumen der Gharandel-Oase, und ließen uns in dem Schatten der umfangsreichsten Palmenverbuschung (ich maß 50 bis 60 Schritte) als an einem wahren Elim nieder. Ein großer Tamariskenwald, der uns und unsere Beduinen mit trefflichem Feuerholz beschenkte, dehnte sich hier weit und breit aus, und obschon ich nur 6 bis 8 verbuschte Palmen darunter entdeckte, so machte doch das Ganze den Eindruck großer Fruchtbarkeit. Das Röhricht, das ich an ähnlichen Orten nur in kleinen Gruppen antraf, übergrünte hier große Flächen, und die weißen Lilien, die ich sonst stets nur vereinzelt sah, wucherten hier in Gesellschaft üppig umher. Im tiefern Thalgrunde dicht daneben aber rieselte ein helles, zum Theil von grünem Schilf bewachsenes Bächlein über klare Kiesel so anmuthig hin, daß, wäre es noch einmal so tief gewesen, als es wirklich war, ich mich ohne Weiteres würde gebadet haben; zu einer gründlichen Waschung lud es ohnehin auf das Bestimmteste ein, und auch der Gaumen sträubte sich in keiner Weise vor einer nähern Bekanntschaft. Es schmeckte nicht im Geringsten salzig oder bitter, es war nur etwas zu weich für einen vollkommenen Labetrunk. Unsere Beduinen füllten sich das eine unserer beiden Fässer, das wir bereits geleert, bis an den Rand. Kurz, das Wadi Gharandel ist das Wadi Firan der vorurgebirgischen Wadis; noch mehr, es findet eben, mit Ausnahme des Firan-Thales selbst, unter den urgebirgischen Thälern an Fruchtbarkeit seines Gleichen nicht. Das war unser Aller Eindruck, als wir schieden. Merkwürdig, daß wir dicht neben dem Palmengebüsch, wo wir unsere Mittagsruhe hielten, eine versteinerte Dattel fanden.

Ich hätte dieses köstliche Thal gern noch weiter nach dem Meere zu verfolgt, allein die Hitze war zu drückend und die Ermüdung zu groß. Wir durchzogen nun das Gharandel-Thal wieder landeinwärts und stießen in einiger Entfernung noch einmal auf einen Tamariskenwald, mit 20 bis 30 Palmbäumen und -Büschen. Mit einzelstehenden Tamarisken ist das Wadi Gharandel übrigens durchweg besetzt, und wo man nur gräbt, quillt Wasser. Nach etwa drei Stunden erreichten wir die bittere Quelle von Hawarah.

Der folgende Tag führte uns über die uninteressanteste Hauptstrecke der uninteressanten Parthie zwischen Ain Hawarah und Ayun Musa, und noch vor 8 Uhr am Morgen des 15. März zeigten sich die ersten Spuren von Suez. Unser Scheikh jauchzte und murmelte mit halb erhobener Hand ein paar Worte des Gebets in die freien Morgenlüfte.

Wir kamen zu spät, um den Meerbusen von Suez zu durchreiten; die Fluth war schon zu weit vorgeschritten. Es wurde daher beschlossen, ihn mit einem Umwege von vier bis fünf Stunden zu umziehen. Wir begegneten gegen ein Uhr dem Schwarm der Kameele, die Suez von der Ostseite des Rothen Meeres her mit Wasser versorgen; und um zwei Uhr ritten wir über den salzbekrusteten Boden an der Nordspitze des Meerbusens. Einer unserer Beduinen füllte den allgemeinen Trinknapf bis zum Rande mit der weißen salzigen Masse, die uns aus der Ferne Wasser vorgespiegelt und den Meerbusen zu unserm Verdruß ungebührlich verlängert hatte.

Nach aber drei Viertelstunden überschritten wir den alten Kanal und ritten dann auf der großen Ebene nordöstlich von Suez stracks auf Bir Suweis los, das wir in weniger als 1¾ Stunden erreichten.

Eine plötzlich eintretende Unpäßlichkeit meiner armen Frau zwang uns da langsam zu reiten, wo die traurige Einförmigkeit des Weges zur Eile spornt. Wir brauchten daher noch fünf Tage, ehe wir in den Hafen der Ruhe zu Kairo einliefen.

Der Chamsin, der sich in diesem Jahre ungewöhnlich früh eingestellt hatte, empfing uns, als wir uns der Stadt näherten, und verdarb uns mit seinen Staubwirbeln den Genuß des schönen Grüns, das wir so lange entbehrt hatten.

IV.

Letzter Aufenthalt in Egypten.
Heimreise.

Noch Einiges aus Kairo.

Kairo, 29. März 1853.

Der Chamsin, der zwischen den koptischen Oster und dem Anfang der Nilschwelle sein böses Spiel treibt, zuweilen aber schon im Februar sich meldet und im Juni noch nachspukt, hat uns den letzten Aufenthalt in Kairo sehr verbittert. Er dauerte 6 bis 7 Tage in aller Heftigkeit fort, und selbst nach Verlauf dieser ungewöhnlich langen Frist (seine mittlere Dauer ist nur 3 bis 4 Tage) wollte der sandgraue Anstrich der Atmosphäre und der gelbrothe der Sonne erst gar nicht wieder vollständig abfallen. Unsere vom tropischen Klima geschwächten Nerven hatten an dem elektrischen Fluidum, von dem dieser heiße Wüstenwind begleitet wird, einen schlimmen Widersacher. Bald nachher aber bekamen wir auch ein paar so schöne Tage, daß wir nicht umhin konnten, noch einen letzten Ausflug nach den Pyramiden zu machen.

O, die lachenden Felder und Auen mit dem bunten Blumengrund, und die dazwischen gestreuten Dörfer und Dörfchen im Schatten der Palmenwälder bis an den Rand der Wüste mit ihren Pyramiden und Todtenfeldern! In einem Grabe dicht bei der Cheopspyramide fanden wir einen Schotten, der sich Gesundheits-halber da angesiedelt hatte, und in ihm einen der freundlichsten Gastfreunde.

In Kairo selbst kann man sich auf die Länge kaum wohl fühlen. Die tausend fremdartigen Eindrücke der Stadt, die den neuen Ankömmling angenehm beschäftigen, nutzen sich einer nach dem andern mit derselben Schnelligkeit ab, als sie sich aufdringen, und bald merkt man, daß, während das alte Egypten zur grauen Mumie geworden ist, das neuere Egypten nur allzusehr der modernden Leiche ähnelt, die man mit dem Flitterstaate des Lebens überkleidet hat.

Die sittliche Fäulniß hat, wie allenthalben so auch hier, ihren Mittelpunkt namentlich in der Hauptstadt, und die sogenannten levantinischen Elemente der Bevölkerung sind bei weitem nicht die mindest anrüchigen. Aus den letztern rekrutirt sich besonders das große Heer der Schwindler, deren Hauptlager natürlicherweise Alexandrien ist. Einige derselben haben in Folge unglücklicher Kornspeculationen erst unlängst eine gewaltige Schlappe davon getragen.

Auch die europäische Welt bildet mit wenigen Ausnahmen ein unerquickliches Gemälde. Der italienische Flüchtling legt sich auf Bubenstreiche, um sein elendes Leben zu fristen, und der deutsche Handwerker, der täglich 4 bis 5 Franken verdient, auf's Zechen. An geistigen Elementen besserer Art fehlt es fast ganz und gar. Die egyptische Gesellschaft besitzt zwar eine Bibliothek, aber selbst der Eintritt ist demjenigen, der sich hier nur für eine kurze Zeit aufhält, so gut wie versagt; denn wer möchte um einiger Tage willen ohne Weiteres eine Guinee darlegen!

An Conditorläden dagegen fehlt es keineswegs; selbst der Pascha hat eine solche Anstalt, die so ganz im Geschmack des „süßen" Orients ist, anzulegen für gut befunden, und sie ist nach dem Urtheil von Kennern so wohl gerathen, daß man der egyptischen Regierung Glück wünschen kann, wenn die übrigen Schößlinge europäischer Kultur auf egyptischem Boden nur von fern so treffliche Früchte tragen.

Ich war neulich in einer koptischen Kirche, deren entlegenes, finsteres und von umgebenden Häusermassen gedrücktes Lokal Lage und Zustand dieser christlichen Gemeinschaft nur allzu sehr versinnbildet. Der Bischof von Manfalut, welcher der neuen Patriarchenwahl wegen nach Kairo gekommen war, verrichtete den größten Theil der unerbaulichen Ceremonie, und so laut und unruhig war die kleine Gemeinde, daß sie kaum für die Geschichte des koptischen Patriarchats in Alexandrien, die der Bischof verlas, ein aufmerksames Ohr hatte, — geschweige denn für das Evangelium des Tages.

Dem griechischen Patriarchen bin ich vor längerer Zeit begegnet. Der alte Mann ließ sich führen, während sein stattlicher Wagen ihm nachgefahren kam. Er hat die „vermauerte Bibliothek" dem Lichte wiedergegeben; ob aber das aufgesteckte Licht ihm und den Seinigen leuchtet?

Den armenischen Patriarchen habe ich als von reformatorischer Gesinnung belebt schildern hören. Meine Quelle ist glaubwürdig, ihre sonstige Beschaffenheit aber läßt mir Zweifel übrig, ob jene reformatorische Gesinnung sich von dem sogenannten Formalprinzip der Reformation bis auf das Materialprinzip erstrecke oder nicht.

Die griechischen Kaufleute beherrschen hier den Markt und die tiefverachteten Juden die Börse. Wohl dem, der weder mit den einen noch mit den andern zu thun hat.

Die einzige Erholung bieten die Spaziergänge und Spazierritte. Zu den erstern eignet sich besonders die Esbekieh; zu den letztern Schubra und Rhoda.

Nach Schubra führt von der Esbekieh aus das Bab el Hadid. Eine schöne lange Kunststraße empfängt den Spaziergänger sogleich hinter dem Thore. Hochstämmige Akazien und Sykomoren bilden mit ihren oben dicht in einander verschränkten Aesten und Zweigen eine freundliche Wölbung und erinnern den Indienfahrer von fernher an die indischen Banianenalleen. Zu beiden Seiten der Straße üppige Felder mit dazwischengestreuten weißen Häusern der einheimischen und sonstigen Großen und Vornehmen.

Der berühmte Garten zu Schubra gehört jetzt Halim Pascha, Sohn Mehemed Ali's. Die schönen Orangen, Citronen und Pompelmusen, und die reizenden Myrthenhecken werden auf denjenigen, der im Winter von Europa hier anlangt, einen hesperidischen Eindruck zu machen nicht verfehlen; für uns war ein grüner und blühender Winter nichts Neues. Leider legt auch dieser Garten, der außerdem zu sehr nach Schnur und Maaß aussieht, von den traurigen Familienverhältnissen des Morgenlandes Zeugniß ab; — wir fanden nicht eine einzige Bank zur gemüthlichen Ruhe in dem ungeheuren Garten. Auch der Garten-Kiosk, eine große viereckige Halle um einen mit einer kleinen Insel versehenen Teich her, hatte durchaus nichts Einladendes.

Die Gärten auf Rhoda, die den Söhnen Ibrahim Pascha's gehören und sonst auch von der Mutter Mehemed Ali's und einer andern Frau seines Vaters bewohnt wurden, haben sich unter andern auch die deutschen Handwerker für ihre feiertägigen Erholungen ausersehen. Wir statteten ihnen bald nach unserer ersten Ankunft in Kairo einen Besuch ab. Der Weg führte uns durch die ausgedehnten Pflanzungen des Ibrahim Pascha, dessen Name nicht bloß mit allen mildthätigen Anstalten, sondern auch mit allen verbessernden Einrichtungen überhaupt verknüpft zu sein scheint. Etwa bei der Mitte der Insel fuhren wir über; dort trafen wir die wohlausgestattete Barke des Franzosen Meunier, den der über sein wohlgetroffenes Bildniß erfreute Vizekönig nach Oberegypten schickte, um die egyptischen Alterthümer für ihn zu daguerrotypiren. Wir fanden die Gärten Rhoda's romantischer als den in Schubra, aber bei weitem verwilderter. Vom Nordende der Insel eröffnet sich eine schöne Aussicht nach dem schiffsbelebten Hafen von Bulak. Am entgegengesetzten Ende, zu dessen Gewinnung es einer neuen Ueberfahrt weiter südlich bedarf, liegt der Nilmesser.

Auf dem Rückwege besuchten wir Alt-Kairo mit seinen wenigen Ueberresten von Babylon-Fostat, unter denen wir nur die verfallene Amrumoschee, an deren Schicksal der Volksaberglaube das Schicksal des Islams in Egypten knüpft, einer näheren Besichtigung würdigten. Der Mukattam leuchtete im Rosenlicht des Abends wie verklärt, und auf unserm Rückwege, der uns zuerst lange am Rande wüster Trümmerhaufen hin und dann durch Bab el Seydeh Zeyneb zur Stadt hineinführte, kamen wir vor der hell erleuchteten und von andächtigen Jüngern des Propheten gefüllten Grabesmoschee des Mannes vorüber, der dem letztgenannten Thor seinen Namen geliehen hat.

Wir besuchten natürlich auch die Grabmoscheen der Chalifen und Mamlucken, die in zwei Hauptgruppen am Rande der Wüste liegen. Ein einsamer, aber angenehmer Weg! Zwei wahre Todtenstädte, deren graue Monumente mit der grauen Wüste harmoniren. Die Nacht überraschte uns. Wir stießen auf ein Heer wilder Hunde, die mit gräßlichem Geheul auseinanderstoben. Auf dem Rückwege durch die Stadt scholl uns aus einer düster erleuchteten Halle eine griechische Geige entgegen, bei deren eintöniger Musik man hier die Nacht zu vertanzen pflegt.

Nach dem versteinerten Walde, 1½ Stunde von Kairo, dessen großartiger Name nicht hält, was er verspricht, sind wir gar nicht gekommen; Flächen mit Stücken versteinerten Holzes finden sich hier vielfach, wie z. B. im Wadi Hailezon, das wir auf unsrer letzten Reise nach Suez passirten (siehe S. 188). Der sogenannte versteinerte Wald unterscheidet sich von den übrigen benachbarten Oertlichkeiten, wo versteinertes Holz angetroffen wird, nur dadurch, daß dort ziemlich große Stücke häufiger vorkommen. Dort liegen selbst bedeutende Palmenstämme, halb im Sande begraben, und zwar alle in derselben Richtung, von Südwest nach Nordost. Man glaubt, eine und dieselbe große Fluth habe sie aus Sennar hieher-geschwemmt.

Drei Stunden von hier soll sich eine sogenannte „Moses-Cisterne“ mit unbekannten Inschriften befinden. Niemand hat mir's verrathen können, wo.

Der unlängst hierher gekommne egyptische Alterthumsforscher Brugchs hält sich gegenwärtig viel in Sakkara bei dem Franzosen auf, der das Serapeum von Memphis zu entdecken das Glück gehabt. Die dort gefundenen demotischen Inschriften melden, wann der betreffende Apis gefunden, geweiht, beerdigt und in den Himmel aufgenommen wurde; sie dürften daher neues Licht auf die Folge der egyptischen Könige zu werfen im Stande sein. Brugchs — so sagt man hier mit unverholener Bewunderung, — liest derlei Sachen vom Blatte weg, und der glückliche Finder soll nun doppelt glücklich sein, seitdem er auch einen Leser seiner Fündlein zu finden das Glück gehabt.

Wir hatten in unserer Herberge zum Nil manchen absonderlichen Kautz; Keiner aber kam über einen gewissen alten Schweden, der sich mit der Erfindung eines Kameelsattels, auf dem man die schaukelnde Bewegung des Kameels nicht spüren sollte, viel und ernstlich beschäftigte. Leider wurden plötzlich seine Stiefeln schadhaft, und da sein Schuhmacher in London wohnt, so war er genöthigt abzureisen, noch ehe seine Erfindung zur Reife gediehen. Jammerschade! Nun, er gedenkt nächstes Jahr wieder nach Kairo zu kommen, und seine Kameelsattel-Studien fortzusetzen.

Auf dem preußischen General-Konsulate höre ich soeben, daß man an die Berufung eines deutschen Seelsorgers für Alexandrien und Kairo denkt. Einer wird freilich für beide Städte kaum genügen, ist doch aber besser als gar keiner. Die armen deutschen Protestanten sind wie Schafe ohne Hirten in diesen beiden Städten des Belial, deren eine den Beinamen der „kleinen Hölle“ führt, — während man sich den Kopten und Muhamedanern schon seit Jahren fast aufdrängt.

Mit der Mission unter den beiden letztgenannten Elementen der egyptischen Bevölkerung ist es, namentlich in der neuesten Zeit, vor Menschen-Augen eher rück- als vorwärts gegangen. Schon im Jahre 1752 machte die Brüdergemeinde den ersten Wiederbelebungsversuch mit den Kopten; sie mußte 1782 das Feld räumen. Seit 1826 hat die englisch-kirchliche Missionsgesellschaft einen bleibenden Missionsposten in Kairo errichtet. Erst besuchten auch Muhamedaner die anglikanische Missionsschule, später blieben selbst die koptischen Knaben weg. Jetzt besteht nur noch eine Schule für koptische Mädchen.

Des wahrhaft Erfreulichen, dem ein Christenherz in Egyptenland begegnet, ist sehr wenig. Es bildet kaum eine „Oase in der Wüste;“ es besteht eben nur in einigen grünen Fleckchen.

Von Kairo nach Alexandrien.

Der Vater des Scirocco, der böse Chamsin, ließ seine ärgste Laune aus, als wir uns am Nachmittag des 1. April nach Alexandrien einschifften. Staubwirbel tanzten vor und hinter uns her, der Wüstenwind musicirte schrecklich, und die liebe Sonne schaute so gelb und fahl darein, als sei sie selber krank über dem Allen geworden. Vergebens schauten wir selbst nach den Pyramiden zurück, die sonst den Reisenden auf dem Nil bis auf 32 englische Meilen hin nachblicken; der Chamsin hatte auch sie tief verschleiert. Um so leichter war der Abschied.

Auf dem kleinen Nildämpfer, der die zweite Abtheilung der soeben angekommenen anglo-indischen Passagiere nach Alexandrien trug, hatten auch wir in Kraft unserer Indienfahrerschaft für schweres Geld und gute Worte einen Platz gefunden. Er war aber so überfüllt, daß ich in der That nicht wußte, wo ich den Abend mein Haupt hinlegen sollte; denn das Plätzchen auf dem Divan, das ich als Erstkommender mit Fug und Recht in Beschlag genommen, hatte sich Einer derjenigen indo-britischen Herren, die sich auch außerhalb der englischen Besitzungen als die Herren der Erde zu geberden lieben, ohne Weiteres zugeeignet. Ich ersann mir daher ein Nachtlager dicht neben den Füßen des Tisches, und hatte dabei späterhin nur die Unannehmlichkeit, daß alle Augenblicke einer der Herrn, die, an die offenen Fenster und Thüren in Indien gewöhnt, die Freiheit des Verdecks suchten, über mich hinwegschritt und stolperte, während meine Schlafnachbarn unter, hinter, neben und auf dem Tische von Zeit zu Zeit an mir umhertasteten und umherzupften.

Unsere anglo-indischen Mitreisenden ergötzten sich mit sichtbarem Vergnügen an den grünen Nilufern, die nach der Wasser- und Sandwüste doppelt schön erscheinen. Für uns hatte die Nillandschaft im Allgemeinen längst den Reiz der Neuheit verloren, und das Nilgelände, an dem wir gerade jetzt vorüberflogen, bietet überhaupt des Reizes wenig. Unsre heimwärts gerichteten Gedanken hatten daher vollen und freien Zug und Flug.

Wir erreichten noch vor Abend den Punkt, wo sich der Nil in zwei Arme gabelt, deren einer den überbleibenden Wassersegen bei Rosette in die Salzfluth schüttet, während der andere sich bei Damiette entladet, und bald nachher warfen wir einen flüchtigen Blick auf die oft unterbrochenen, und nun, wie es scheint, für immer aufgegebenen Versuche des französischen Wasserbaumeisters Linant, einen Theil des nutzlos in's Meer abfließenden Wassers durch Dämme und Schleusen für die Bewässerung des Delta's zu retten. Der Plan war, einen Steindamm mit dreißig Fuß breiten Seitenbogen und einem mittlern von mehr als dreifacher Breite über den Rosettearm, und einen andern ähnlichen Damm in kleinerm Maaßstabe auch über den Damiettearm zu werfen. Mitten durch das Delta sollte ein breiter Kanal geführt und die in die beiden Flußarme sowohl, als in den Kanal einzulassende Wassermasse mittelst Schleusen, den Umständen gemäß, geregelt werden. Schade daß, wie es scheint, Schwachsinn und Eifersucht das schwierige aber nützliche Werk je und je gehindert, und nun wohl ganz und gar bei Seite gelegt haben. Ob und wie weit die Furcht vor der Gewalt der zurückgehaltenen Wassermasse und dem schwachen Halt der Steindämme in dem angeschwemmten Uferlande mitgewirkt haben, weiß ich nicht zu sagen.

Das Wasser des h. Flusses ist in der That ein schwer zu lenkendes Element; aber der Sand der Wüste kommt doch darüber. Nicht weit von der Stelle, wo menschliche Kunst dem erstern einen heilsamen Weg vorzuzeichnen bis jetzt vergebens versuchte, hat der letztere seine heillose Schranke dem Nil kühn in den Weg geworfen. Das ganze westliche Ufer ist auf einer weiten Strecke hin zur Wüste geworden, und der Treibsand stürzt sich in solcher Masse selbst in den beengten Fluß, daß die Thätigkeit der Schöpfmaschinen ihn nur mit Mühe vor gänzlicher Versandung bewahrt.

Am andern Morgen lange vor Tagesanbruch passirten wir Teraneh auf dem westlichen Ufer des Nils. Ein Ritt von etwa 12 Stunden bringt von da den Reisenden zu den Natronseen hinüber, die dem vorgenannten Dorfe, deren Bewohnern der Transport des Natron als Erwerbsquelle zugefallen ist, zu einem gewissen Wohlstande verholfen haben. Ich hatte auch nicht die geringste Lust, die vier koptischen Klöster, die dort an den natronbekrusteten Seen und Flächen ein leiblich und geistig elendes Dasein fristen, näher kennen zu lernen; noch konnte ich es bedauern, daß uns unser Dämpfer fünf bis sechs Stunden später in der Nähe der unförmlichen Ruinenhaufen vorüberjagte, welche die Stelle des alten Sais bezeichnen, zu dem sonst „des Wissens heißer Durst den Jüngling nach Egypten trieb."

Erst gegen Mittag erreichten wir Atfeh und mit Atfeh den Mahmudikanal, der dem Mehemed Ali 7,500,000 Franken und 20,000 Arbeitern das Leben gekostet haben soll. Ein langgestrecktes, aber sehr schmales Boot nahm uns auf, das, von zwölf Pferden gezogen, mit großer Mühe dem Nordwind entgegen arbeitete. Die Ufer des Kanals, obgleich keineswegs von allem Grün entblößt, waren so eintönig, und der Aufenthalt in dem engen Raume des

Schiffes so unangenehm, daß Jeder das Ende der Nilreise brünstiglich herbeisehnte. Um Mitternacht endlich hielten wir bei Alexandrien.

Wir fanden Alexandrien am andern Morgen von europäischen Durchreisenden so überfüllt, daß man uns auch nicht in einem einzigen Hotel ein Unterkommen gewähren konnte. Glücklicherweise wurden wir jedoch in einem Privathause aufgenommen, — freilich gegen eine ungeheure Summe.

Mein alter Widerwille gegen Alexandrien mit seiner traurigen Umgebung und seiner heillosen Bevölkerung bekam bei diesem meinem zweiten Aufenthalte neue Nahrung. Um dem neuen Alexandrien zu entfliehen, ritt ich des andern Morgens nach der Todtenstadt des alten hinaus; aber mein Eseltreiber war so unverschämt, daß ich froh war, als ich die elende Herberge wieder erreicht hatte. Mein Entschluß stand fest, mir hinfort mit keinem alexandrinischen Eseltreiber wieder etwas zu thun zu machen.

Doch hatte auch Alexandrien zwei freundliche Erscheinungen für mich. Ich fand dort auf dem Bureau des österreichischen Lloyd nach langer, langer Zeit einmal wieder höfliche Agenten und unter den dortigen Deutschen einen deutsch-gemüthlichen und freundlich behülflichen jungen Mann. Der letztern Erscheinung begegnete ich in Egypten so selten, und die erstere contrastirte so angenehm gegen den groben Ton auf gewissen Bureau's des egyptischen Transit, der Peninsular and Oriental Company u. s. w., daß ich Beides als etwas Außerordentliches nicht unerwähnt lassen darf.

Von Alexandrien über Triest nach Leipzig.

Schon am zweiten Tage nach unserer Ankunft in Alexandrien befreite uns der österreichische Lloyd von der ungeliebten Stadt. Noch einmal zerriß uns das gleichenlose Geschrei der alexandrinischen Bootsleute Ohr und Geduld. Sobald wir an Bord waren, hatten sie ihre Macht über uns verloren, und die ausgesuchteste europäische Höflichkeit nahm uns in Empfang. Ein eigenthümlicher Gegensatz! Wir nahmen von unserer räumigen, bequemen und freundlichen Kajüte mit wahrer Lust Besitz. Das Dampfschiff, das uns zur Brücke zwischen Afrika und Europa werden wollte, war die „Adria" mit 250 Pferdekraft. Unsere Mitpassagiere, 20 bis 25 an der Zahl, Engländer, Holländer und Deutsche, kamen fast sämmtlich von den indischen Tropen her. Uns alle beseelte Ein Gefühl, — die heimathliche Sehnsucht, — und ein und derselbe Schauer überlief unsere tropisch-empfindliche Haut, so oft uns der Wind der Heimath ein wenig stärker zu Leibe ging.

Am 4. April Nachmittags sagten wir der Küste Afrikas Lebewohl, und so bewegt war das Meer, daß nur einer unserer Mitreisenden, ein Hamburger aus Batavia, nicht seekrank wurde; aber auch ihm wurde es seinem eigenen Geständnisse zufolge „een Betchen blümmerant." Auch noch den folgenden Tag brauste es gewaltig, und den 6. Abends umschifften wir das West-Ende der langgezogenen und steil aufsteigenden Insel Candia, die uns schon am Morgen desselben Tages entgegengedämmert hatte.

Der Morgen des 7. April zeigte uns die Halbinsel Morea in ihrer majestätischen Gebirgs-Umwallung, in der sich zuerst die Kuppe des Elias durch eine silberhelle Schneekappe hervorthat. Kleinere oder größere Streifen bebauten Landes, Städte und Ortschaften fesselten abwechselnd das Auge, das klassischen Erinnerungen zu Liebe gar zu gern hinter die steinernen Coulissen hineingeschaut hätte auf den Schauplatz der alt-griechischen Heldenwelt.

Gegen Mittag hatten wir die Bucht von Navarino, wo auch die Neuzeit manchen Tropfen Heldenblutes sich mit der Salzfluth hat mischen sehen, dicht zu unserer Rechten; schneebedeckte Bergkuppen erschienen und verschwanden eine nach der andern, und der letzte Strahl der Sonne fiel links auf den Scheitel der hohen und romantischen Bergkette, an deren Fuß die Stadt Zante sich so traulich schmiegt.

Noch an demselben Abend sollten wir dicht an der „rossenährenden" Ithaka vorüberstreichen; ich hatte mir vorgenommen, nicht eher zu Bett zu gehen, als bis ich die Heimath des „vielgewanderten" Odysseus gesehen hatte; an den Inseln der üppigen Phäaken waren wir ohnehin im Schlaf vorbeigekommen. In meinen Mantel gehüllt wartete ich auf dem Verdeck, bis die Gefeierte zur Rechten auftauchte. Wir zogen ganz dicht daran vorüber, und es dauerte wohl eine Stunde, bis wir das Ende der Meerenge zwischen Ithaka und Kephalonien erreichten. Schwimmende Lichter zeigten uns den gefährlichen Weg.

Am andern Morgen warfen wir auf einige Stunden Anker in dem schönen Hafen des stillen Corfu. Olivengärten, Weinpflanzungen nnd Landhäuser zierten rings die romantischen Berge, und von der griechischen Küste her schauten die schneebekuppten Berge in die Landschaft, die uns warm und süß umfing, frostig wie der Winter selbst darein.

Der folgende 8. April trug uns in ziemlicher Entfernung von der dalmatischen Küste auf den von der Bora hoch empörten Wellen hin; alles klirrte und schwirrte, dröhnte und stöhnte durcheinander. Erst als wir uns am Morgen des 10. dem Ziele unserer Seereise näherten, wurde das Meer allmählich wieder zu einem ruhigen See.

Das liebliche Triest mit seinem Wald von Schiffen, seinem von stattlichen Häusern eingefaßten Quai und seinen landhausgeschmückten Hügeln zog uns Alle auf das Verdeck; wir landeten gegen Mittag, und nachdem der Quarantaine-Arzt und die Mauthbeamten uns und unsere Sachen gehörig gemustert hatten, betraten wir nach ziemlich vier Jahren zum ersten Male wieder ein reinliches Gasthaus auf heimathlichem Boden.

Die beschneiten Berge im Rücken Triest's bereiteten uns einen etwas kalten Empfang; um so wärmer schlug ihnen unser Herz entgegen.

Nach einigen Tagen der Ruhe in jener Stadt, die das deutsche Element nur mit beherbergt, ihr Angesicht aber dem Osten und Süden zuwendet, eilten wir dem eignen Heerde auf echt deutschem Grunde mit stets wachsendem Verlangen entgegen.

Anhang.

I.

Einige Bemerkungen über den Zug der Israeliten nach dem Sinai.

---

1. Der Ausgangspunkt.

Die heilige Schrift sagt darüber nichts weiter, als: „Die Kinder Israel zogen aus von Raemses" (2 Mos. 12, 37 und 4 Mos. 33, 3). Hier aber drängt sich nun gleich die Frage auf: Welches Raemses ist denn gemeint, die Stadt (2 Mos. 1, 11) oder das Land Raemses (1 Mos. 47, 11), das mit dem Lande Gosen in eins zusammenfällt (Vergl. 1 Mos. 47, 6 mit 11)? Daß nothwendig die Stadt gemeint sein müsse — wer will's beweisen? Denn wo stehet auch nur ein Wort im heiligen Texte, daß Raemses der Musterungsplatz war? Der Ort, wo man sich zuerst vollständig sammelte und ordnete, konnte eben so wohl Succoth sein. Ja diese Annahme hat sogar nicht wenig für sich. Denn erstens: Daß die Israeliten um Mitternacht des 14. noch in ihren vier Pfählen waren, ergiebt sich bei genauer Erwägung von 2 Mos. 11 und 12 unwidersprechlich. Sie strichen das Blut an die „Ueberschwelle und die zween Pfosten" (2 Mos. 12, 23) und ein jeglicher „forderte von seinem Nächsten und eine jegliche von ihrer Nächstinn silberne und goldene Gefäße" (2 Mos. 11, 2 verglichen mit 12, 35). Beides wäre nicht möglich gewesen, wenn sie damals bereits an einem allgemeinen Sammlungspunkte gezeltet hätten. In derselben Nacht noch forderte Pharao Mose und Aaron, um ihnen die Erlaubniß zum Auszuge zu geben. Die Frage, ob der damalige Pharao zu Memphis oder zu Zoan residirte, braucht uns hier weiter nicht zu beschäftigen, denn es käme, auch wenn sie sich entscheiden ließe, doch am Ende nicht viel dabei heraus; wer wollte behaupten, daß die egyptischen Pharaonen außer ihrer stehenden Residenz nicht noch andere Orte gehabt hätten, wo sie sich gelegentlich aufhielten. Also lassen wir die Frage ganz bei Seite. So viel aber ist sicher, daß, ehe die Kunde von der königlichen Erlaubniß an alle Juden in ganz Gosen gelangen konnte, auch bei den besten vorherigen Anordnungen und Maßregeln, eine geraume Zeit vergehen mußte. Ferner: Aus 2 Mos. 12, 39 ergiebt sich unwiderleglich, daß die Kunde von der Erlaubniß zum Auszuge die Israeliten noch unvorbereitet zur Reise fand. Unter diesen Umständen hat es nun zwar nichts Befremdliches, wenn sie, von den Egyptern „gedrungen,“ „getrieben“ und „gestoßen“ (2, 12, 33 und 39), noch am 15. des Monats aus dem Lande Raemses, d. i. Gosen, ein jeder von seinem Wohnorte, aufbrachen, um sich auf dem ersten Lagerplatze in Succoth („Hütten, Zelte“) von allen Seiten her zusammenzufinden und in Ruhe zu ordnen; es ist aber mindestens zweifelhaft, daß es ihnen sollte möglich gewesen sein, sich schon bis zum 15. auf einem gemeinschaftlichen Sammelplatze zusammenzufinden, zu ordnen und abermals aufzubrechen, — abgesehen davon, daß es etwas Unwahrscheinliches hat, daß, unter den Umständen von 2, 12, 33 und 39, ihr weiser Führer den ersten Sammelplatz nach der Stadt Raemses sollte verlegt haben, die als königliches Schatz- (d. i. Vorraths-) Haus (2 Mos. 1, 11) jedenfalls eine egyptische Besatzung hatte. Ich neige daher zu der Meinung, daß die Notiz der Schrift „Sie zogen aus von Raemses am 15. Tage des ersten Monats“ nicht besagen will: „Sie sammelten sich bis zum 15. Tage des ersten Monats aus dem Lande Raemses in der Stadt Raemses, und brachen dann von dort aus noch an demselben Tage in geordnetem Zuge auf“, sondern ganz einfach die Zeit angiebt, wo Israel seinen Auszug aus Raemses oder Gosen antrat. Dennoch bin ich weit entfernt, die Ansicht, daß Raemses die Stadt gemeint sei, als geradezu unmöglich hinzustellen; eine einzige nicht mitberichtete Notiz könnte ja möglicherweise alle oben aufgestellten

Bedenken mit einem Male beseitigen. Falls wir aber annehmen, daß die Stadt Raemses gemeint ist, so gewinnen wir nur dann eine bestimmtere Grundlage, wenn sich ermitteln läßt, wo jener Ort lag. Aus dem Umstand, daß die griechischen Uebersetzer 1 Mos. 46, 28 statt „gen Gosen" gesetzt haben „gen Heroopolis im Lande Raemses" hat man zwar schließen wollen, daß Heroopolis mit Raemses zusammenfalle. Allein es heißt ja nicht „gen Heroopolis, die Stadt Raemses," sondern „Heroopolis, im Lande Raemses" oder mit andern Worten: „Heroopolis im Lande Gosen." Darauf hat schon Tischendorf aufmerksam gemacht. Dieser nimmt mit bei weitem größerer Wahrscheinlichkeit Heliopolis als die Stadt Raemses in Anspruch (Reise in den Orient. Erster Band. S. 179.) Ich lasse ihn selber reden: „Dafür spricht gerade das, woraus man den Widerspruch zu folgern gewohnt ist, nämlich die griechische Uebersetzung von 2 Mos. 1, 11. Für „Raemses" hat diese nämlich nach dem üblichen Texte „Raemses und On, was Heliopolis ist." Den Zusatz „und On, was Heliopolis ist," halt' ich für eine nähere Bestimmung zu Raemses. Richtiger hat daher die kostbare Handschrift des sechsten Jahrhunderts zu Mailand nicht „und On" sondern „oder auch On;" während zwei arabische Uebersetzungen „und On" und „was Heliopolis ist" als zwei verschiedene Zusätze hinstellen. Auch wär's in der That verwunderlich, wie der griechische Uebersetzer fast anderthalb tausend Jahre hinterdrein noch eine förmlich neue Thatsache zum alten Texte hinzugebracht hätte; wogegen es ganz in seinem Geschmacke ist, wenn er den fremdartigen koptischen Namen Raemses zuerst mit dem bekannteren egyptischen Namen On und zugleich mit dem entsprechenden griechischen Heliopolis verdeutlicht hat." Als Tischendorf bald nach meiner Abreise aus Egypten mit dem Wasserbaumeister Linant in Kairo zu sprechen Gelegenheit hatte, theilte ihm dieser mit, daß er unlängst von Beduinen, die sich bei Heliopolis gelagert hatten, die dortigen Trümmer mit einem sehr ähnlichen Namen, wie Raemses, habe belegen hören. Sollte ein wanderndes Beduinenhäuflein den uralten koptischen Stadtnamen in der That zwei bis drei Jahrtausende hindurch treu bewahrt haben? Oder hat dem Franzosen sein Ohr oder sonst Etwas einen Streich gespielt? Ich neige in der That zur letztern Annahme.

2. Zug nach dem Rothen Meere und Durchgang durch dasselbe.

Die Frage, ob 4 Mos. 33, 3 das Land Raemses als allgemeiner Ausgangspunkt, oder aber die Stadt Raemses als erster Sammelpunkt genannt sei, und wo wir dann die letztere zu suchen haben, lassen wir nun ganz bei Seite liegen; sie wird sich nimmer ganz sicher beantworten lassen und kann uns daher auch für den weitern Verlauf der Reise keinen ganz sichern Halt bieten.

Daß die griechischen Uebersetzer zu ihrer Zeit das Land Gosen im Osten des Nils und im Norden der Gebirge, die unter verschiedenen Namen von Kairo nach Suez hinüberstreichen, angenommen haben, ergiebt sich aus der oben erwähnten Uebersetzung von 1 Mos. 46, 28; denn Heroopolis lag jedenfalls nicht unfern von dem nördlichen Busen des Rothen Meeres, dem es den Namen gab: Sinus Heroopolitanus. Hiermit stimmen alle neuern Gelehrten im Allgemeinen überein.

Wenn denn Gosen auf der Ostseite des Nildelta's lag, so hat die auf eine sehr unsichere Ueberlieferung gestützte Annahme, daß die Israeliten südlich vom Mukattam durch die Wadi's Tih, Ramliyeh und Tawarik dem Rothen Meere zuzogen, auch nicht die geringste Wahrscheinlichkeit für sich, und zwar hauptsächlich aus folgendem Grunde:

Da Moses sehr wohl wußte, daß das eigentliche Ziel des Zuges der Sinai war, so wird er als kluger Mann sicherlich auch den nächsten Weg dazu gewählt und die Schwierigkeiten des an sich schon schwierigen Zuges nicht muthwillig vermehrt haben. Welcher Beduine, der zu Heliopolis lagert, wird zu einer Reise nach dem Sinai den Mukattam umgehen, sich von Besatin aus durch die Wadi's Tih, Ramliyeh und Tawarik zum Rothen Meere wenden, und dann, den Atakah umziehend, das Ende des Rothen Meeres zu erreichen suchen? Heliopolis aber bezeichnet jedenfalls einen der südlichsten Punkte des Landes Gosen, und der nördliche Busen des Rothen Meeres erstreckte sich damals noch weiter gegen Norden. Es ist in der That fast unglaublich, daß Moses, anstatt das Volk von allen Seiten her frei in die freie Wüste ausbrechen zu lassen, für 600,000 Mann (die Kinder, das egyptische Pöbelvolk, die Schafe, Rinder und das übrige Vieh ungerechnet), sollte so dirigirt haben, daß sie sich zuerst zwischen dem Westende des Mukattam und dem Anbau am Ostgelände des Nils hindurchdrängen und dann den Südweg mit seinen Engpässen, wo auf eine lange Strecke „nur dreißig Mann neben einander marschiren können" *) passiren mußten, — zu weiter keinem ersichtlichen Zwecke, als um einen recht bedeutenden Umweg zu machen, so recht im Angesicht der „drängenden, treibenden, stoßenden" Egypter.

Es unterliegt somit kaum einem Zweifel, daß die Israeliten im Norden der Gebirge, die sich von Kairo nach Suez hinziehen, dem Rothen Meere zuwanderten. Die Lage der angegebenen Ruhestationen: Succoth, Etham und Pihahirot läßt sich nicht nachweisen, und das um so weniger, als die Entfernungen derselben von einander sich durchaus nicht bestimmen lassen. Kleinere Pausen zwischen den eigentlichen Lagerplätzen konnten in die Märsche eingerechnet, längere Pausen aber auch als Stationen besonders aufgeführt werden, zumal wenn sie an einem Orte der Wüste stattfanden, die eine irgendwie markirte Physiognomie oder gar einen bestimmten Namen hatte. So ist man denn in dieser Beziehung ganz auf das Ungewisse gestellt. Die Voraussetzung, daß drei Lagerplätze just drei Tage geben, ist zu kindlich, als daß sie irgend einer Widerlegung bedürfte. Auch widerspricht derselben die Angabe 4 Mos. 33, 8, wonach die Israeliten „drei Tagereisen in der Wüste Etham reiseten und sich in Marah lagerten," so wie die

---

*) **Wilson, Lands of the Bible, Vol. I. P. 130.**

Gesammtsumme der angegebenen Stationen von Raemses bis zum Sinai. Diese beläuft sich auf elf, während die Reise selbst einen ganzen Monat dauert. Nur der Name „Etham" scheint auf etwas Bestimmteres zu führen. Derselbe kehrt auf der Ostseite des Rothen Meeres wieder (Vergl. 4. Mos. 33, 6 mit 8). So liegt die Vermuthung nahe, daß obiges Etham nicht fern von der Nordspitze des Meerbusens gelegen war, die Wüste im Westen von der Wüste im Osten schied *) und der letztern ihren allgemeinen **) Namen gab.

Setzen wir demgemäß die Station Etham nicht fern vom Nordende des Meerbusens, so bekommt die Weisung des Herrn „umzulenken" eine ganz besondere Bedeutung. Gerade an der Stelle, wo sie nach natürlichem Wunsche in natürlicher Kraft am leichtesten vor dem egyptischen Dränger in die große Wüste jenseit des Rothen Meeres entrinnen mochten, müssen sie auf das Geheiß Dessen, „dessen Wege nicht unsre Wege" sind und der „Weg allerwegen" hat, umlenken und scheinbar in die Falle gehen. Denn im Rücken den Feind, zur Linken das Meer, und zur Rechten das Atakahgebirge, waren sie nur bis zum steil und schroff an das Meer herantretenden Djebel Deraj (im Süden von Suez) noch auszuweichen im Stande. So konnte denn der Herr „an Pharao und an aller seiner Macht Ehre einlegen." Erst sollte Pharao jubeln: „Die Wüste hat sie beschlossen!" dann aber sollten die Geretteten frohlocken: „Sie sanken unter wie Blei im mächtigen Wasser."

Was nun den Durchgang selbst anlangt, so scheint die Namhaftmachung von nicht minder als drei Oertlichkeiten 2 Mos. 14, 2 allerdings auf die Nähe von Suez zu führen. Geschichtliche Angaben sowohl, als noch vorhandene Trümmerhaufen, so wie Lage und Umgebung im Allgemeinen sprechen dafür, daß diese Stelle von je-

---

*) Dazu würde dann der Ausdruck „vorn an der Wüste", wörtlich „am Ende der Wüste", trefflich stimmen.

**) Der Theil derselben, wo die Israeliten das Ostufer des Rothen Meeres betraten, wird 2 Mos. 15, 22 als Wüste „Sur" besonders bezeichnet.

her die größte Bedeutung für die Beschiffung des Rothen Meeres haben mußte. Man wundert sich daher hier am allerwenigsten, auf drei namhafte Oertlichkeiten zu stoßen. Wenn irgendwo ein „Migdol" (Thurm) am Platze war, so war es auf den Bergen, die bei Suez drohend auf das Meer hinabblicken.

So ist es denn sehr wahrscheinlich, daß der Durchgang der Israeliten durch das Rothe Meer irgendwo in der Nähe von Suez stattfand. Etwas Bestimmteres darüber feststellen zu wollen, halte ich für mehr als bedenklich, zumal das Ende des nördlichen Busens sich im Laufe der Zeiten augenscheinlich verändert hat und überdieß die Grenzen zwischen Natur und Wunder sich hier schwerlich genau bestimmen lassen (2 Mose 14, 21). Nur so viel steht ganz fest, daß der Durchgang nicht weiter südlich als am Nordende des Djebel Deraj stattfinden konnte, — aus dem einfachen Grunde, weil dieses Gebirge keinen Raum zwischen sich und dem Meere läßt, und somit jedes weitere Vordringen nach Süden abschneidet.

3. Weiterreise nach dem Sinai.

Die drei Tagereisen in der Wüste Sur (2, 15, 22).

Es ist schon S. 194 gesagt worden, daß die Israeliten, mögen sie nun oberhalb oder unterhalb Suez das Rothe Meer durchschritten haben, die sogenannten Mosisquellen zur Füllung ihrer Schläuche für die Weiterreise höchst wahrscheinlich werden benutzt haben. Die daran sich schließende Wüste macht allerdings den Eindruck jener Wüste Sur, in welcher die Israeliten, ohne ein ordentliches Lager aufzuschlagen, drei Tage *) hintereinander wanderten, nachdem sie ihren ersten Lagerplatz am Ostufer des Rothen Meeres verlassen hatten. Sie ladet auch denjenigen Reisenden, der nicht auf die gelegentlichen Kräuter und Quellen der Wüste angewiesen ist, kei-

*) Das sind biblischer Ausdrucksweise gemäß nicht nothwendig drei volle Tage, sondern möglicherweise nur ein voller Tag und zwei Bruchtheile.

neswegs zum Bleiben ein: eine große eintönige Fläche ohne allen Schatten, und voll losen Flugsandes. Ein Heer von 600,000 Mann aber mit „Schafen, Rindern und fast vielem Vieh“ konnte sie bei ihrer Wasserlosigkeit und ihrem nur geringen Pflanzenwuchs noch viel weniger zu einem längern Verweilen locken (siehe S. 196).

Mara (2, 15, 23). Wenn das Wasser der Hawarahquelle (S. 197) damals nicht bitterer war, als jetzt, so scheint es bedenklich, das „Mara“ der Schrift in ihr zu sehen. Das Murren der Israeliten läßt sich aber auch so psychologisch ganz wohl erklären. Obgleich die Quellen, von denen die Israeliten alsbald nach ihrem Durchgange durch das Rothe Meer Gebrauch machten, im Vergleich zu dem schönen Nilwasser, an das sie gewöhnt waren, ihnen ziemlich unschmackhaft vorkommen mußten, so war doch damals das Bewußtsein der wunderbarsten Errettung aus der größten Noth zu frisch und kräftig, als daß ein Murren über minder gutes Wasser hätte aufkommen können. Nachdem sie aber drei Tage in der unerquicklichen Wüste Sur umhergewandert waren, und am Ende dieser drei Tage mit bitterm Wasser vorlieb nehmen sollten, war es so unnatürlich nicht, daß sie zu murren anfingen, besonders da der Gedanke, es werde nun wohl, statt besser, je länger je schlimmer werden, ihrem Kleinglauben nahe genug lag.

Erst nach meiner Rückkehr vom Sinai habe ich zu Kairo in Erfahrung gebracht, daß der bekannte Scheikh Tuweileb auf den Hügeln rechts von Ain Hawarah (wo Tel el Amara) eine Quelle weiß, die so bitter ist, daß sie weder von Menschen noch Vieh getrunken werde. Von dort führe der Weg direkt nach der Stelle des Wadi Ghaeandel, wo das Wasser ist.

Elim. 2, 15, 27. Daß Elim im Wadi Gharandel zu suchen sei, unterliegt kaum einem Zweifel. Die Schrift hebt diesen Lagerplatz vor allen andern durch den Zusatz hervor: „Da waren zwölf Wasserbrunnen und siebenzig Palmbäume.“ So thut sich auch das Wadi Gharandel durch seine außerordentliche Lieblichkeit und Fruchtbarkeit vor allen andern Wadi's von Ayun Musa bis an das sinaitische Urgebirge auffallend hervor (siehe S. 228 und 229). Eine

Karawane von 600,000 Mann mit „Schafen, Rindern und fast vielem Vieh," die, von Ayun Musa her dem Sinai zuwandernd, dort nicht lagerte, müßte geradezu den Kopf verloren haben.

Dr. Wilson, der bis zu der eigentlichen Oase im Wadi Gharandel nicht vordrang, nahm das darauf folgende Wadi Useit dafür (S. 199). Möglich, daß ein Theil der Israeliten auch die dortigen Wasservorräthe in Anspruch nahm. Mit Wadi Gharandel kann es sich auch nicht im Entferntesten messen.

Noch weniger Anspruch auf die Ehre, das „Elim" der Schrift zu sein, hat die von Lepsius dafür gehaltene Oase im Wadi Tayibeh (S. 227).

Von den folgenden Stationen läßt sich nur noch die Station am „Schilfmeere" 4 Mose 33, 10 genauer bestimmen; sie muß aus Gründen, die von Andern hinreichend auseinander gesetzt sind, bei Ras Zelime gesucht werden (S. 226). Was die übrigen Stationen anlangt, so kann ich es nicht über mich gewinnen, den Haufen der bereits vorhandenen Vermuthungen durch meine eignen zu vermehren. Es fehlt eben an allen festen Haltpunkten.

4. Lager am Sinai.

Die Frage, ob der klösterliche Djebel Musa der Sinai d. i. der Berg der Gesetzgebung sei oder nicht, wird sich meines Erachtens auch dann nicht ganz sicher entscheiden lassen, wenn das gesammte Terrain des sinaitischen Urgebirges noch genauer untersucht sein wird.

Daß die Ueberlieferung in der ersten Hälfte des sechsten Jahrhunderts, etwa um die Zeit der Erbauung des justinianischen Klosters im Wadi Schueib, noch schwankte, zeigt unter andern der Bericht des Cosmas Indicopleustes, dem offenbar der Serbal bei Wadi Firan als der Gesetzesberg gezeigt wurde; ja es ist überhaupt kaum wahrscheinlich, daß unter den flüssigen Verhältnissen einer heidnischen Nomadenbevölkerung die fragliche Ueberlieferung sich Jahrtausende lang sicher fortsetzen konnte. So steht denn die gegenwärtige Ueberlieferung jedenfalls auf sehr schwachen Füßen. Dazu kommt, daß eine physikalische Veränderung einzelner Parthieen des sinaitischen Urgebirges im Laufe von Jahrtausenden durchaus nicht als unmöglich angesehen werden kann; ein geringer Bergsturz könnte hier und da gar leicht einem Gießbach den alten Weg verrammt und einen neuen gebahnt, und in Folge davon ein sonst fruchtbares Thal unfruchtbar, ein sonst unfruchtbares aber fruchtbar gemacht haben. Es wird daher immer mißlich bleiben, zur Entscheidung der betreffenden Frage die jetzige Beschaffenheit gewisser Oertlichkeiten zu Hülfe zu nehmen. So scheint es z. B. von der äußersten Bedeutung für die Feststellung der Sinaifrage zu sein, ob der Bach des Wadi Firan bereits existirte oder nicht; denn wenn er bereits vorhanden war, so könnte Raphidim, wo „das Volk kein Wasser zu trinken hatte" und daher Moses zur Tränkung des Volkes den Felsen schlagen mußte, wohl schwerlich in solcher Nähe von Wadi Firan zu suchen sein, wie Robinson es setzt (siehe S. 221), — oder es würde das Murren der Israeliten zum Räthsel. Aber hier hat die physikalische Schwierigkeit noch nicht ihr Ende. Denn wenn, — wie es der Anschein in der That an die Hand giebt, — jener Bach schon in der Urzeit seinen Lauf dort hatte, so drängt sich wieder die Frage auf: War er zur Zeit, wo die Israeliten jenes Thal passirten, vielleicht wasserlos? Wir selbst fanden am 9. März auch nicht Einen Tropfen darin. So stehen wir denn auch in dieser Beziehung auf schlüpfrigem Boden, und das um so mehr, als die Angabe der Stationen zwischen Elim und Sinai einen gar zu unsichern Halt bietet. Denn daß 2. Buch Mose 16, 1 und 17, 1 nur Raphidim als Lagerplatz namhaft gemacht wird, 4. B. Mose 33 aber Lagerplätze am Schilfmeer, in Daphka und in Alus mit aufgeführt werden, ist jedenfalls nicht geeignet, eine sichere Grundlage für die Ausmessung der Entfernungen zu bilden. Denn wie doch hat man sich jene Auslassung im 2. B. Mose zu denken? Wurden die genannten Punkte in der geschichtlichen Erzählung deßhalb übergangen, weil sich dort nichts besonders Wichtiges ereignete, oder aber weil die Rast an denselben, so wie die zwischenliegenden Märsche nur ganz kurz waren? Die Entscheidung dieser Frage ist für die muthmaßliche Berechnung der Entfernungen und mithin für die Feststellung des Gesetzesberges von größter Wichtigkeit. Wer aber will jene Entscheidung geben?

Es ist bekannt, daß Lepsius in neuester Zeit den Serbal als den eigentlichen Gesetzesberg zu erweisen versucht hat. Seine Gründe sind etwa folgende:

Erstens: Der Sinai hat seinen Namen offenbar von der Wüste Sin; nun hat aber der Djebel Musa, der von keiner Seite sichtbar sich weder durch Höhe, Gestalt, noch Lage auszeichnet, durchaus nichts an sich, was zu der besondern Bezeichnung des „Berges von Sin" irgendwie veranlassen konnte. Dagegen zieht der Serbal von allen Seiten und zwar aus großer Ferne die Blicke auf sich.

Dagegen erlaube ich mir zu erinnern: Es läßt sich sehr wohl denken, daß erst die Israeliten dem Berg, dem sie aus der Wüste „Sin" entgegengezogen, den Namen „Sinai" beilegten, nachdem er ihnen durch die großen Vorgänge auf und an demselben bedeutungsvoll geworden. Wir hätten dann 2 B. Mose 16, 1 eine sogenannte „Vorwegnahme."

Zweitens: Der Sinai hat bekanntlich noch einen andern auszeichnenden Namen „Berg Gottes." Wenn wir nun festhalten, daß der nothwendige Mittelpunkt der sinaitischen Bevölkerung jederzeit die Oase Firan sein mußte, so liegt auch die Vermuthung auf der Hand, daß jene Stämme ein Heiligthum dort in der Nähe am Fuße oder noch natürlicher auf dem Gipfel des Serbal, der aus jenem Thale zum Himmel aufsteigt, gegründet hatten. Wirklich deuten die zahlreichen Inschriften auf den Wegen nach Wadi Firan und in dem zum Serbal hinaufführenden Wadi Aleyat auf frühere Wallfahrten nach diesem Punkte der Halbinsel, und noch immer steht der Gipfel des Serbal in besonderer Verehrung bei den umwohnenden Beduinen.

Dagegen erinnere ich: Es ist gegen alles „decorum divinum", daß Gott einen Götzenberg zur Gesetzgebung sollte erwählt haben.

Die Möglichkeit, daß wir auch 2 B. Mos. 3, 1 eine „Vorwegnahme" haben, läßt sich nicht in Abrede stellen. Die Annahme von einem doppelten „Berg Gottes" (den einen im Sinne des Götzendienstes, den andern im Sinne der mosaischen Gesetzgebung), die Ritter neulich empfohlen hat, finde ich kaum nöthig. „Der Berg Gottes" 2 B. Mose 18, 5 läßt sich bei der Erzählungsweise der Bibel, die kein geographisches Handbuch ist, und sich daher in geographischer Beziehung mit ungefähren Bestimmungen begnügt, auch dort vom Sinai recht wohl verstehen; denn wo immer Raphidim zu suchen ist (17, 1), in der Nachbarschaft des Sinai lag es jedenfalls. Machen doch auch die Vorgänge in Raphidim, die 2 Mos. 18 erzählt werden, durchaus den Eindruck, daß die Israeliten damals schon am Ziele ihrer Reise so gut wie angekommen waren *) und hier ganz in der Nähe des Sinai nur noch eine letzte Rast hielten, um Alles in Ordnung zu bringen.

Drittens: Die hauptsächlichste Aufgabe, die Moses nach seiner Weisheit und Kenntniß des Landes zu lösen hatte, war die des Unterhaltes, und er konnte deßhalb unmöglich an den entlegenen Winkel des Djebel Musa denken, wo nicht einmal für 2000 Menschen mit Zubehör das tägliche Bedürfniß zu haben war, sondern mußte nothwendig den einzigen fruchtbaren und wasserreichen Ort der Halbinsel in's Auge fassen.

Dagegen erinnere ich: Den Berg, auf welchem der Herr das Gesetz geben wollte, hatte nicht Moses zu bestimmen; er war bereits vom Herrn bestimmt (2 Mos. 3, 12), — und Mosis Hauptaufgabe war, der Bestimmung des Herrn einfach zu folgen und ihn selbst für das Weitere sorgen zu lassen. — Ferner: Wer will behaupten, daß die jetzige physikalische Beschaffenheit von Wadi Firan und von den dem Sinai benachbarten Wadi's (Scheikh und Rahah) die damalige getreu wiedergiebt? — Endlich: Auch wenn die Israeliten ihr Hauptlager innerhalb der Wadi's in unmittelbarer Nähe des Djebel Musa hatten, so ließ sich auch von dort aus die Fruchtbar-

*) Der Name „Raphidim" (Ruheplätze) würde sehr wohl dazu stimmen.

keit des Wadi Firan immerhin mit benutzen. Daß sich die Viehheerden, der Weide wegen, jedenfalls weit und breit hin vertheilen mußten, liegt ohnehin auf der Hand.

Ich sehe durchaus keinen Grund, die herrschende Ueberlieferung mit der neuen Vermuthung zu vertauschen: der Djebel Musa mit seinen nächsten Umgebungen entspricht den Bedingungen, welche die Bibel an die Hand giebt, jedenfalls ebenso wohl und in vieler Beziehung besser, als der Serbal mit seinen nächsten Umgebungen. Daß namentlich die Lagerverhältnisse am Djebel Musa mit dem geschützten, ebnen, räumigen, geradlinigen Wadi Rahah ungleich günstiger sind, als am Serbal, kann Niemand leugnen, der die Sache auch nur einigermaßen unbefangen anzusehen im Stande ist.

Ich sehe endlich auch nicht den geringsten Grund, den klösterlichen Djebel Musa mit dem Robinson'schen Ras es Suffafeh, einer benachbarten, die Ebene Rahah überragenden Bergspitze, zu vertauschen. „Hier," so läßt sich Robinson in Bezug darauf vernehmen, „lag die Ebne, wo das ganze Volk sich versammeln konnte; hier stand der Berg, dem man nahe kommen, den man anrühren konnte, wenn es nicht verboten wurde; hier auch der Berggipfel, wo allein die Blitze und die dicke Wolke sichtbar und der Donner wie der Posaunenton gehört werden konnte, als „der Herr vor allem Volk herabfuhr auf den Berg Sinai." — Der Djebel Musa dagegen „ist anderthalb Stunden weit von der Ebne, auf der die Israeliten gestanden haben müssen, und durch die dazwischen liegenden Spitzen des neuen Horeb gedeckt. Kein Theil der Ebne kann vom Gipfel aus gesehen werden, noch auch der Boden der angrenzenden Thäler, noch giebt es irgend einen Platz da herum, wo das Volk sich hätte versammeln können. Der einzige Fleck, wo er nicht unmittelbar von hohen Bergen umgeben ist, liegt südöstlich .... Gerade da an seinem Fuße ist der Anfang eines kleinen Thals, Wadi es Sebaiyeh, und ein anderes nicht größeres, Namens el Warah, geht südöstlich nach dem Wadi Nusb des Meerbusens Akabah; aber beide zusammen gewähren kaum den zehnten Theil des Raumes, den Wadi Rahah und Wadi Scheikh enthalten."

17*

Daß die Räumlichkeiten am Südostfuße des Djebel Musa vollkommen hinreichen, um den nöthigen Platz herzugeben, als Mose zeitweilig „das Volk aus dem Lager Gott entgegenführte und sie unten an den Berg traten (2 Mos. 19, 17), unterliegt auch nicht dem mindesten Zweifel, selbst wenn wir gegen alle Wahrscheinlichkeit annehmen, daß (mit Ausschluß natürlich der Heerden) sämmtliche Israeliten, Klein und Groß, Männer und Weiber, dorthin „Gott entgegengeführt" wurden. Daß sie für immer so gelagert sein mußten, daß sie den Gipfel des Gesetzesberges sehen konnten — wer wollte das behaupten? Man lasse sie daher immerhin im Wadi er Rahah ihr eigentliches Lager gehabt haben. Das Phänomen, das 2 Mos. 19, 16 beschrieben wird, konnten sie von dort aus so gut, wie von jedem andern Punkte am Fuße der Djebel Musa-Gruppe wahrnehmen — selbst wenn der eigentliche Ausgangspunkt jenes Donnerns und Blitzens auf der Einzelspitze, wohin die klösterliche Ueberlieferung den Akt der Gesetzgebung verlegt, gesucht werden müßte.

Was endlich die Umgrenzung des Berges (2 B. Mose 19, 23) anlangt, so ist auf der Südostseite des Djebel Musa nicht die geringste Schwierigkeit in dieser Beziehung vorhanden.

Und nun nur noch Ein Wort. Ich bin nicht der Mann, mich zum Anwalt klösterlicher Ueberlieferungen zu machen, — am allerwenigsten der sinaitischen, die als Ueberlieferung auf sehr schwachen Füßen steht. Aber das kann und will ich nicht verhehlen, daß von allen Oertlichkeiten der sinaitischen Halbinsel, die ich gesehen habe, keine andere den Eindruck so voller Harmonie mit der biblischen Erzählung von der Gesetzgebung auf mich gemacht hat, als eben Djebel Musa mit seinen Umgebungen. Sollte die Ueberlieferung keinen geschichtlichen Grund haben, so ist sie wenigstens sehr verständig erfunden.

Ich muß übrigens noch bekennen, daß ich mit einem bedeutenden Vorurtheil für die Lepsius'sche Hypothese zum Djebel Musa gekommen war.

II.

Die egyptische Zeitrechnung und die Bibel.

Lepsius nennt das Pyramidenfeld von Giseh „den ältesten Schauplatz aller chronologisch bestimmbaren Menschengeschichte," wo es ihm vorbehalten war, „reichlichen Stoff für die ersten Kapitel aller wissenschaftlichen Völkergeschichte einzusammeln," indem er es da zu thun hatte mit „Bauwerken, Skulpturen und Inschriften, die durch die näher bestimmten Königsringe einer blühenden Kulturepoche des vierten Jahrtausends vor Christo eingereihet werden," und bemerkt dazu: „Man kann diese bisher so unglaublichen Zahlen sich und Andern nicht oft genug in Erinnerung bringen; je mehr dadurch die Kritik herausgefordert und zu ernsten Untersuchungen über den Gegenstand genöthigt wird, desto besser für die Sache. Die Ueberzeugung wird der gereizten Kritik auf dem Fuße folgen, und dann wird man endlich auch an die Folgerungen herantreten, die sich für alle Zweige der Alterthumsforschung daran knüpfen."

Ich brauche nicht erst darauf hinzuweisen, daß eine „blühende Kulturepoche des 4. Jahrtausends vor Christo" in irgend einem Lande der Erde mit der biblischen Zeitrechnung nicht in Einklang zu bringen ist. Schade, daß ein so geachteter Gelehrter aus den dunkeln Hieroglyphen Egyptens, über deren richtige Lesung sich das Heer der egyptischen Alterthumsforscher selbst noch immer in mehrere Lager theilt, geschichtliche Angaben herausliest, die dem klaren Zeugniß des Volkes widersprechen, „dem vertrauet war, was Gott geredet hat."

Ich bin fest überzeugt, daß es diesen kühnen Behauptungen des sonst so wackern Mannes in Bezug auf egyptische Alterthümer mit der Zeit eben so gehen wird, als den maßlosen Versicherungen von Bohlens in Rücksicht auf indische. Leider sehe ich mich in

Ermangelung egyptisch-archäologischer Specialstudien ganz und gar außer Stande, dem gelehrten Manne den wissenschaftlichen Fehdehandschuh hinzuwerfen. Um so mehr freut es mich, daß ein gewisser Poole in seinem 1851 zu London erschienenen Werke Horae Aegyptiacae die chronologische Frage aufgenommen hat und, unterstützt von astronomischen Kenntnissen, an der Hand monumentaler Studien zu dem Ergebniß gelangt ist, daß „die Denkmäler Egyptens in keiner Weise und in keinem Punkte der heiligen Schrift widersprechen, sondern sie vielmehr bestätigen.“ Das Ergebniß steht mir und jedem bibelgläubigen Christen ohnehin fest; ob aber die Weise, wie Poole dazu gelangt ist, sich wissenschaftlich halten läßt oder nicht, darüber habe ich natürlich kein Urtheil. Poole glaubt aus den erhaltenen Denkmälern nachweisen zu können, daß die ersten 17 Königshäuser bei Manetho, die, wenn man durchgängig eins auf das andere folgen läßt, eine über das biblische Datum selbst der Welterschaffung hinausreichende Zeitsumme geben, zum Theil als gleichzeitig zu denken sind. Nach ihm regierte das 1. und 2. Königshaus dem größeren Theile nach mit dem 3. und 4. zusammen, — das 4. mit dem 5., — das 6., 7. und 8. mit dem 9. und 10., — das 9. und 10. mit dem 11., 12. und 13., — das 12. und 13. mit dem 14., — und das 14. mit dem 15., 16. und 17.

Das erste „große panegyrische Jahr“ (ein Zeitraum von abwechselnd 364½ und 366 julianischen Jahren) begann 2717 vor Christo. Diese Jahreszahl bezeichnet nach Poole die Geburt des egyptischen Volkes unter dem König Menes von This. Sie stimmt beiläufig sehr wohl zu dem Datum (2758), welches die Zeitrechnung der Septuaginta der großen Völkerzerstreuung zuweist, ferner zu den Angaben des Ktesias, wonach die Anfänge des assyrischen Reiches in das Jahr 2200 fallen, und endlich auch zu der Jahreszahl 2750, die nach Herodot die Priester des tyrischen Herkules der Gründung ihrer Stadt zuschrieben u. s. w.

Das zweite „große panegyrische Jahr“ nahm 2352 seinen Anfang, und dieß ist die Zeit des Suphis (oder Cheops), der die große Pyramide bei Giseh erbaute.

Die Thiniten traten als die ersten egyptischen Könige auf, und der an der Spitze derselben stehende Menes war unzweifelhaft Alleinherrscher von ganz Egypten. Bald nachher aber wurde Unteregypten (mit der Hauptstadt Memphis) ein unabhängiger Staat. Ungefähr zwei Jahrhunderte später scheint sowohl das Thinitische als Memphitische Reich bei dem Aufkommen der Königshäuser von Elephantine und lange nachher von Heracleopolis und Diospolis eine Zersplitterung erlitten zu haben. Kurz nach dem Beginne des diospolitischen Reiches wurde das Königthum von Chois in Unteregypten gegründet, und ungefähr um dieselbe Zeit brach ein kriegerischer Hirtenstamm von Osten her in Egypten ein, und machte sich, durch den getheilten Zustand des Landes begünstigt, die gesammten Herrscher Egyptens zinspflichtig, indem er sich das königliche Memphis zur Hauptstadt wählte. Diese und andere Hirtenstämme, deren Könige die 15., 16. und 17. Dynastie bilden, herrschten in Egypten länger als 500 Jahre. Der erste derselben war Salatis, und unter ihm vielleicht kam der Patriarch Abraham nach Egypten.

Die Unterjochung Egyptens durch die Hirtenkönige war sicherlich die Hauptursache der merkwürdigen Wechselfälle, von denen die damals herrschenden Häuser betroffen wurden. Auf dem alten Throne von Memphis saßen fast drei Jahrhunderte lang die fremdländischen Hirtenkönige der 15. Dynastie. Auf die 11. Dynastie folgte nach einer Zeit großer Verwirrung die 12., und diese scheint den Königshäusern von Heracleopolis und Elephantine bedeutenden Abbruch gethan zu haben, obschon die 5. Dynastie und sehr wahrscheinlich auch die 9. noch lange Zeit nachher bestanden. Das Reich von Chois nahm etwa um diese Zeit seinen Anfang; es liegen aber durchaus keine bestimmten Zeugnisse vor, daß das Scepter desselben über die nördlichen Theile Unteregyptens hinausreichte. Ganz Egypten war zwischen den Diospoliten der 12. und den Hirtenkönigen der 15. Dynastie so gut wie getheilt. Jene beherrschten Ober- und wahrscheinlich auch Mittelegypten, diese dagegen hauptsächlich Unteregypten. Dieser Zustand der Dinge dauerte länger als 150 Jahre.

Die Regierung der 18. und 19. Dynastie endlich bezeichnet die Glanzperiode der egyptischen Geschichte. Die Macht der Pharaonen stieg reißend schnell, bis daß die Völker Asiens und Afrikas, vom Tigris bis nach Abyssinien hin, zu ihren Füßen lagen.

Druck von J. Ch. Ackermann in Leipzig.

Karte von Egypten.

Von Wadi Gharandel nach dem Sinai.

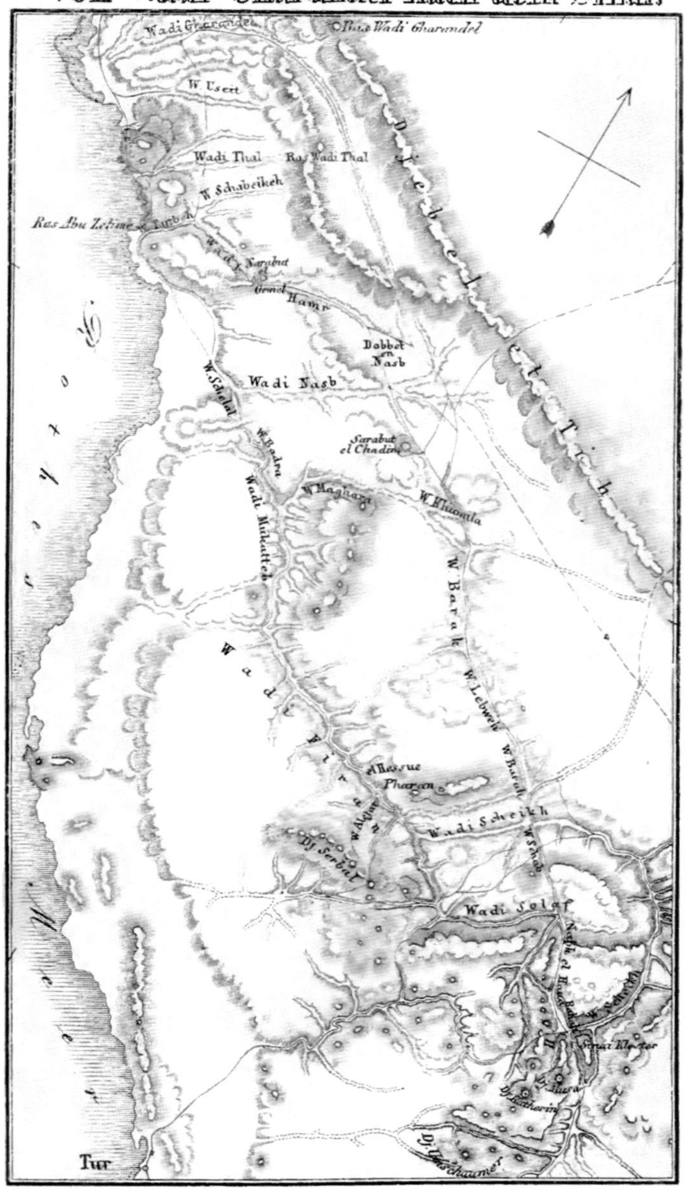